◆ 作者夫妇合影（1953年）

◆ 父子三人摄于插队的内蒙古敖汉旗（1976年）

◆ 凝思

◆ 展望

◆ 摄于美国北伊利诺伊大学校园（1994 年）

◆ 作者与次子未眠合影（1998年，美国尼亚加拉大瀑布旁）

◆作者与长子彭延合影（1981年）

11

文化选择学

彭定安文集

彭定安／著

东北大学出版社
·沈 阳·

ⓒ 彭定安　2021

图书在版编目（CIP）数据

彭定安文集. 11，文化选择学 / 彭定安著. — 沈阳：
东北大学出版社，2021.8
ISBN 978-7-5517-2353-4

Ⅰ. ①彭… Ⅱ. ①彭… Ⅲ. ①社会科学—文集②文化
人类学—研究 Ⅳ. ①C53②C958

中国版本图书馆CIP数据核字（2020）第030476号

出 版 者：东北大学出版社
　　　　　地址：沈阳市和平区文化路三号巷 11 号
　　　　　邮编：110819
　　　　　电话：024-83687331（市场部）　83680267（社务部）
　　　　　传真：024-83680180（市场部）　83687332（社务部）
　　　　　网址：http://www.neupress.com
　　　　　E-mail：neuph@neupress.com
印 刷 者：辽宁一诺广告印务有限公司
发 行 者：东北大学出版社
幅面尺寸：170 mm × 240 mm
插　　页：4
印　　张：13
字　　数：221 千字
出版时间：2021 年 8 月第 1 版
印刷时间：2021 年 8 月第 1 次印刷
责任编辑：王　程
责任校对：项　阳
封面设计：潘正一
责任出版：唐敏志

ISBN 978-7-5517-2353-4　　　　　　　　　　定　价：58.00 元

出版说明

INTRODUCTORY NOTES OF A BOOK

这是第一本也是目前唯一一本关于人类文化选择的学术专著。

本著题旨是从选择的文化视角，论证人类整体及个体为何在文化选择的途程中发育、成长、定型，以后在成长过程中又如何在文化选择中发展、演变与提升。论述立足于文化学、文化人类学、选择学、社会学、心理学以至脑科学，进行研讨与诠释，并在此基础上确立了互相联系、互通共进的理论命题与范畴，为"文化选择的'七星高照'""文化选择的'技巧'、杠杆和方式""现实、历史、心灵：文化选择的三维度""文化选择的'母体'与'母题'"等。

本著对于了解人类如何在文化选择中成长、个体为何有目的地在文化选择中自我造就成才，以及为何培养婴幼儿成长，均有启发和指导意义。

彭定安

2021年8月

目录

第一章　文化与文化选择

1

人类创造了文化，文化塑造着人。这是一个同步的双向发展的流程。从源头开始，时至今日，这个伟大的人类⇌文化流程，一直在发展，越来越丰富、越来越复杂、越来越提高，当然也越来越出现日趋严重的问题。

这样一个人类⇌文化流程，在**本质上和操作上**，都可以说，同时就是一个选择过程。这个选择过程包含四方面内容：自然对人类的选择；人类对自然的选择；人类对文化的选择；文化对人类的选择。当然，这四种选择的内涵并不具有单独的意义，因为它们不可能也不曾孤立地存在和发展过。事实是，它们彼此结合、互相促进、多相渗透地存在和发展。无论在时间意义上，还是在空间意义上，以及在本质内涵上，四者都是互相融通地发展的。自然（宇宙）之所以选择了人，是因为在生存竞争和自然选择（"物竞天择"）的过程中，"发现"了人之区别于其他万千动物的特点——**生存智能**，而人的这种智能，正是他们所创造的文化。人创造了文化而使自己脱离了动物界，也就是他**选择了**文化。而文化之所以能够塑造人，也就是它对人的选择。这实质上也就是人选择和塑造了自己，凭的是文化这个**中介**和"**工具**"。

因此，我们可以说，人是凭文化来塑造自身的，人是用文化装备起来的。这个塑造和装备的过程，也就是一个选择的过程。既有文化作为社会化和客观的事物与力量，对于人的选择，又有人作为**主体**，对于文**化的选择**。这是一种双向选择。我们要探讨的将是这种过程的**历史**、**现实**和一些**基本规律**。

人从什么时候离开了动物界而成为人，也就从什么时候开始创造了文化；同时，也就从什么时候开始了文化选择：既包含人对文化的选择，又包含文化对人的选择。这是一个同时产生的过程和事实。因此，我们从发生学的角度，可以来描述这个"什么时候"：在什么时候（大约在哪个年代、人类历史的哪个时期），怎么发生了这种几位一体的文化事实，人类——自然——文化根据什么和如何来创造了这个事实（历史），以及其中有些什么基本的规律性现象。

这是一个遥远的历史回顾和概略的史实描述。

但是，我们不是撰写一部人类的文化选择史，而是试图探讨人类如何进行文化选择。历史的回顾，只是为了从开始阶段来描述它的基本性质和基本规律。

因此，在历史简叙之后，便是对基本性质和基本规律的论述。这样做的目的在于，当最初发生的事实发生了之后，我们就可以和应该根据这个基本事实，来生发和提炼出它的发生与发展的基本规律。一个胎儿出生了，我们就可以从他的身心上探明人的生长发展的基本性质与规律。文化选择也是如此。这个人类的文化胎儿出生之后，虽然其以后的成长发展纷繁复杂、变化多端，但却足以供我们探讨其基本规律之用。

当然，我们不会停留在对于文化胎儿的解剖上，而是要在其发展过程中、成长过程中和成长之后的事实中，来补充、丰富基本规律，包括这些规律的项目和项目的内涵。这样，我们在这种理论的论证中，也就不仅同时反映已经发生的事实，而且包含发展的历史的记叙和概括。这是理论与实际结合的叙述与论证的尝试。

这是被命名为"文化选择学"这本著作的基本部分、核心部分和展开部分。

在现代之中蕴含着历史，在历史之中预示着未来。我们在回顾远古的历史和由远至近的发展史的时候，势必要涉及当代世界人类的文化选择问题：它的正面和负面的内容与发展趋势。我们将在第七章论述这一课题①。

2

达尔文描述过和概括了物竞天择的自然选择的过程和规律。人类就是通过自然选择的严峻考验而站立起来做人的。人类是自然选择这个考场和战场上的胜利者。他们之所以能够战胜如云的敌手，包括宇宙的种种"天上的势力和障碍"，动物界的种种"地上的劲敌和侵害"以及植物界的种种"地表的陷害与干扰"，不是凭着上帝的旨意或者别的什么力量，而是完全靠着自己的智慧。然而，这种智慧却并非天生的，而是后天锤炼和习得的。这就是文化的力量。人类在几百万年以前，取得一点文化，就取得一点力量，就前进一步、提高一步；然后，又凭借这一点点儿的文化，作为手段和中介，对大自然进行"有文化的""文化性"的选择。于是便又前进一步、提高一步，便又增加一份文化，再凭这"增加了的一点点儿"文化去作进一步的文化选择。就这样循环往复，螺旋式上升，一步步走向文明，从远古时代走到现代，从极其粗笨简陋的粗石器到当代最精密的电子计算机，从"飞去来"到宇宙飞船，从窃取天火到最新的燃料，从独木舟到远洋轮船和重吨位战舰，人类就是这样一步一步地走过来的。在这个漫长的途程中，前进的凭借、中介、杠杆，就是文化选择。

---

① 在探讨关于文化选择的有关命题时，我们在两方面都遇到一个难题：一方面，文化、文化选择、选择这些概念的涵盖面常常交叉渗透；另一方面，在一些范畴中，如宗教、巫术、仪式、神话，以及语言、思维、技术等之间，也有同样的情形。这有有利的一面，即可以在分别论述某一项时，借用、通用共同的东西和其他命题、范畴的内涵（包括论题、论旨、观点、理论、资料等）；但不利之处也明显，一是把完整的东西割裂开来，二是颇有用别路之论来适己之需的嫌疑。不过，本书仍然不得不冒这两点风险，采取分别列和比较多地借用、通用其他方面的论证的做法。这不仅是出于无奈，而且，科学本来就是要把一个完整的世界分割开来，单独进行研究，因而形成各种学科，而它们之间也是理路相通的。人类为了认识的需要不得不这样做。但是，同时又有整合的弥补做法。不仅有整合之举，而且有哲学及横断科学的全面性的整合学科。这就是完整的认知系统了。本书在具体论述时，基本取分割范畴、分别命题的办法，但亦不时注意整合。"你中有我，我中有你"之事常常发生。这只有期待读者在阅读过程中去自行分割和整合了。比如，一个完整的"巫术—宗教—仪式"体系，我们不得不分在4处、9组命题和9个范畴去论述。此不得已而为之也。但是，如果要按初始面貌去"整体化"，那么连艺术（包括诗歌、音乐、舞蹈、戏剧等）均应整合进去了。任何学科和高明的论者都不能这么做，也做不到。

人类有了文化选择，才得以成为人类；人类有了文化选择，才得以一步一步前进。

人类对自然、对物质世界、对他人，都是进行一种文化选择，因此，摆脱了自然选择的完全的统治和君临一切的羁绊，从而获得了自由的发展，获得了自由。并且，还由此创获了一个"人类社会"和"精神世界"。这是任何动物都没能做到的。人类社会是人类进行文化选择的结果，而当它诞生时，以及尔后，它又成为人类进行文化选择的主要场所和渠道。人类文化选择的**社会化**，就依靠社会的存在与发展。自然，文化选择的发展，又会带来社会的发展。

人类的精神世界，是人类意识之花，它植根于物质土壤之中，又得文化选择的阳光雨露的照射与浇灌，乃得繁荣昌盛。而成长发展起来的精神世界，又进一步促进了文化选择的发展，提高了文化选择的品性。

3

我们在这里还只是进行了一种抽象的叙述，还没有**具体**的论证，特别是没有将人的这种创造性的演变，具体化到**具体的**行动中，还没有把人的创造文化和文化创造，具体到**操作的**层次。兹简要说明这一点。

马克思曾经指出原始人同自然的**狭隘的关系**。这种狭隘的关系也就是天然的、简单的、本能的、自发的、没有发展的，即非文化和文化性甚少的关系。马克思说：

> 人们对自然界的狭隘的关系制约着他们之间的狭隘的关系，而他们之间的狭隘的关系又制约着他们对自然界的狭隘的关系，这正是因为自然界几乎还没有被历史的进程所改变。①

马克思在这里描述了人类起初的这种同自然的狭隘关系，并指出，同自然的狭隘关系导致了人与人之间的狭隘关系，而后者，又反过来制约着人对自然的关系。如此循环！那么，是什么造成了这种循环呢？马克思说，自然界还没有被历史进程所改变，也就是还没有被人所改变。人与自然还处于自然的关系之中，而没有进入**文化的关系**之中。

那么，人凭着什么，最后打破了这个历史的循环呢？"文化是人所

---

① 马克思、恩格斯：《马克思恩格斯选集》第1卷，人民出版社，1972，第35页。

创造的一切。"这是普列汉诺夫给出的定义。这个定义的对应意义就是,"它不同于自然界所给予的。"①这就是说,当人类并不停留在等待和坐享自然界所给予的,而是开始向自然界索取时,就是开始创造了,也就同时创造了文化。因为文化就是揭示人类的创造的,就是摆脱自然赐予,从事自己的创造。这时,人的选择就不是自然的选择——只是从地上捡果实、从树上采摘茎叶了,这也就是一种文化选择。

人类的这种创造和这种有文化、非自然的选择,从人的劳动开始,尤其从使用**工具**的劳动开始。在劳动的本质意义上来说,劳动与工具是紧密联系在一起的,工具是在劳动中创造和运用的,而没有工具的劳动则是尚未发展到劳动的本质意义上的劳动,即人类劳动这项生产活动的前逻辑和理论意义上的"劳动"。野兽捕食,无论怎样奔跑,运动量很大;飞禽或昆虫觅食,无论怎样辛苦劳累,都不能算作劳动。原始人类在使用工具以前的采摘果实、追捕野兽,辛苦艰险,体力耗尽,这也还不是本质意义上的劳动。只有当人类的祖先投出第一块仅仅稍稍砸打过的石器去打击兽类时,人类才开始与动物划出界限,而人类意义上的劳动也就出现了。工具的使用,使劳动具有了人类的和文化的意义。正是在这个意义上,恩格斯说:"劳动和自然界一起才是一切财富的源泉","劳动创造了人本身"。②

4

人类自从使用工具、通过劳动来获得生存之源,就摆脱了单纯的自然状态,就不仅仅是和完全屈服于自然选择,而是在自然选择之中添加了自己的创造(使用工具的劳动),创造和添加了文化,也就是添加了文化的选择,即人性的选择。这就开始了人类的文化选择,也就同时开始了人类的真正的历史。

这样,人类打破了他们和自然界之间狭隘的关系,而拓展了这种关系,"超自然力"地,也就是"人为地""经过人的努力"地去取得生存资源。于是,人类自身的关系,即人与人之间的关系,也打破狭隘性,而开始拓展了。他们开始结成群体,按照血缘关系集结成群了,这时便

---

① 安德鲁先科:《精神文化与人》,罗长海、陈爱容编译,华东师范大学出版社,1989,第8页。

② 马克思、恩格斯:《马克思恩格斯选集》第3卷,人民出版社,1972,第508页。

产生了**社会**。有了社会，劳动和使用工具的技术就社会化了，就在社会中进行传授、传播和一代代承传赓续了。

文化选择也就在社会中，凭借社会而实现**社会化**了。文化选择因此便大大跨前了一步。人类文明也大大跨前了一步。

5

社会产生，便使自然的东西变成了社会的东西，便使自然的过程变成社会的过程。寻食是动物的自然本能和自然行为，"鸟为食亡"。一切动物皆如此。但是，当原始人类成群结队，甚至有了初步分工，并且使用工具，还会在事先预谋猎取对象的"计划"，再加上取得猎物之后懂得合理分配，这就不再是自然行为、自然过程和自然事物了，而成为文化的，也就是人的行为、过程和事物了。这样，人的器官也就不完全是自然物，而是一种具有**文化性**、创造性的**人的器官**了。它们具有了两重性：既是自然器官，又是具有人性、文化性的自然器官。人的手能够制造和使用工具；人的眼能反映客观世界；人的头脑能凭此产生意识、观念、概念，能进行思维；人的口舌、齿、喉，能够发声形成语言；人的耳能听语言……这些自然器官都社会化、文化化了。也可以说，人的社会性的、文化性劳动，使他创造的语言、思维、概念以及以后形成的习俗等，都在一定程度上**器官化**了。

人凭着这些文化化、社会化了的人性器官，可以学习、掌握、运用文化选择的本领、规范、模式，从而在生活的领域和途程中去进行文化选择，而使自己人化：成为本民族文化的一员，形成自己的个性和人格，成为一个独立的自我。

正如恩格斯所说："首先是劳动，然后是语言和劳动一起，成了两个最主要的推动力，在它们的影响下，猿的脑髓就逐渐地变成人的脑髓，……在脑髓进一步发展的同时，它的最密切的工具，即感觉器官，也进一步发展起来了。"而"身体的某一部分的形态的改变，总是引起其他部分的形态的改变"。[①]马克思在《1844年经济学哲学手稿》中也说道："不仅五官感觉，而且所谓精神感觉、实践感觉（意志、爱等等），一句话，**人的感觉**、感觉的人性，都只是由于**它**的对象的存在，

---

① 　马克思、恩格斯：《马克思恩格斯选集》第3卷，人民出版社，1972，第510，512页。

由于**人化**的自然界，才产生出来的。"①恩格斯还说道，劳动的发展促进了社会成员之间的结合和协作，由此便"产生了新的因素——社会，这种发展一方面获得了有力的推动力，另一方面又获得了更确定的方向"②。就是这样，劳动和自然一起成为财富（这意味着人的好生活）的源泉，人又在劳动中改变了自然，自然又在人的劳动中使人起了变化，一方面是人化的自然；另一方面是自然的人化。同时，又产生了社会。文化就在这中间发展起来。

6

文化选择是层垒式地堆积起来的，这表现为：（1）后来居上；（2）越来越发展、丰富、提高；（3）在基本的共性的基础上的逐层变异。不过，从另一个角度来说，我们又可以看到，人类的文化选择是逐渐地结晶和积淀的，不断地从具体、个别、偶然到抽象、一般、必然。有些文化选择的内涵，不仅普泛地社会化了，而且在一定程度上"器官化"了、生理-生物化了，也就是具有遗传性和天然性了，竟部分地表现为**自然选择性**的了。这种"自然化"和"器官"——"生理-生物"化，正表现了这种文化选择的固定化、规范化和恒久性。

但是，另一方面，又表现出文化选择的负面效应，这在人类发展史上，常常在一些历史时期出现；而发展到现代，人类的文化选择一方面表现为"后来居上"地高高地雄踞于历史的顶端，较那些远古时期人类祖先以及改变其现状尚不太久远的现代土著民族、原始部族的茹毛饮血、杀人祭祀以及吃老人肉等，是文明得多、高明得多；但是，现在人们却不免惊异地发现，现代人类的文化选择，较远古初民和原始部落更为野蛮，更不文明甚至更残酷。而且，现代人的智能，也不是在一切方面都比那些远古人和野蛮人更高。艺术上的即使不能视为返祖现象，至少也可以说，具有高超技巧、现代装备和高度艺术素养的现代艺术家，从原始艺术和落后民族的艺术中，包括文学、绘画、音乐等，吸取艺术营养和思想启迪。这里，不是简单的先后高下的比较所能说明的，重要的是从中总结出一些有意义的规律性认识。这对于我们认识人类的选择

---

① 马克思、恩格斯：《马克思恩格斯全集》第42卷，人民出版社，1979，第126页。
② 马克思、恩格斯：《马克思恩格斯选集》第3卷，人民出版社，1972，第512页。

文化，特别是对于我们认识当代人类文化选择的问题和改善这种状况，颇有启发和价值。

7

文化选择学，顾名思义，首先关涉两门学科：文化学与选择学。但我们所谈论的是人类的文化选择（也只有人类才有文化选择），因此，也涉及人类学，同时关涉文化社会人类学，可以说同后者的关系更为密切。当然，社会学、历史学、生物学、考古学、艺术学、心理学等学科门类也都有关涉。由此可见，文化选择问题所涉及的自然—社会—人类"三极宇宙"的内涵之广泛与深邃。这也许可以说是它的繁杂丰富的品性之表现，但同时也体现了认识这一问题、探讨这一课题的难度。然而，从另一方面看，这又体现为一种有利条件：可以借助众多学科的资料、知识、理论及方法来从事这项研究。

不过，无论哪个学科，不管涉及学科多么广，它只能是"以我为主""自我中心"的。众星拱月，在此处它就是月亮，周遭都是星星。月亮借取众星之光，反射众星之光，来照亮自己、放射光芒。在文化选择学的范围之内，中心是文化选择问题，其他都是它借助的力量，是为它服务的。本书中的各种论题和论述，正是这种借众星之光、反射众星之光而发出的理论之光。如果一定要说什么独创之处，那么就在于"借取"与"反射"：以文化选择为视角，以这一论题为聚焦，融众家之论述与资料，来阐述这一课题。当然，这只是从它的一种科学品性来说的，"本是同根生，枝叶自相连"；但就其枝干、基叶以及花朵、果实来说，它却又是**充分地**具有自我特点、自我性格和自我色彩的。当我们以其他各"星"为"月"而众"星"捧之时，它又是一颗自有其光、可供借取和反射的"星"了。这证明了文化选择学的独立领域、特殊范畴和专业价值。我们从文化选择这一视角，不仅可以一窥人类是怎样发展、成长起来的，而且可以一览文化如何被人类创造而又把人来塑造，更可以了解人类的**选择**，如何成为**文化**的选择，以及人类的**选择文化**（选择的特质、内涵、规律和机制等）是怎样的。这既有利于我们认识人类的本性及其所创造的文化，又有利于我们探讨，人应当如何来进行选择，才是人的选择、符合人性的选择；同时，我们还可以从中总结当代人类文化选择的利与弊，以及救助之道。

文化选择学首先涉及文化。文化是什么？关于文化的定义有一二百种，而且每一种都从自己的角度、以独特的内涵，揭示了文化的性质和特征，可供人们来取用。这里只能取用我们最需要的论述。

文化是人类的创造，人创造了文化之后，又让每一个成员掌握积累下来的文化财富，从而形成和发展人的个性。因此，文化是人的一种**品质**，即**文化品质**，这是人创造了文化并以之塑造人的结果。文化一方面体现在物质上，它被**客体化**为人的各种产品和事物，如劳动工具、生活用具以及人所创造出的一切物质；另一方面，则体现于观念系统和行为规范之中。这两方面，都导引、沟通和规范着人的思想、个性和行为。人类个体从胎儿发育到经过婴幼儿阶段而长大成人，这整个过程都为这种物质文化和精神文化所包围、所濡染，循着这个"文化渠道"和"文化导引"发展。其长大成人之后，在社会上活动，一切行为又都受这个文化塑造的定势所规范和引导。从这里我们可以看到，文化作为人的活动的一种创造、一种结果，当灌输给了个体并使个体按其模式成长时，这被塑造的经历和塑成后的活动，都表现为一种**过程**，这个过程的中心内涵就是选择。首先是社会文化对个体的选择，要求他按这种文化模式发展和成长。其次，是个体对文化的选择。他或者接受这种文化的塑造和这种文化对他**这样地**来塑造（在原始人那里，这种文化塑造有时是相当野蛮和痛苦的）；他若抗逆就会被淘汰，若表现消极或软弱或进展缓慢、水准不高，就会被视为落后者、弱者、消极成员。再次，是个体在成长过程中和成长之后的活动中，运用已接受的一套文化模式，对自然、对社会、对人的选择，即一种文化选择。

至此，我们可以明了，文化与选择的关系是密不可分的，是**结果和过程**的区别，即创造的结果（文化）和运用结果去取舍客观世界的一切（选择过程）；也是从手段（文化）到目的（选择结果）的一种过程。文化不经过选择，不能延续、传播，也就不能发展，甚至失去了存在的意义（不存在了）；而选择没有文化，就不是选择（盲目地、被动地接受或获取），或者只是自然选择（听天由命、任自然摆布、按本能行动）。这样，我们可以说，"文化选择"是一个结合体，由"文化"与"选择"组成，由"结果"和"过程"组成。文化选择不能没有文化，也不能没有选择。文化选择是两者紧密结合的一个行动过程，它是动态的、流变的，有它的定势，但又据"定势"以活动。

文化人类学功能派大师马林诺夫斯基对于文化的功能，作了多方面的论述。他的基本立论点是："文化为工具，生活乃主体。"[①]人类的目的在于生活，在于追求更美好的生活。人类在追逐这个根本目的时，创造了文化；文化便成为人类获得更好生活的手段。马林诺夫斯基说："人因为要生活，永远地在改变他的四周。"[②]人类改变四周（也就是自然界）的手段、工具便是文化。但文化既经产生，就不仅在追求美好生活的过程中成为一种越来越高级的手段，而且在**生活过程**中，同时又成为人的一种**生活内涵**、一种**享受**形态和内涵。这时，手段便又转化为目的了。在这种以文化为手段追求美好生活的奋斗中和在以文化为生活内涵与形态的生活状态中，文化便表现为**人类生活**的产物——不是作为工具手段的产物，而是作为生活本身的产物。于是，这种有文化内涵的生活，就改变了人的素质，使人类的天然本质之外又增加了文化，而且在天然本质之内也加入了文化构造（改变了自然本质）。因此，马林诺夫斯基说："世界上是没有'自然人'的。"[③]我们简直可以说"自然人"就是动物，就是**非人**。文化的消失就是人的消失、人性的消失。

于是，人 = 非自然人 = 有文化的人。

这样，人的生活本身就是一种有选择的活动，其标志就是文化性选择，而不是非文化性选择。人在生活中，凭文化去选择，以文化为选择标准，以文化为选择内涵，文化选择具有人的生命的终极价值意义。

人类的历史就是选择的历史，人类首先面对自然对其选择，尤其是在切近地区的自然——环境的选择。人类对于这种选择，要做出正确的、胜利的选择，否则就被环境——自然所淘汰。人类的每一次胜利的选择，就是一次文化的创造、文化的提高、文化的胜利。在这种胜利凯歌中人类便一步步发展了文化选择。在此基础上，人类的一切都取决于文化选择。研究文化选择，就是从选择学的角度，研究人的历史、人的文化，研究人类自我塑造和自我实现的历史。

---

① 马林诺夫斯基：《文化论》，费孝通等译，中国民间文艺出版社，1987，译序第3页。

②③ 同上书，译序第4页。

第二章 远古的记忆

—— 人类文化选择的足迹

让我们从历史开始。

这样做有几个理由、几个叙述上的方便和理论探讨上的便利。理论是从事实——历史中抽绎出来的。不断发生的事实所构成的历史，在演进和变化的运动过程中，会"自行"结晶出一些规律性现象，将它们予以符号的记录和概括，就成为理论。如果加以理性的发挥和诸种分析与论述，就成为理论体系。当我们对某种事实和历史，从它的**起点**来追溯与探讨时，我们就可以从发生学的角度来追根溯源，这就不仅是在事实上探寻源头之水，也是在理论上追觅其最初的**生长点**。当我们这样做时，我们是在面对最简单、最原始、最朴素的元事实，是在没有其他干扰和分散注意力、没有种种掩盖着本质的现象的遮蔽下来进行探索，因而比较容易聚焦，比较容易抓住问题的本质和事实的核心。同时，我们也能从这种元事实中，既发掘出基本规律，又不会有其他派生的规律、亚文化现象来扰乱视听。然而我们又保持了从此起步，随着事实发展、历史前进而追踪探索，得到新的，生长了、发展了、丰富了的事实和规律，从而使理论有了向深广追索的"权利"。

这就是我们要从历史开始来追溯人类文化选择的原因。

我们从历史开始，就需要回过头去，走向过去，走向远古，去寻访人类的远祖，即原始人和初民社会。当然，我们不可能了解得很详尽细致；但我们有地上的遗址、地下的文物，有"活着的标本"——现在仍处于原始状态的部族（不过最近几十年来，他们已经逐渐为现代文明所冲击和干扰，在许多方面改变面貌了）。我们凭着这些"历史的化石"，能够窥见和推断一些事情，使我们能够获得一个远古的轮廓。

一、人类：宇宙的独生子

这是一个至今不能准确和有确切证据回答的难题。人们总是这么推断：难道茫茫宇宙，就只有人类这种生灵，具有智慧、具有文化？人类是宇宙的独生子，孤独地活在宇宙中？人们难于相信，这么无边无际、浩茫丰富的宇宙，只有小小一个地球会生长出智慧动物。这样，人类真是太孤寂了。但是，谁能拿出什么证据来证明外星人的存在呢？外星人的来访、外星人在地球上留下的种种足迹以至恶作剧的后果，有关的传说真是不少，但都难为铁证。

我们现在还只能把人类作为宇宙的独生子来追寻捕捉其产生、发展的轨迹。我们这么做时，能够得出的最基本、最主要也是最重要的唯一结论就是：这是选择的结果，人类是宇宙选择的结果；宇宙选择了人类。在目前人类掌握的事实中，我们只能说，至少在地球以至太阳系（?），宇宙选择了人类，使其成为万物之灵，成为有智慧的生灵。

宇宙做出这种选择，基本的和首要的原因，就是人类创造了文化，人类用文化来装备和塑造了自己。地球万物，植物之外的动物，动物之中的种种飞禽走兽都没有文化，都只能在自然选择中进行"他选"和"自选"的自然生态活动。而人类却跳出了这种自然选择的樊笼，进行自主选择，使"他选"也带有"自选"的因素。

因此我们可以说，宇宙对人类的选择，本身就是一种**文化选择**，是一种**以文化为标准**，即以文化为**筛选机制**的选择。人类作为自然的选择对象，因为具有文化而被选中了，"提升了"，在某种程度上，至少在地球和太阳系内，被"选拔"为佼佼者，为领袖群伦的英雄和首领。

这应是文化选择的大前提。

这也是文化选择的第一义。

这些，决定了文化选择的基本品性。

啊，宇宙，你在冥冥之中掌握着人类的命运，决定着人类发展演化之基本轨迹。不管人类有怎样高度的文化与智慧，怎样地具有创造的伟力和宏伟的气魄，终究是跳不出你的"如来佛的掌心"的。

二、宇宙：人类安居的乐园与选择对象

人类面对宇宙，并没有束手低头、听天由命。人类进行了自己独有的选择——仅仅是人类**独有**的选择，至少在地球上如此。这独有之处，就是**文化选择**。这一方面是说，人类的选择是"非自然选择"，即不是按照自然的铁定的规律、固定的条件，**纯适应性**地去选择的。人类不是顺从地听凭自然选择之律的。另一方面，人类不是完全按照自己的动物本能即纯生理需要去进行选择的。一方面，外在地，或者说由外到内地，人类不是听凭自然对自己进行选择的；另一方面，内在地，或者说由内向外地，人类又不是仅凭本能地去选择自然的。

人类进行的是一种文化选择。

这是什么意思呢？

世界著名的美国文化人类学家露丝·本尼迪克特（Ruth Benedict）有一段很好的比喻性描述。她说，人类为了生活而采取的行为方式，其可能性是无穷无尽的，这好像呈现在人类面前的一个"大弧形"，"所有可能的人类行为都分布在……这个大弧形"上。不过，这个"大弧形""对于任何一个文化来说，都太大、太充满矛盾了，以至于其中相当大的一部分是不能利用的"。人类不可能，也没有那个能力和那种需要，去取这个"大弧"上的一切可能利用之处。因此，本尼迪克特指出："首先需要的是选择。"人类必须也必然会着手选择"大千世界，我只取一瓢饮"，所以本尼迪克特又指出："没有选择，就没有什么文化是可以理解的。"这就是说，文化是选择的结果，人的选择是一种文化的选择；也可以说，选择就是文化性的，而文化就是要选择。总之，我们综合之而称为文化选择[①]。

所以，本尼迪克特指出："作为一种文化，它的同一性有赖于对这一弧上的某些片断的选择。每一个地方的每一个人类社会都在它的文化风俗中做出了这样的选择。"

那么，人类又是凭借什么在这个具有无限可能性的"大弧"上去取

---

① 露丝·本尼迪克特：《文化模式》，王炜等译，生活·读书·新知三联书店，1988，第218-219页。

其片断的呢？难道是完全无目的、无根由和无原则的，即纯粹是偶然的和本能地去做的吗？当然不是如此。如果是这样，那就不是什么文化选择，也不会有人类和人类的文化了。本尼迪克特指出：

> 任何文明的文化模式都利用了所有潜在的人类意图和动机所形成的大弧形上的某个片断。正如我们前面讲过的，任何文化都利用了某些经过选择的物化技术或文化特性。①

这里说明了人类在面对"大弧"进行选择时，是利用了物化技术或文化特性的。这种文化特性是什么，又是由什么决定的呢？本尼迪克特在提出我们可以设想出这种文化中的"巨大的弧"时，曾指出，在这个弧上面，"排列着或是由于人的年龄圈，或是由于环境，或是由于人的各种各样的活动所形成的各式各样的可能的旨趣"。这里，列举了"环境"和"人的各种活动所产生的旨趣（即需要）"这样两项。在此书后面，本尼迪克特在分析"文化所表现的线索"时，又提出其中的基本因素是两项："环境"和"人的自然需要"。②这样两项，"环境"可作广义的理解，它就是宇宙，其中包括大环境、总环境，即人所面对的和置身于其中的自然界以及它的所有自然现象（如风霜雨雪、春夏秋冬等），总的自然生态环境（包括整个动植物世界），也包含具体的环境（小环境），即某部分人具体地生存于其中的某个地点。"人的需要"，则包含人类的生物性的生理需要，还包含由于进行选择而产生的技术需要，如生产工具和进行狩猎等活动的技术的需要，这就是"物化技术"，还有由于技术、工具的产生而产生的**文化特性**。这就是本尼迪克特所说的人类所利用的"物化技术和文化特性"，而它们在本质上有三个特征：第一，它们是源于人类的本能即生理需要的；第二，它们也源于人类为了满足这种需要而产生的种种**活动**；第三，这些又都是经过选择的，因而是被赋予了文化，具有了文化性的。

这样，我们就看见一幅图画：人们面对着自然（宇宙）和根源于自身需要所产生的一个"巨大的弧"，又根据自然（宇宙）提供的条件（可能性）、自身的"元需求"（生理需要）和"派生的亚需求"（即技术

---

① 露丝·本尼迪克特：《文化模式》，王炜等译，生活·读书·新知三联书店，1988，第218页。
② 同上书，第37页。

—文化需要），在"弧"上进行选择，于是产生了人的、也只属于人的文化选择。

宇宙，是人类文化选择的根本依据。

宇宙，又是人类文化选择的对象。

在这种双重的意义上，宇宙是人类的家园——物质的和精神的家园。

人类就是这样走上文化选择的，至今仍未完成，也许永远也不会终结的情感—理性、创造—幸福的长征。

三、自然的人化与人化的自然

马克思在《1844年经济学哲学手稿》中指出：

> 整个所谓世界历史不外是人通过人的劳动而诞生的过程，是自然界对人说来的生成过程……①

这里指出了两个相互区别又相互渗透和统一的过程：一方面，是人通过自身的**劳动而诞生**，这是人的产生过程和事实（**人的产生历史**）；另一方面，则是自然界对**人说来的生成过程**，也就是人的自然界产生的过程，这是自然界在人的劳动作用之下和人与自然进行能量交换之后，变成对于人来说是属于人的"自然界"的过程。这是人的自然界产生的过程和事实（自然界变成人的自然界的历史）。这两个过程，一个是人作为自然界的一部分（**一种动物**）转化为人，即自然（人）的人化的历史；一个是自然界被人所改变、利用使之符合人的需要的历史，即人化的自然界的历史。前者就是马克思所说的"人对人说来作为自然界的存在"，后者就是马克思所说的"自然界对人说来作为人的存在"，所以，马克思指出：

> 只是由于人的本质的客观地展开的丰富性，主体的、人的感性的丰富性，如有音乐感的耳朵、能感受形式美的眼睛，总之，那些能成为人的享受的感觉，即确证自己是人的本质力量的感觉，才一部分发展起来，一部分产生出来。因为，不仅五官感觉，而且所谓

① 马克思：《1844年经济学哲学手稿》，载马克思、恩格斯：《马克思恩格斯全集》第42卷，人民出版社，1979，第125-126页。

精神感觉、实践感觉（意志、爱等等），一句话，人的感觉，感觉的人性，都只是由于它的对象的存在，由于人化的自然界，才产生出来的。五官感觉的形成是以往全部世界历史的产物。①

马克思在这里所论述的人和自然界**彼此生成**的历史，也正是人的文化选择，在人与自然的彼此生成过程中产生和发展的历史。我们在前面所做的几方面的历史的叙述，正是说明人的眼睛、耳朵，人的五官感觉，包括器官自身的构造和功能，以及它们的效应，都是由于人的劳动的存在，由于自然界的存在，由于人用劳动作用和改变了自然界而产生和存在的。特别是由于人的本质力量（请注意，这种本质力量的最本质之处就是文化性的即人性的选择）的丰富性和**向自然界**的展开，由于这种本质力量的展开而引起的自然界的变化，使自然界变成了"**人化的自然界**"（自然的原始状态的自然界变成了**人化的**自然界），才得以产生和存在的。

人在这种"人⇌自然"的双向作用下而产生文化选择，一方面是人用自身的劳动向自然界选择自己所愿要的来满足自己的需要；另一方面，是人又用这种文化选择来改变自然界，使之符合自己的需要。而同时，人自身的自然（身体结构和生理动能）也跟随着改变和发展。这也就是人自身的文化选择的能力和要求的不断改变、发展和提高。

人的历史，就是人的劳动能力提高的历史，也是人化自然的历史；同时，也就是人进行文化选择的历史。这是三位一体的过程。其主要标识，就是文化选择。

文化选择，借用马克思的一句话，就是"一本打开了的关于人的**本质力量**的书"②。

四、人类文化选择的发展轨迹

人类在漫漫文化选择之路上，曲曲折折、颠颠簸簸地前进，然而却总是有所获得，而且，在总体上来看，是取得了灿烂辉煌的成果的。

人类文化的曙光，最早从幽暗的洞穴里发射出来。这是因为，人类

①② 马克思：《1844年经济学哲学手稿》，载马克思、恩格斯：《马克思恩格斯全集》第42卷，人民出版社，1979，第125-131页。

从树上走下，来到大地上，并且逐渐直立行走之后，在稳定了这一决定性的、迥异于动物的伟大身躯变化之后，他们遭到了宇宙—大地—自然大变革的袭击，遭遇到极大的生存困难。如果不是人类，不是人类具有了智慧和智慧之果——文化，人类也会像一些已经灭绝的动物一样，从地球上消失了；但是，人类具有了这一切，所以他们留存下来了，而且发展了。正是在这种对宇宙进行选择和经住了宇宙对之进行的选择，人类在选择的进程中，一步步发展了文化选择，提高了自己的文化；并创造了主观条件，足以避开灾害和困难，离开灾变的森林和沼泽，而走向洞穴，并且在阴冷黑暗的所在"创造"了温暖，取得了光明，聚光式地积聚了文化选择的重要系列成果，使人更成其为人了，更具有人性（与动物性对比而言），也更具有文化了；同时，也就更上一层楼地进行文化选择了。

在没有进入这个"洞穴文化"的历史胜景之前，让我们暂勿入洞，而是站立在洞口，回顾一番人类此前的发展足迹。知其过去之迹，乃可更明了其未来之景。

遥望幽冥远古，我们隐约可见人类的朦胧身影。那是遥远的过去，遥远到上溯1200多万年。这是我们至今"视力所及"（能够获得化石证据）的最远处了。那儿站立着被命名为"腊玛古猿"的类人猿。他们的特点是能够直立行走，具有小的犬齿。据推测，他们可能已经使用极为简单粗糙的工具了。目前所能知道的这些最早的人类祖先，是从在印度、肯尼亚、希腊、匈牙利、土耳其和中国发现的大批人科化石中得到实证的。

据此我们可以知道，腊玛古猿是已经在体质上脱离动物了，他们已经用两只脚站立在大地之上，而不是用四只脚在地上匍匐了。他们已经是**站起来**面对宇宙、**对自然**进行选择了，这已经具有了一定的**文化性**。因为可以用解放出来的**手**，而且是变了形（不再是只能爬行）的足，拇指能与其他四指相对成握，能抓住东西了。更何况，这双"手"已经从自然中选用了工具，并且能够使用工具，即从自然中选择了某物为工具，而且以此去对自然进行选择了。

可以说，这时候（请记住是1200万年以前），人类——不，是类人猿，已经是初步离开自然选择，在自然选择之外，已经有了**文化选择**了。这是非纯粹动物的，亦即人的、人性的选择了。这是人类最早的伟大胜利。

南方古猿，存在于距今400万—100万年以前，这是人类发展的第二站。南非阿扎尼亚的塔翁、东非的奥杜韦峡谷，是至今发现了的南方古猿的故乡。这些在南国土地上生长的古猿虽然主要仍然是使用自然工具（如未经制作加工的木棒和随手捡到的石块等），但是在发现他们遗骨的同时代的土层里，却发现了大量粗糙的石器。这是最重要的消息：工具不仅是取自自然的恩赐和信手取得的，而且有一些是经过加工，经过制作了的。可以推想，在加工制作之前，第一，需要挑选合适的石料；第二，要在头脑中想象出大体要如何加工和加工成什么形状。

这个消息报道了文化选择的重要成果。人类（这时还是类猿人）已经不单纯是依靠自然去选择，而是能够创造出**自然中本来没有**的东西并运用它来对自然进行选择了。这是更完全、更进一步意义上的文化选择了；而且，已经有了**选择文化**：预想到工具的功能，又在自然中选择符合预想需要的物件，并按预想的要求来进行加工，**创制**出预想中的形状，以至**性状**的工具。这确实是人类文化选择史上的一曲凯歌。

为了奏响这曲凯歌，人类走过了漫长的800万—1100万年的历程！

人类发展的第三站是年代约为公元前200万—公元前20万年的直立人。我国周口店发现的北京猿人在其中居重要地位。他们最主要的特征是能够大批地、"正式地"制造工具了（在周口店猿人遗址发掘出10多万件石器）；更为重要的是，他们已经知道使用火了；而且，开始有了最简单的社会组织。

石破天惊，火光照幽冥！石器正式出现了，火被使用了，而人类又在这两者的基础上，把自己初步地组织起来了。

这给文化选择带来了本质性的和划时代的变化和巨大的进步。

尼安德特人——早期智人，这是人类发展历程上的第四站，约公元前25万—公元前4万年。因在德国杜塞尔多夫附近的尼安德特河谷的一个山洞里发现了男性颅顶骨和一些肢骨而得名。中国的山西丁村人、陕西大荔人、广东马坝人、湖北长阳人，都属于尼安德特人即早期智人阶段。这已经被称为智人的人类祖先，能够制造的工具的种类增多了；对于火，不仅是取自"天火"（天然火）然后保存火种，而且是知道人工取火了；已经有了类似家庭的居住地和早期的墓葬。

这些说明：（1）制造工具的技能增加了，丰富了，提高了，种类多了，技巧高了，工具的效能也高了，这也就意味着人类向自然索取，亦即做文化选择的本领大大地提高了。(2) 能够自己取火，这里有一系列的智能表现和技术成就，而且以此而带来一系列智能和技术；这已经是具有相当高度的对自然的文化选择了，也是人类发挥其文化选择之技能的重要表现。(3) 家庭雏形的产生和墓葬的出现，说明人类这时候不仅懂得生（有了生命意识），而且懂得死（这是生的对立面，由于对死的意识和体验的产生，也就更懂得生了）；他们不仅"生产"和"进行"**活**的"生活"，而且意识到和安排死的"生活"了。

在这三个方面，都产生了、贯穿着一系列文化选择，从劳动即生产到生活、从饮食到居住、从性到婚姻（雏形）、从生到死，都烙刻着明显而深刻的文化选择的烙印。其最重要的标志就是人类不只是一般地不靠天吃饭了，而是在较大程度上，靠手和手的延长（工具）去战胜对象、搏取对象、获得对象，而且能够将对象（猎获物）进行人工焙制，使其成为非天然食品了，**产食经济**已经产生了；在此基础上，人类在**经营**自己的包含生与死、生存与生殖的生活了。这已经是一种社会—文化生活了，也还有隐隐的精神生活。

文化选择在较完全的意义上产生了，而且已经产生了一种经过整合的选择文化。

目的人化了，达到目的的手段也人化了。目的具有了文化性，手段自身也具有了文化性。

文化选择已经不仅是一曲凯歌，而且已经是一出音乐剧了。

克罗马农人的 5 个个体的骨骼遗存，发现于法国多尔多涅省的克罗马农山洞。故以此命名，叫"克罗马农人"，为人类发展的第五个阶段，它被称为晚期智人阶段。晚期智人，已经是解剖结构上的现代人了。他的重大特点，较之前期几个阶段的人都不同、都要多，也都要高级得多。首先，在生产工具上，石器的种类更多、更丰富了，而且加工也更精巧，效能也更高，特别是已经产生了骨骼所做的器具（骨器），如标枪、鱼叉、鱼钩等，甚至还有带眼的骨针。火，燃起它的光焰的已经不只是树木柴草，而且用煤来燃烧了。这是动力上的革命。由此，也就给家庭生活带来质变，生活的质量进一步提高了；而且会造房子了，会缝制衣服了。原始的艺术已经产生，笛、哨等原始乐器产生了，带颜色的骨、石装饰品也挂在克罗马农人的身上了。原始宗教也出现了。特别要提到的是，在克罗马农人中，已经在不同的地区，分化出不同的现代人种了。

文化选择不仅发展了，丰富了，提高了，而且产生了因地区不同和人心不同而带来的人种的分化，以及由此而来的**文化选择的分化**。分化就是提高，分化就是丰富。文化选择由此走向新的、更高的阶段。克罗马农人，结束了人类文化选择的史前史。

它是文化选择史前史的结束，它是文化选择真正的历史的开头。

五、幽暗洞穴里的文明曙光
——文化选择的创世纪

人类自从为宇宙所选择而成为到目前为止还只能说是"光荣孤儿"之后，在他们自己又对宇宙进行了人的——文化的选择之后，在生活的"园地"里，先是栖息于树上，后走出森林，面对广阔的天地，以后却又走向幽暗的洞穴。而正是在黑洞洞的、阴冷潮湿的洞穴里，他们燃起了火，制造了人间的温暖和清爽，并且以天然洞穴为自己真正的家，在这里生产、生活并营造了文化，推进了人类的文化选择，使之达到人类史上的第一个高峰；并且，因此而使人类凭着比以往都高级得多的文化选择，促进了人类的发展进化。

人类在尼安德特人（早期智人）和克罗马农人（晚期智人）阶段，就从地面走进了洞穴，在那里建设自己的家园，发展自己的文化。也是从这幽暗的洞穴中，发出了文化选择的光芒。

我们不必详细描述人类穴居生活的一般条件和一般状况。这方面的事实，对于中国人来说，从在北京近郊周口店的古老家园所发掘出来的北京猿人文化遗迹和"化石"中，可以了解得比较清楚。我们要做的特殊工作是从这些事实和材料中，寻觅和演绎出人类在洞穴中如何发展和不断创造了自己的文化，以及同时创造和发展了人类的文化选择。

我国考古学的一代宗师贾兰坡先生，曾经提出过"由猿变成人"的许多条件，其中最主要的有八条：

（1）得有一定的时间的营地面生活。能适应树居生活转变到营地面生活。这也就是说，能经常到地面上活动，甚至在地面上生活的时间超过树居生活，为解放双手创造条件。

（2）不仅能坐着，而且能不时地直立或用两脚走路。

（3）得懂得利用自然界的物体——例如木棒和石块——来达到自己的目的。

（4）脑子得发展到一定水平，能摄取外界的印象，并把它变成即使是最初步的、概念性的东西。

（5）两眼能向前平视，以扩大视野和增强观察能力。

（6）分娩后对幼仔的照顾得到一定的延长。

（7）"人口"的繁殖达到一定的数量，而且又得群居。

（8）既素食，也吃肉。[①]

对于这八条，我们可以从文化选择的角度来作一些分析，并用一些事实来给予说明。

陈伟在《穴居文化》一书中，在引用了这八条后指出："这些条件，只有通过洞穴才能全面地获取。"[②]然后，他也列举了八点来支持自己的论点。也许陈伟先生的论证还有可以讨论之处，但是，我们这里不妨以其论点为基础来进行我们所需要的分析，因为在这个问题上可能会存在的讨论，并不在原则上影响我们的分析。

从贾兰坡所列的八条中，我们可以看到：

（1）就食的方面说，他们既吃植物，也吃动物；因为他们已经发现了火，用火来烤熟动物躯体，然后食用。这样，食物不仅丰富多样了，而且更容易被人消化和吸收，其营养成分更多地被用来维持人的生命活动，并使人的各部分特别是脑子更为发达，也就是更聪明了。这一点，恩格斯曾给予过高度的评价，指出：火的使用，"更加缩短了消化过程"，因为熟食提供了"已经半消化了的食物"；再加上动物驯养，"这两种进步就直接成为人的新的解放手段"。

（2）由于工具的改进，具有更大的杀伤力，人能够得到更充足的食物来源，保证了他们的食用和发育需要。

（3）在生活方面，能够有较安全、稳定、"舒适"（遮蔽风霜雨雪）的环境，能够凭此过更好的"家庭"的和群居的生活；对子女的照料和抚育也有了更好的条件。

①② 陈伟：《穴居文化》，文汇出版社，1990，第8页。

（4）人的体质器官发生了变化，突出的是手（能制造工具）、眼（能平视，视野开阔，观察力增强）和脑，能够从外界摄取印象并进行一定程度的抽象，形成初步的概念性的东西。

概括这四点，可以说，人类在洞穴中已经：（A）产生了、创造了**产食文化**；（B）同时，与此相结合、以其为基础，产生了、创造了**精神文化**。

（A）（B）两项文化的产生，是人类进行文化选择的结果；同时，又是进一步发展文化选择的条件和手段。特别是精神文化的产生，使那时的向现代人种发展的"智人"，能够具有"精神—文化"视角，能够伸出"精神—文化"的"手"，去对宇宙—自然进行选择。

这就是比以前的文化选择更高的文化选择。

它开辟着人类更长足进步的道路。

摩尔根（H.Morgan）说：

> 人类必先获得文明的一切要素，然后才能进入文明状态。

这些要素我们可以列举很多，但在初始阶段，只能具备最基本的，这里所说的"一切"，也只能是这种基本要素中的"一切"。在初始阶段，工具，火，人的稳定的直立和脑的发达以及由此而来的意识、思维、语言的萌发，人的具有一定组织程度的群居，这些大概就是属于"基本的一切"的要素了。

我们的在洞穴中生活的祖先，从北京猿人起，就已经具备这些条件了。

文化人类学功能学派的大师马林诺夫斯基，曾很正确地指出："文化历程以及文化要素间的关系，是遵守着功能关系的定律的。"[1]这就是说，人类文化发展的历程和文化要素之间的**相对应**的发展关系，是受到**文化功能**制约的。这至少有两个方面的衍生义：（1）文化在发展到什么样的阶段和水平时，就有什么样的文化要素（种类和种类的发展水准）产生；（2）如此多的种类和如此高水平的文化要素，其功能水准和对人类及其文化发展的作用力强度（水平），也是由文化历程所发展到的一定阶段及其所达到的水准决定的。

---

① 马林诺夫斯基：《文化论》，费孝通等译，中国民间文艺出版社，1987，第97页。

马林诺夫斯基还指出："世间并没有'自然人'，因为人性的由来就是在于接受文化的模塑。"①人性是具体的，具体到一定的时间（历史时期）、一定的地点（地区、空间环境）。其所受的文化模塑也是同样地具体的。这"具体"，也是具体到其时其地的文化要素种类及其功能水平的。

我们在前面已述及在50万—4万年前，生活在洞穴里的北京猿人，其文化要素已经达到了何种水平，这些种类的文化要素，其功能又达到了何种水平。现在，我们可以按功能学派的划分理论，接收贾兰坡先生所列举的八条和我们据此而归纳的四个方面，再纳入两大体系，这就是：器物与风俗（习惯）。马林诺夫斯基说："器物和习惯形成了文化的两大方面——物质和精神。"②又说："文化是一个组织严密的体系，同时它可以分成基本的两个方面，器物和风俗。"③"文化是包括一套工具及一套风俗——人体的或心灵的习惯，它们都是直接地或间接地满足人类的需要。"最后，马氏还归结说：

> 我们发现文化含有两大主要成分——物质的和精神的，即已改造的环境和已变更的人类有机体。文化的现实即存在于这两部分的关系中，偏重其一，都会成为无谓的社会学的玄学④。

我们可以说，所有前面引述的论点，均适用于文化选择。现在，我们就来将这些论点揳入文化选择的范畴，并结合洞穴文化，来解析当时人类文化选择的状况，并探求当时选择文化的状貌和水平。

从"器物"圈层来看，这时候的石器——生产工具，不仅有了砾石砍砸器和石片，而且砾石和被砾石打击过一面或两面的石片，本身也成为工具——生产（砸制）工具的工具，特别是有了手斧工具，这是一种技术革新和新技术。这在当时虽然不是主要的工具，但它的出现具有划时代的意义，预示着更广大的发展。这时候，还能够制造投掷和钻孔用的尖锐器。这也是新的技术并预示着更为广大的发展（比如投掷器以后

---

① 马林诺夫斯基：《文化论》，费孝通等译，中国民间文艺出版社，1987，第97页。

②③ 同上书，第6、11页。

④ 同上书，第95页。

发展成为矛）。有了尖锐器，就可以"钻木起火"了①。

火的应用，其作用和意义则大矣。恩格斯说："就世界性的解放作用而言，摩擦生火还是超过了蒸汽机，因为摩擦生火第一次使人支配了一种自然力，从而最终把人同动物界分开。"②

用火来烧烤动物及其他食物，用火来取暖、照明和驱逐野兽，一定还要有一些经过一定的选择和一些加工的器具以至器皿。

这样，器物圈层就已经是一个比较多样和粗略地分为层次的范畴了。这里，含有众多的亦是带有层次性的文化选择。首先，无论是作为砍砸器的石块、石片，还是作为被砍砸的对象的石块、石片，都是经过有意识、有目的、有计划（这些自然都是在其极粗略和浅层词义上来理解的）挑选的，即不是随机、随意、纯自然的。这也就是"**文化的**"选择，即**文化选择**。当然，第二层文化选择就是对于工具形制的选择，这是预先就在脑子中形成的，在砸制过程中又不断对"预想的模式"和"实际的模样"两者进行比照，并进行调整，做出进一步砸制的决断，然后一步步实现原来的选择——达到制造目的。这都是一个**动态的、活**的文化选择过程和文化选择的目的实现过程。

按照恩格斯在《劳动在从猿到人转变过程中的作用》中所作的科学论断，在人类的发展史中，有一个阶段是处于从猿到人的过渡时期，这时候人类还只是"形成中的人"，是从猿到人的"过渡期间生物"。这个时期，大约是在一千四五百万年前至300万或350万年前。当从猿到人的阶段结束，就出现了"完全形成的人"。这个时期大约在350万年前至300万年前。

"正在形成中的人"之区别于猿（"类猿人"之区别于"类人猿"），就在于能够**使用**工具——选择自然物来做工具（可使用尖锐石头钻木取火）；而区别于"完全形成的人"（直立人）之处，就在于能**制造工具**。从文化选择的角度来看，前者已经有了起码的选择（选取自然物来做工具，以达自己之目的，即进行选择），而后者则是制造，即进行了一系列的有目的、非自然、非本能的选择的，因而是大进步、内容较丰富、

---

① 著名历史学家吕振羽认为人类祖先就是这样发明了火的应用的，他不同意人类是从天火中发现了火和由此而"发明"用火的。

② 恩格斯：《反杜林论》，载马克思、恩格斯：《马克思恩格斯选集》第3卷，人民出版社，1972，第154页。

层次较高的文化选择了。

至于我们现在论及的60万年前至50万年前的北京猿人，层次就更高了，因为他们已经在这种"完全形成了的人"的水平上的文化选择过程中，生活了300万年以上了。

现在，从习俗圈层来看。首先，习俗圈层包含产食方面和生活方面的程序、设计和习惯，这些也通通都是一种选择，而且，因为它们都是人为了自己的生活需要、根据客观的条件、创造性地做出来的选择，所以是一种文化选择。在产食方面，他们制造工具、运用工具来猎获食物或挖掘、采摘食物，又用火来烤，采取熟食方式。对于食物，他们是进行分配的，而不是各自抢食。在生活方面，他们过的是一种种群结合的集体生活——有一定分工和合作的生产（狩猎）活动和有序的生活活动；他们已经有了育婴行为。这些，都是在生产和生活上的具有系列规范和程序设计的习俗，是比之动物，比之以前的"形成中的人"的选择要高级得多，有益、有效得多的文化选择。

事实上，我们可以看到，在这个"习俗圈层"中，还包含了社会圈层和精神圈层这样两个重要的内涵。恩格斯曾经指出："社会本能是从猿进化到人的最重要的杠杆之一。"[①]直立人——北京猿人利用这个杠杆已经行走了几百万年了，"走"到他们这个时代，居住在幽暗深洞里的群体，已经不再是"原始群"、"使用棍棒的猿群"和"人类童年"以至"形成中的人"的那种群体了，而是马克思所说的血缘家族了。马克思指出："血缘家族是第一个'社会组织形式'。"在这个以血缘家族为单位的前氏族公社里，实行的是族内婚，兄弟姊妹互为婚姻，但上下辈（甚至包括祖孙辈之间的通婚）已经排除了。这就是一种社会组织，一种社会习俗。这里也同样包含着重要的**文化选择的信息**。而且，其文化含量和文化层次，都具有更高的品位，也在某些方面高于产食文化，而是一种真正人类的生殖文化。这里含有双重的文化选择，首先是对性交这种动物本能的对象限定，这是排除了纯自然选择和本能选择的文化选择；同时，人的社会本能，也采取了文化形态，即血缘家族，这里包含更广泛的、非自然的、文化性的选择。而且，这里已经形成了一种血缘

---

① 恩格斯：《恩格斯致彼得·拉甫罗维奇·拉甫罗夫（1875年11月12日—17日）》，载马克思、恩格斯：《马克思恩格斯全集》第34卷，人民出版社，1979，第164页。

家族成员之间的人伦关系和处理这种关系（比如性关系）的原则和规范。这当然也是属于人的、只有人才有的、具有人性的一种文化选择。当然，这里所说到的一切，都是初始的、低级的和粗略的，有的是模糊的；但是，它们的出现和存在，就是一种文化选择的结果和进一步发展文化选择的契机。

至于精神圈层，我们首先应当指出，以上所述及的属于器物圈层和习俗圈层的内容，就都已经包含着人的意识和思维等活动的精神文化内涵在内。比如制造工具、使用工具、使用和控制火以及分配食物、处理性对象问题，就都是如此。直立人——中更新世人类的体质，特别是脑容量，由于吃肉和熟食，由于生产劳动和"社会活动"而得到了长足的发展，这也为他们发展意识、思维等高级精神活动提供了物质基础。这些，还为语言的产生创造了条件。恩格斯指出："脑髓和为它服务的感官，愈来愈清楚的意识以及抽象能力和推理能力的发展，又反过来对劳动和语言起作用，为二者的进一步发展提供愈来愈新的推动力。这种进一步的发展，并不是在人最终同猿分离时就停止了，而是整个说来仍然大踏步地前进……"[1] 脑髓、劳动、语言的这样一种循环促动（如图2-1），便使人的智力——精神世界越来越发展。人类这个时期的精神圈层的这种发展，至少有两个方面的巨大作用。这就是：

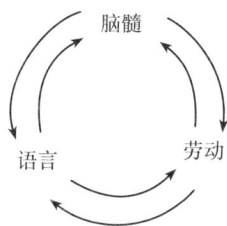

图 2-1

第一，精神能力的发展，使人的抽象能力、概括能力和想象能力等，以及语言能力和彼此间的精神交流，都分别地和综合地发展了，这些也就都成为文化选择之"手"，使他们对生活的各种项目的选择都不再是本能的、纯自然的、自发的选择了，而是在本能和自然需要中注进了文化的内涵，都带着文化地来解决了。

第二，由于人的精神能力的发展，它本身成为一种独立的能力，使这时候的人，有时仅仅为了满足精神的需要，有时从精神出发去选取对象、创造出一些物质——精神的成果。这就是文化选择的更高的层次了。比如这时候已经出现的原始宗教，就是人的一种精神成果；而装

---

① 恩格斯：《劳动在从猿到人转变过程中的作用》，载马克思、恩格斯：《马克思恩格斯选集》第3卷，人民出版社，1972，第512页。

饰，也表现了人的一种由物质需要、物质条件产生而出现的一种**纯精神**的需要，虽然还不能说是审美心理和审美活动，但已经是为它们的出现提供了最初的精神的条件。

就这样，人类的远祖，在幽暗的洞穴之中，"营造"了一个避免大自然种种侵害的家园，点燃了火种，制造工具、生产生活、生儿育女，创造了最早的产食文化、生殖文化、精神文化，以至其他一些文化的萌芽和生长点：文化选择的历史，承前启后，在这个时期成型。

这是从幽暗洞穴里发出的光明，从幽暗的洞穴里发出的文化曙光。人类最早的文化选择曙光之所以自幽暗中发出，当然不是有目的地为了以暗衬明，而是在客观上带有必然性：远古初民，那些刚刚"完全形成了"的人，必须找到一个能遮蔽自己、获得安全的所在，必须一半或大半依靠自然来营造自己的家园。等到他们"羽翼丰满"、力量增强，他们就要走出洞穴、离开幽暗，在光明广阔的天地里，创造更高的文化和更高的文化选择。

这是明天，就要来临的明天的远景。

六、从口头到符号
—— 文化选择及其流播的载体与手段

我们该结束史的叙述了，因为我们并非写史。至此，我们已经看到，人类的远祖，在最终脱离动物界之后，在幽暗的洞穴里创建基业，肇始文化选择之基，然后，层垒式地积聚文化选择的整体架构。这以后，历程如何变迁，我们已难尽述，也不必详述。我们只是在说明了历史的肇端之后，在已提供的史实基础上，来探究文化选择的种种构成因素、表现形态、发展轨迹、理论状貌，从而描述其总体模式；在此基础上，再来总结其发展规律。

现在，我们就从文化选择的内涵载体和流播载体，来开始探讨。

当"第一批"文化选择的成果出现之后，它们就产生了纵向的、垂直的、历史的承传和横向的、平行的、空间的传播。前者，在幽洞之中的祖、父、子、孙之间一代代承传继续；后者则在幽洞与幽洞之间发展流播。这就形成了两方面的情况和两种成果：一是在承传和传播之中，文化选择成为一种定势而在时间和空间中存在发展，一种生活程序和程式、一种文化模式、一种文化选择的标准、内涵、方式，就这样在"一洞之内"的几代人中传承；二是在"别有洞天"的若干个"洞"所组成的部落中实现规范化、**社会化**、**标准化**、**稳定化**。

这实际上就形成了一种相对稳定的选择文化。

那么，这种承传相继和交相传播，是凭什么来进行的呢？暗示——姿势语——语言——符号：这也许可以标示其发展的路径，但同时它们在形成后，又共同成为文化选择承传、传播的综合载体和手段。

最早的文化选择的传授，大概就是暗示了。母亲在育婴中从哺乳到"处理"婴儿的便溺，人们在采集和狩猎中为了"教授"知识和技能，在没有语言时，就只有使用暗示手段了。这种暗示，起初是用动作，引起对方注意或者引导对方按照暗示的方向、动作去行动。这在主体方面便是一种传授，在受体方面就是一种接受和学习。在这种交流行动中，传递着一种生活和生产的知识与技能，但不同于一般动物的是，其中蕴含着文化信息。动物也给幼仔传授技能，如虎之驯仔捕猎、鸟儿教雏飞翔，以至蜜蜂、蚂蚁等社会性动物集群地"授艺"，但这种传艺授智活动，无论主体、受体的哪一方，或整个行动过程，都是**本能的、生理的活动**，具有**生存意义**，而没有**生活意义**；只有**生物信息**，而没有**文化信息**。初民的传授活动却不同，其中自然也有本能的、生理的活动和目的，也是一种生物性的活动和具有生存的意义。但是，同时又具有、又被灌注了非自然、非生理、非本能、非生物性的内涵，并给生理的、本能的需求注进了文化含量，采取了文化的方式。这里含有双重的选择意义：（1）这是经过选择之后的结果，即"如此做"，是在"可能性的行为大弧"上，选择出来的一种做法、一种目的、一种程式设计；（2）这种种活动都是**人性的**，即**文化性的**。比如对婴儿之哺乳，采取定时的设计、怀抱的程式，以及在哺乳时母婴亲昵的情感交流、心理交流，便溺的择地（离人远点、角落、洞深处等）、母亲的扶持等，便都是人的一种生存活动，又是人的一种生活活动（动物不会这样做）。而人之所以这样做，不仅是经过选择的，而且是为了一种文化的目的：要**这样**来喂养与教养，才符合预设的目的和所欲之要求，这些便都是**文化目的**。这便是一种文化选择了。

在狩猎中，成年人教给刚离开少年阶段的新成员，如何识别工具、使用工具，如何协同狩猎，以至在狩猎后如何分享猎获物，以及如何食用，等等，也都具有与上述相同的文化内涵与文化目的，因而是一种文化选择。

初民们在幽洞中或走出幽洞后，便是这样用**动作和形体的暗示**来传授其文化选择的目的和手段、方法。这就是人类姿势语的滥觞。这也是文化选择承传的"第一渠道"。

与此同时，还有声音的辅助，它配合动作，以简单的声音诉诸**听觉**。触觉和听觉的**结合**，使文化选择的传授与接受得到更完备一些的、更高一层的发展。开始，动作暗示是主，声音配合是辅。以后则随着声音的变化发展，人类的视听综合的传授系统便越发发展和提高。

在这个过程中，人的视听器官（眼、耳）的视听能力也随之不断提高，逐渐变成人的——文化的眼睛和耳朵；于是接受能力与传播能力都逐步加强，从而使文化选择也不断地发展、提高。

人的大脑，在视听器官的发展和不断用新的内涵与新的方式并逐步增强的信息刺激下，也不断地发展机制、提高功能，向完善的人脑发展。

在这一切的基础上，又在生产、生活实践和交往活动中，人类的语言也产生和发展起来了。

语言的产生，是人的发展的一大飞跃，也是人类文化发展的一大飞跃；同时，自然也是人类文化选择的一大飞跃。

语言产生之后，人类的文化选择的"谱系"，包括生产、生活的全部设计框架和程式细节，都可以用语言来传递（传播和承传）了。语言一方面记录了文化选择谱系的全部内容；另一方面，又可以逐步地、按时间顺序地，从长辈向晚辈系统地传授。这样，人的选择，就使一切领域都注进了文化内涵而成为文化选择了。

但是，我们却不能说，语言产生之后，非语言的交流和传播手段就是低级的、次一等的。不能作这种等级划分——人类的许多事物和能力，都是逐级地上升发展的；但是，在一级一级高上去的层次上，又并不是有了较高的一级，较低的一级就处于永恒的、凝固的低级状态，其作用恒定地、不管在任何场合都低一等。相反，它们会在自己的独特性上，沿着自身的特征作水平发展；而在特定的场合下，发挥高一级的能力所不能有的作用。比如，直觉同理性之间的关系就是如此。语言产生之后，它同手势、表情、暗示等传达方式之间的关系也是这样。一方面，它发挥着高级的作用；另一方面，它不抑制、妨碍它出现以前的诸种表达方式的低级的然而有时会是特殊的作用。"人类非语言沟通的许多方面都具有生物性的基础；但经由遗传传递时，也包含了文化的学习。""埃克曼他们专注于脸部表情。他们认为脸部表情的全部技能——愤怒、憎恶、痛苦、惊讶、怀疑等——基本上都是遗传上设计好的，而且是本能地无意识地表现出来了。但他们发现广泛的文化所塑造的线索，会触发情绪的面部表情。……其他非语言沟通的领域如讲话的口气之类可能也是如此。""手势就是另一回事了。手势的代码在相当程度上是直接建立在文化习尚的基础上的，并且是有意识地用来传达信息的——挤眉弄眼、点头摇头、招手等等。手势，埃克曼及其同事称之为表记（emblems），可以说是口语的一种延伸或附属。跟手势相对照，我们也用姿势和身体的方向来进行微妙的下意识的沟通，通俗书籍所说的'身体语言'，已使许多人知道了这个问题。"①

这里说到了两方面的问题：一是非语言沟通所保留和作水平发展之后的、特有的沟通作用，它们不仅不是语言所能代替的，而且能起语言所不可能起到的作用；二是它们互相"纠结"起来，或者"联络"语言一起，所能起到的综合的表达和沟通的作用，是语言所不可能起到的。

在现代，这一切仍然如此。

虽然如此，语言的产生和发展，仍然是人类文化和文化选择向前迈出大大一步的事情。它的连锁作用和连锁效应是无法估计的。马文·哈里斯说："与文化起飞有密切联系的是人类独有的语言能力和以语言为基础的思维体系。……人类语言独有的特点无疑是因基因的改变而产生的。基因的改变是早期人科动物日益依赖使用工具和从事其他社会活动以交换和收集信息的结果。""当人类达到语义普遍化、并越过了文化起飞的起跑线时，它的生存就飞越到了一个新的高度，其意义之重大，犹如从能创造出物质，或从物质创造出生命一般。"②

语言以其伟力，成为人类文化起飞，也是文化选择起飞和整个人类起飞的"起跑线"和推进器。越到人类发展的后期，文化的这种作用就越大。

---

① R. M. 基辛：《文化·社会·个人》，甘华鸣、陈芳、甘黎明译，辽宁人民出版社，1988，第86-87页。

② 马文·哈里斯：《文化人类学》，李培茱、高地译，东方出版社，1988，第36，47页。

文化选择学 彭定安文集

现代社会的语言作用，更是有了宏阔的、深邃的发展。

在语言之后，是文字的产生。这当然经历了漫长的岁月。但是，人类在这漫长的历程中，却从刻画简单的刻痕到画较复杂的符号，再进到象形文字，又由象形文字发展到拼音文字或发展为复杂的、高级的、保留象形文字遗痕和功效的文字（如中文）。

以符号来传播和传授文化，使之从口头到符号，从无形（只有声音）到有形（并且有了物化形态），这又是一大进步、一大发展。文化选择也就前进一大步。一切选择的文化性和文化选择的内涵，都形诸符号，而可以稳定地、完备地、标准化地传播和承传了。

七、遗传、胎教、婴儿习得、生活传授、社会熏陶、文化学习
——文化选择个体承传接受的六渠道

如果我们前面所述是对于人类童年时期整体的文化选择的概括，那么，现在要讨论的则是每个个体是如何承传接受文化选择的，即个体如何在生命途程中习得、接受文化选择的内涵、方向和方式方法。

首先，当然是遗传信息。人性，其中包含重要的内容之一就是文化选择的品性。人的器官，包括眼、耳、鼻、舌、身，包括器官的诸种能力如嗅觉、视觉、触觉、听觉等，都是（1）逐渐累积的；（2）代代相传的，由此而由低向高发展的。这是人身的自然（器官）的人化过程。恩格斯在论及人手的发展过程及其功能效应时指出：

> 所以，手不仅是劳动的器官，它还是劳动的产物。只是由于劳动，由于和日新月异的动作相适应，由于这样所引起的肌肉、韧带以及在更长时间内引起的骨骼的特别发展遗传下来，而且由于这些遗传下来的灵巧性以愈来愈新的方式运用于新的愈来愈复杂的动作，人的手才达到这样高度的完善，在这个基础上它才能仿佛凭着魔力似地产生了拉斐尔的绘画、托尔瓦德森的雕刻以及帕格尼尼的音乐。[1]

---

[1] 恩格斯：《劳动在从猿到人转变过程中的作用》，载马克思、恩格斯：《马克思恩格斯选集》第3卷，人民出版社，1972，第509-510页。

在这里，恩格斯科学地论证了手的自然性，它的构造和形态、功用和技能，都在劳动中与**动作相适应**，而得到改变和发展，而在稳定地发展之后，便作为遗传信息，传给了后代，使后代的"自然的手"变成"人的手"，即**天生地**具有劳动能力、会使用工具的手，它的构造和本领都从遗传得到。而且由于手的变化，引起其他器官的变化，以互相适应，于是引起人体的总体性变化；而且，同样在稳定地发展之后，作为遗传信息传给后代。就这样，**遗传成为人的文化选择的本性和能力的第一渠道**，人类每一个个体，都从遗传得到文化选择的品性，即当胚胎在精子和卵子结合而形成时，它的遗传密码中就含有文化选择的各方面的性能了。

这就使人**生来就是**进行文化选择的。

胚胎生长成人形——胎儿，胎教就发生作用了。这里所说的胎教，自然是极原始的、完全不自觉的。但是，母体所传给胎儿的信息，以及外界通过母体所传给胎儿的信息，都是胎儿不断接受一种文化的传授，即人性的、文化性的选择的传授。人对母亲和他人的依恋、人的天生的人性的表现、人对自然的感受能力，一种非动物的人性的对自然的感受等——这些都是选择特性。即使是一个刚刚来到人世的婴儿，其对环境、自然、他人的应对行动，也大不同于动物幼仔，同时，也就是他对周围的一切（身外的一切）的选择，不同于动物幼仔，而带有文化性，是一种文化选择。

母亲的整个育婴过程，是文化选择的传授过程的第一期。母亲的哺乳，包括哺乳方式和哺乳这一具体行为，母亲对婴儿的大小便行为的训练（也包括地点、方式等），都是一种文化行为，一种人的行为，自然也是一种行为选择：怎么做是允许的、好的、正确的、有益的，而其他做法则是不允许的、坏的、错误的、有害的。行为本身是选择的结果，行动过程是一种选择过程。而且，其中还蕴含着一般的选择原则、选择标准，即选择文化。它暗示、明教或指示：什么是符合总体生活程序的设计的，什么是相反的。

这在总体上，就是教婴儿如何做**人的**选择，也就是如何成长为一个人。

这个通过文化选择的日常行为、活动过程所进行的文化选择的传授，不仅培育了一个人的个体属于文化性的、智能性的和技巧性的种种知识、能力和对规范、程式的掌握，而且连个体的本能的、生理的活动，如吃、行走、视、听等活动，以至人体各种器官（鼻、眼、耳、舌等）的发育生成，都得到训练，特别是都灌注了文化内涵，使之成为人的，**具有人性**，从而成为组成个体的人性的一部分，并成为使个体继续沿着人性发展路径去发展的预备和条件。这也就是使之具有了文化选择的准备和条件。我们从反方面可以证明这一点。世界各地出现的"狼孩"，便是有力的例证。由于在褪褓之期就离开了母亲和人群，而与狼为伍、为狼所养育、同狼一样生活，以至这种婴儿长大到七八岁、十多岁时被找回来，回到人群时，不仅他们的吃、住、睡方式是**狼式**的，而且其眼也在夜间放绿光，其喉、声带能作狼嚎而不会发声作人语，其舌不辨人间之美味而喜狼食。更为惊人的是，发生在现时的辽宁的"猪孩"，虽然生活于人群之中，在现代农村环境之中，却由于没有母亲的人性的育婴过程和幼年调教（他是低能者和精神病患者），以至从小与猪生活在一起，终于只能从物质生活到"精神生活"，都是**猪式**的；他成为一个"猪式人"——几乎只有人的外形，而一切内涵都是**猪的**。他的一切选择都是猪式的。

这些，都是育婴过程和婴儿习得对于人的成长、人的文化选择能力的传授是最初一课、第一关键的反面实证。

生活传授和社会熏陶，是时间交叉、空间区分而又互相渗透的两条重要渠道。前者出现于人生早期，如幼年、童年期，但又一直贯穿于青年期以至一生，其环境主要在家庭范围之内；后者出现于人进入社会、参与社会活动之后，其范围是在社会中，但亦渗透于家庭之中，家庭为社会细胞，为"小社会"，因此两者又互相渗透。

在这两个范畴和渠道之中，进行着广泛的、系统的、整体的文化选择的经验、原则、规范、程式的传授。这是人从婴幼期、童年期进入"成为成长的、完成了的人"的时期和过程。每个个体，在这个时期和这个范围内，学习和实践文化选择，同时又从**具体**到**一般**，体会、掌握一般的文化选择和总体的选择文化。

文化学习是一个最终完成和十分重要的阶段和渠道。这里使用的是广泛的含义。从初民的生产和巫术礼仪活动，到现代社会的一切教育方式，都是一种文化学习。人在这种学习中，使文化选择的水准、要求得到发展、得到提高、得到丰富，也得到社会化与个性化的统一。

人在此阶段成长为一个完整的、成熟的、自觉的文化选择的个体，也成为一个足以**体现**文化选择一般规范、原则、体系的个体。

八、游戏、巫术、宗教、艺术、科学
——人类文化选择的五朵金花

人类在前述的总体上可以归入"人化的自然⇌自然的人化"的双向发展与作用过程中，通过我们在前面所分述的诸种活动和诸个阶段的发展，创制了、收获了文化选择的五朵金花。这五朵金花，是文化选择之"种子"开出的实践的与精神的艳丽之花；同时，又是文化选择的具体行为领域和活动形态；而且，还是人类承继和传播文化选择——选择文化的领域和渠道。这三个方面，在实践上，也是同步发生、同时存在和共同发生作用的，因而是"三位一体"的过程和实践。每个社会成员，都在这"三位一体"的统一过程中，学习、掌握文化选择的规范、程式，运用和实施文化选择，并且创造新的文化选择的成果。

（一）游戏

这是人类最早的实践——精神花朵。动物也有嬉戏；虎、猫、狮、狼、鹰、燕，都有训练幼仔、雏鸟的活动和阶段；禽兽的幼仔都有互相嬉戏的成长阶段。这可以说是动物培养后代捕食寻料的必然过程。在这个过程中，既有幼仔生长发育过程活动躯体的生理驱动力，又有母兽（禽）培育技能的本能目的，同时也有它们之间一种亲情的体现。这些，都是动物存活和繁衍的必然行动和必备条件。在这里，都包含着游戏的成分。这是生命力的活跃表现，是生存斗争的培养训育，也是亲情的活生生的体现。因此，生命—游戏，这是动物的一种生存、繁衍的自然/本能的套环。但是，动物的"游戏"是纯本能、纯生理性的，是盲目的，是没有自觉的预期结果的。

人类的游戏则不同。它越出了本能嬉戏的阶段而进入真正的**游戏**，它不是纯本能纯生理的、盲目的和无预期目的的。人类的游戏当然也有生理上的需要，也是本能的体现，但是，其中却输入了文化信息，生理本能也是以**文化的方式——人性的方式**来解决的；它在活动之前，就有预设和预期的目的，是**有目的追求**的。人类游戏的文化性，表现在它是人类的生产生活活动的行为模仿，它浓缩了生产生活的内容，并且通过这种游戏活动来传授生产经验、生活程式，传达生产生活的技能，传输内心的情感，同时，还在激烈的活动中活动筋骨、运动肢体、舒泄情意、平衡心理，既达到生理的活动目的，又满足心理活动的需要。在游戏中，人类还通过有程式、有节奏、有种种活动内涵的行为，来取得**艺术**的效应。人类的游戏，都有预设的规程和预期的目的。这目的是多元的、丰富的。由于这一切，游戏成为人类生产生活中不可缺少的重要组成部分。

以上所有各项内涵，组成了人类游戏的**文化性**。

因此，它也就是一种文化选择：通过游戏来对"生活"进行选择，并且由此确立整个选择的文化性。赫因加（J. Huizinga）说得好，"文化是以游戏方式产生的，文化从一开始就是游戏着的。"[①]这话很有道理。不过他此处所说的文化应为狭义的文化，即不包含产食文化等在内而仅限于实践——精神文化，即经过人类提炼和结晶的行为规程。但这论述对于说明游戏的文化性、游戏对文化发展的意义，却是很恰当而深刻的。席勒则从另一方面说明了游戏与人的发展的关系。他说：

> 只有当人充分是人的时候他才游戏，只有当人游戏的时候他才完全是人。

这可以从几个方面来理解和加以申述。第一，人只有能得温饱才能有富裕的时间、精力和情绪来从事游戏，而人之能得温饱就靠发明、制作了工具，能够生产足够的食物以至略有富余；而以工具来生产正是人从动物圈中脱离出来成为人的主要和首要标志。第二，人只有当他具有了意识、思维的时候，才懂得从劳动、狩猎等实践活动中提炼出游戏的内涵和模式，如模仿狩猎的动作等。第三，凡游戏都有预设的规则、程序和目的。这也是只有人才能做到的，动物只有嬉戏而无具有复杂内涵与程序的游戏。第四，游戏是社会性的，是有组织的集群的活动，这正反映了人的社会性；而且它本身也是人的社会性生活的一个重要组成部分。这也"充分地是人的"而为动物所没有。第五，游戏也同时是一种

---

① 此处引文以及以下所引席勒和埃利克森的论述，均见郑也夫：《功利·游戏·求道》，《读书》1992年第3期：20-25页。

精神活动，即使是初民的最原始的游戏也表现了精神的活动；情绪的激动、心理的激荡、神志的冲动以及理智的控制等。以上，就说明当人充分是人时才游戏，人在游戏的时候才完全是人。

这里必须指出：我们在这里还只是以原始人的原始游戏，即从发生学角度就游戏初始产生时的情况来求证席勒的论述；而席勒所论则不是这种初始水准的游戏，而是人进入文化高度发展阶段时的游戏。这种游戏是高水平的、高文化含量的，具有丰富复杂多元的意义。但两者的本质是一样的，只是以低级高级的差别存在的。

席勒的论述，启发我们认识游戏的文化选择的含义。人正是在游戏中体现出他"充分是人""完全是人"，即体现出其**人性——文化性**，所以人在游戏中便体现了三个方面的选择和这种选择的文化性。第一，游戏的内容、规则、程序、目的，都是浓缩、复现、模仿人的生产-生活实践，也就是其文化选择；第二，**这样来游戏**，就是**肯定**这种种文化选择的文化性和价值；第三，游戏一方面向游戏者传授这种种文化选择经验，另一方面，更预示以后要**继续**这样地去进行文化选择。三者综合起来就是：**曾经**这样地生活，**现在**重新体验这种生活，**将来**还要这样去生活。这是一种历时性和共时性融为一体的对自然、对生活的选择——一种文化性——人性的选择。

这里，也正体现了埃利克森（E. H. Erikson）之所言：

> 自由在何处止步或被限定，游戏便在那里终结。

文化的——人性的选择就是一种**自由的选择**，即人既摆脱了自然的恩赐与制约，又摆脱了动物性的限定和驱使，而按人性的、文化性的需求去**自由地**选择。自由是人性的自由，是人所创造的自由和自由的创造。人在游戏时，就是**重演和重享**这种自由的—人性的—文化的选择。

"人类的基本工作与动物的觅食只有操作水平上的区分。游戏才从**追求**与**目的**这一本质意义上**使人与动物有别**。从世俗的眼光看，游戏是不具实际意义的。但唯其如此，游戏才使人脱俗、升华、超越了他所继承的那份动物性的束缚。"[①]正是游戏，**来自生活**，但又从生活中升华出

---

① 郑也夫：《功利·游戏·求道》，《读书》1992年第3期：20-25页。

来，超脱世俗的物质目的，超越了动物性的束缚，使这种活动具有了"纯"文化的意义，或者说，具有了文化上的提纯，从而使人摆脱动物性束缚，具有人性、具有文化性。

就这样，游戏便成为人类最早的文化选择之花——作为结果；成为人类最早的文化选择之区——作为活动；成为以后文化选择之中继——作为承传和传播。

至此，我们还要特别指出，前面还是一般讨论游戏和游戏与文化选择的关系；但我们还需要特别强调地来讨论一下游戏与儿童及文化选择的关系。儿童的天性是爱好游戏，游戏是儿童生活的主要内容。但儿童在游戏中，不仅仅是满足身体发育、生理活动和情欲成长的需要，也不是简单地来满足这些需要。他们在各种成规的、传统的和他们自创的、随机随意性的游戏中，还有兴味地、不自觉地学习许多东西，学习成人们正实践着的、过着的"生活"的规范、原则、程式、程序，学习种种生产生活的知识和技术。在总体上，就如美国著名人类学家基辛（R. M. Keesing）所说，是"学习这个世界"[①]。这一命题，包含多种内容：学习认识这个世界，学习在自己的认知系统中构筑一个"这个世界"的图式，学习在前两者的基础上来确定自己的生活模板——文化选择模板（从这个世界中选择什么和如何选择），还学习这一切确立后的选择方式与方法。因此，游戏就成为儿童在结束婴儿习得阶段后继续培训自己的阶段。游戏为他们提供了学习的领域、学习的环境、学习的内涵与方法。基辛还指出：

> 经过童年的经验，每个个人对于他所生活于其中的是个什么样的世界，人们如何行动以及应该如何行动等等问题，都建立了一套概念系统、一套理论。这些关于人们生活的背景以及他们的行动方式的理论，部分地与社会中的其他成员共享，部分地融入了个人独特的经验及每个个人生活地位的特点。[②]

这里有几点值得注意：（1）经过童年经验（重要的方式与渠道是游戏），人学习和构筑了一个世界认知模板和适应这个模板的自己的概

---

① R. M. 基辛：《文化·社会·个人》，甘华鸣、陈芳、甘黎明译，辽宁人民出版社，1988，第119页。

② 同上书，第117页。

念、理论（在儿童时代自然是简单的、轮廓式的形态）模板，特别是，由此而规定的**行为模板**；（2）这就是儿童从游戏中学来的关于"生活背景"和"行动方式"的理论-实践体系；（3）这个体系实质上就是文化选择体系，即依据什么文化背景——生活背景，如何来决定行动的**目的**和**方式**，也就是选择什么和如何选择，其规范与约束就是**文化**；（4）这个模板中，有一部分是社会成员的共识，是共享的，但有一部分却注进了个人的独特经验和生活地位的特点。这就是文化选择的**特异**和**个性化**部分。由此才会有在共识共享、统一的模板下的个人的自主性和多样性，也才有生活的多样性。

由此可见，儿童经验——由游戏获得者，在人的文化选择习得过程中的重要性。

同时，它也就是游戏之为人类文化选择之花的证明。

（二）巫术

巫术世界观——巫术世界——巫术实践（行为），这是一个纷繁复杂、包罗万象、其力无穷、其作用无边而又无所不在、无时莫存、狂放万端、迷离混沌的世界，而且是美妙的、有用的、不可无的世界。这在初民的精神-实践圈中，是极为重要的世界①。这个世界，是初民所创造出的一个宇宙模型的一个组成部分，并且用这一部分来服务于他们的生活，以这一部分来操作其文化选择。基辛指出："'巫术'代表着人类想控制各种事件之间因果关系的企图。"这也就是说，人类在他所构想的宇宙模型中，寻绎出了无数种因果关系，而他们为了自己的目的、自己的选择，就要控制其中的一部分或某一组、某一个特定的因果关系，来满足自己的需求。这本身就是一种事先的文化选择和选择既定之后的按预设计划的文化选择行为。在进行这种文化选择时，人们施行自己设计的法术、魔术、行为（"做法"），便可达到自己的目的，实现文化选择的结果。这一连串的精神（思维）和实践（行动）的套环，就构成了基辛所说的"巫术逻辑的世界观"和"巫术式思维"。初民们就是据此来

---

① R. M. 基辛说："巫术是宗教的一部分呢，还是一个独立的文化领域？"他认为，"但'巫术'和'宗教'之间常常很难划清界限。"（R. M. 基辛：《文化·社会·个人》，甘华鸣、陈芳、甘黎明译，辽宁人民出版社，1988，第40页）本书仍以"巫术"为一相对独立的文化领域来作探讨。

生活，来进行和实现他们的文化选择的①。"在这样的宇宙观中，疾病、死亡、歉收等都需要解释。而且无所不至的决定论鼓励人们运用社会允许或不允许的方式去操纵事件的进程。"这种操纵的意图、目的和行为，就是一种按人性需要，按文化规范来满足自然的、生理的、本能的需要的一种选择，即文化选择。

正因为巫术是为了这样的目的，受动于这样的选择而产生和设计的，所以它同人的生活紧密地结合，是一个重要活动领域，又是一种重要手段，它来自生活、反映生活又为生活服务。这是一个精神世界、精灵世界，又是一个现实世界、实践世界。这个精灵世界是按照人的日常生活世界仿制的②。但这种仿制不是简单的重现，而是经过选择的。这种选择是根据生活的目的、主观的愿望和文化的特性做出的。詹姆斯·G. 弗雷泽（James G. Frazer）在他的名著《金枝》（*The Golder Bough*）中，把"人类智力发展"划分为三个阶段：（1）巫术→（2）宗教→（3）科学。"巫术阶段是前宗教或前万物有灵论（Preanimatism）的阶段，弗雷泽以大量的人类学材料来论证一种普遍世界各种角落的文化现象，即原始人企图通过巫术来控制现实。"③在巫术阶段，人类进行文化选择时，其手段、其领域，主要之一就是巫术活动。

这种活动，按弗雷泽的分析，主要有两类：一类是"同类相生，或结果相似于原因"，这就是"相似律（law of similarity）"；另一类是"凡接触过的事物在脱离接触后仍继续发生相互作用"，这就是"接触律"或称"感染律"（law of contact or contagion）。根据这两"律"，便产生了两种巫术：模仿巫术/顺势巫术（homoeopathic magic）和交感巫术（sympathetic magic）。弗雷泽说，这两种巫术在心理机制上都反映了

---

① 基辛指出："'巫术式思维'反映出来的宇宙观远比我们的更具有宿命论的味道。宇宙中一切事物的发生都不是偶然的。一个人被蛇咬时直接是被毒液毒死的，但什么因素造成他和那条蛇在那个时候那个地点碰在一起呢？为什么有的人被蛇咬后还能康复，有的人却会死呢？我们多半不会提出这种问题，但大多数部落民族都想知道这些问题的答案。"（《文化·社会·个人》，第401页）基辛还说："这种无所不包的决定论和'巫术式'思维模式支配了部落世界。"（同上）可以说，初民更是如此。

② R. M. 基辛指出："在某种意义上，卡拉巴利人的精灵世界是根据他们日常生活的世界仿制的。"（《文化·社会·个人》，第398页）

③ 朱狄：《原始文化研究：对审美发生问题的思考》，生活·读书·新知三联书店，1988，第34页。

一种**联想活动**，模仿巫术（顺势巫术）建立在**相似**的联想上，交感巫术则建立在**接触**的联想上。我们从文化选择学的角度、从这"两律""两术"中都可以看到：（1）人的主动性、创造性；（2）人的选择。人在这种巫术活动中，实质意义和目的是按自己构筑的宇宙图式去改变对象（自然和事物），使之符合自己的需要和目的，来完成自己的非自然的、非本能的——文化的选择。澳大利亚的一些图腾部族采用巫术方法来达到他们以为能达到的繁殖自己的图腾动植物的目的。例如澳大利亚北部的瓦拉蒙加人（Warramunga）中以白鹦鹉为图腾的部族首领，时常拿着白鹦鹉的图像，学着鹦鹉叫声，以图繁殖这种图腾动物。阿兰达人（Arunda）则用一种哑剧形式去模仿一种他们喜食的昆虫蜕壳的行为，以求达到繁殖的目的。这样的事例在遍及世界各地的图腾部族中是所在多有的。这里正具体地反映了文化选择行为：（1）选择爱食的、崇敬的动植物（排除其他）；（2）用主观的努力；（3）用创造的行为；（4）达到非自然的目的。

因此，巫术是人类最早的文化选择手段之一，是文化选择的重要的活动领域之一，也是文化选择之花中重要的一朵、艳丽的一朵。

马林诺夫斯基在《文化论》中分析了初民社会产生巫术的种种生活的和心灵的根源。为了航海、为了捕鱼、为了打猎、为了战争、为了健康，在这些活动和事件中，遇到了危险、灾难，知识的不足和能力的限制，以及不明事由的原因，都使童年时代的人类想起巫术、相信巫术、求助巫术。"靠了这巫术，他们相信可以制胜这不可见亦不可算的力量。""巫术是普遍通行的，它是满足着一种人类共有的需要。"[1]这说明了人类创制巫术是为了一种文化选择的目的，也是作为一种文化选择的手段来活动的。他们要过好的生活，要摆脱自然的摆布和加害，要冲出不幸命运的包围，于是运用巫术。

巫术是一个想象的天地、幻想的世界，连语言都变成了咒语，可以咒死敌人，可以咒得猎物，可以乞求上天，也可以指令邪恶低头。巫术的文化选择性是非常强的。它是人类文化选择的重要战场。

---

[1] 马林诺夫斯基：《文化论》，费孝通等译，中国民间文艺出版社，1987，第49，51页。

（三）宗教

宗教与巫术连体而生，它们有时难分彼此。但是宗教却在人类物质生活和精神生活的基础上，在巫术的基础上，向高层次发展，成为人类精神文化的瑰宝，而巫术却停留在低浅的、日常的、生活的层次上，然而却也保留了它的初始的纯朴、粗犷、简易和世俗性。因此，花开连理，宗教同巫术同样是人类文化选择的五朵金花中具有独立价值的一枝，就像巫术保持了它的独立价值一样。

宗教是在远古时代就产生，而后普及全世界的。有人类学家指出，早在尼安德特人（早期智人）时代的人工制品中，就反映了早期人类是相信来世的[①]，也就是说已经有宗教信仰的心理和行为了。在漫长的发展历程中，宗教普遍地在世界各地发展，形成了几大宗教，发展为精致的人类文化之花，也是人类文化选择之花。C. 恩伯（Carol R. Ember）和 M. 恩伯（Melvin Ember）在他们的著作中指出：

> 据我们所知，所有社会都存在着可以囊括在宗教这个术语之下的信仰。这些信仰随着文化和时间的不同而变化着。然而，不管对超自然事物的信仰存在着多少差别，我们都可以把宗教定义为与超自然威力有关的任何一整套态度、信念和习俗，不管这种超自然威力是力量、神、鬼、精灵还是妖魔。[②]

人类在自然力的面前无能为力，感受到恐惧、威胁和不知其因时，就按自己的世界构筑了一个天上的世界，塑造了鬼、神、精灵和妖魔，赋予它们超自然的力量，既用来解释那些解释不了的事情，又乞求那些自己想要得到的东西。这里也正反映了文化选择的特性与特征：人不愿屈服于自然，不愿处于不理解、不能诠释的盲目状态，特别是不愿意听凭自然之支配去择取生活资料和满足各种需要，因此便创设一种假想的世界模式，并创造一种自身具有的驾驭或顺从、适应超自然力量的力量，来实现自己的选择目的。这里更多地表现了人类的勇气、智慧和自信，而不是怯懦、气馁和自暴自弃。这正是文化的勇气、文化的智慧、

---

① C. 恩伯、M. 恩伯：《文化的变异：现代文化人类学通论》，杜杉杉译，辽宁人民出版社，1988，第468页。

② 同上书，第466页。

文化的选择。

罗伯特·路威（Robert H. Lowie）在他那本有趣的著作《文明与野蛮》中描述了人类宗教感情和心理产生的契机：

> 人生是一个大谜。你竭智尽力去打猎，空着两手回来；那个懒骨头饭桶阿三却满载而归。同你一起打仗的伙伴一个个（被）打死了，你却逃出一条命。老张可以算得身强力壮，大前天忽然呜呼哀哉。老李真有他的，为什么每回藏钩归他赢？为什么他的老婆会养双伴儿？那猫头鹰天天晚上在屋后叫，不知主的是什么兆头？这些事无一不奇异，有些还有点儿神怪。超自然的力量在那里作怪；宇宙中到处有这种力量，不管用什么方法，你顶好能抓到一点这种力量，……这是个含有无数未知数的方程式，要你来解答：你觉得这个事情不好办？可是抱歉得很，足下的死生祸福就要看您能不能找到正确的答案。①

人生之谜，人在自然力面前的茫然和对于掌握自己的死生祸福的强烈愿望，跃然纸上，很好地表明了宗教起源的社会—心理—文化契机。这是一种主动的、求福避祸、去坏取好的选择——文化选择。宗教就是这样产生的；产生了，人就以它为手段、为杠杆，来实现最佳选择的目的；并且，以它为解谜释惑的蓝本。

C. 恩伯和M. 恩伯指出，关于宗教普遍性的理论有三种类型：心理学的、社会学的和心理学与社会学相融合的，这三个学派，分别从心理、社会和心理-社会的角度论证了宗教的渊源和内涵。宗教信仰起源于人们对于某些现象要求加以解释的理智的需要。这是心理学理论的基本观点。爱德蒙·泰勒（Edmound Tylor）认为，"这种信仰产生于对梦、神志恍惚和死亡这类情况的反思。死人、远方的亲人、邻居、动物等——所有这些在梦境中或在神志恍惚时都似乎是真实的。"社会学理论则认为，宗教起源于社会本身和社会的需要。盖伊·斯旺森（Guy Swanson）指出："人们发明的神灵世界，是家庭和其他决策群体的人格化身。这些机构既存在于社会之中，又能对他们行使权威。"基辛更指

---

① 罗伯特·路威：《文明与野蛮》，吕叔湘译，生活·读书·新知三联书店，1984，第216页。

出: "一个民族的宗教信仰和他们的社会组织是密切相关的。超自然的秩序显然在某种程度上是**根据人类的社会关系仿制的**。同样地,宗教信仰也支持和**调整社会关系**。"①基辛还说:"活人之间的交往关系是各种'祭祀'类型的蓝本,它的范围从纳贡到贿赂,从弄权到接受特权、敬重或赎罪等等不一而足。""祖灵也可以看成是活人权威体系的一种投影,即把世系群长老提升到超自然的层面。""祭祀可能就是一种活人和死人聚集的仪式,在这个仪式中**活人求助于力量较大的死人**。""澳大利亚土著在祭拜象征每个群体的'图腾'动物时,事实上礼拜的是**社会单位本身**。"最后,他说:"宗教就是**社会的延伸和放大**。"②

所有以上的论述,都可以归结为一个目的,选择最佳道路,达到最佳选择,无论是消极的避祸还是积极的求福,都是人的一种主动积极的文化选择。这种选择,决定于人的文化化了的本能的、自然的需求,也决定于社会的需求,还决定于这两者融会的缘由。人在构筑宗教的世界——天上的世界时,完全按照自身的模式和社会的模式来设计或加以变形,成为一个现世的对应世界。这个世界本身就是人类为了文化选择和进行文化选择的创造和硕果。

宗教就这样成为人类文化选择之花。

这里,我们必须指出,我们以上所论述的都是作为**原始宗教**的发生、发展、性质、内涵、功能、作用等的状况,而不是发展成熟的、高级的、现代人类和现代社会的宗教。后者有了巨大的变化。这一点我们将在以后加以讨论。

"在原始社会,原始宗教始终是与原始文化彼此不分、混沌为一的;在原始**文化**发展的早期,**它曾被包裹在原始宗教之中**;在原始文化发展的初始,原始宗教更成为其直接的**动因**。原始文化是在原始宗教的母腹中孕育、躁动、诞生。"③原始宗教作为原始文化的**动因**,**包容**了原始文化,使文化在它的母腹之中诞生。这种性质、功能、作用,决定了它成为人类文化选择的决定性动因、准则、规范和形态,因而是人类文化选择的瑰丽的鲜花之一。宗教的选择,就是文化的选择;宗教文化,

① R. M. 基辛:《文化·社会·个人》,甘华鸣、陈芳、甘黎明译,辽宁人民出版社,1988,第402-404页。

② 同上书,第602-604页。

③ 马德邻、吾淳、汪晓鲁:《宗教,一种文化现象》,上海人民出版社,1987,第25页。

就是选择文化。

马林诺夫斯基还区分了宗教和巫术的不同。他说："巫术和宗教是有分别的。宗教创造一套价值，直接地达到目的。巫术是一套动作，具有实用的价值，是达到目的的工具。"[①]这在某种意义上就是说，宗教是理论性的，而巫术则是操作性的。所以马氏说，现代宗教中的许多仪式甚至伦理，"其实都应该归入巫术一类中的"。我们为什么采用保留的说法，"在某种意义上"？这是因为，巫术也有它的价值观念体系和理论，而宗教也有它的各种操作规程。更本质的不同是，巫术不仅不以理论形态出现，而且其观念体系和理论都不具备理论形态而是潜在的；而宗教的操作性当然是处于辅助地位的，它更重视理论上的接受和观念上的信仰。

罗伯特·F.墨菲在其《文化与社会人类学引论》中也强调了巫术的实践性，即"巫术实践"是"利用某些符咒、某些物件或某种行为据信可以强制得到预想的结果"。[②]据此，墨菲指出：

> 巫术通常增强自信心，具有更加乐观的倾向，正因为如此它才经常施行。巫术产生了人是自身命运的主人、周围环境的主宰者而不是它的仆从的幻觉。[③]

实践的强制和幻想的预期，特别强烈地表现了人类利用巫术来得到预想得到的结果的愿望。这是一种强文化选择。人们在巫术活动中，怀着一种强烈的愿望、一种急切的心情、一种追逐的目的，或驱逐妖魔鬼怪，或敦请神仙菩萨，以禳灾赐福，恢复或获得生活的平静与人生的幸福。

巫术在人的文化选择中表现得特别鲜明、强烈。

宗教却不同。它"温和"、平静、沉着、持久，要求人们的一种虔诚的信仰、一种恒久的执着、一种终身的追求。宗教有一套完整的理论体系。宗教还追求死后和来生的幸福。

① 马林诺夫斯基：《文化论》，费孝通等译，中国民间文艺出版社，1987，第51页。
② 罗伯特·F.墨菲：《文化与社会人类学引论》，王卓君、吕迺基译，商务印书馆，1991，第219页。
③ 同上书，第220页。

（四）艺术

艺术是文化选择之花丛中最美丽动人、娇艳无比的花朵。它不同于巫术、宗教，它不是一种理论信仰，也不是一种祛灾求福的实践仪式。它是人类的一种享受、一项快乐活动。它使人类生活"锦上添花"。它打扮了人生、美化了人生，也美化了人的心灵。

但艺术不是自己生发成长起来的。它最早是同巫术、宗教融合生存在一起的。它没有自己独立的价值，它不是人类有直接艺术目的的产物（在发生学意义上），它是副产品，一种意外收获的龙种和硕果。它的产生，给文化增光添彩，也给文化选择增加了新的内涵、新的特征、新的机制，使人类的文化选择进入更高层，使人更远地脱离了动物界。艺术之花，为人的生命、人的生活、人的世界和人生活于其中的世界，增加了原来未曾有过的新的美好事物。

无论是游戏，还是巫术活动与仪式，以及宗教活动与仪式，都有集群的、集群-个体的，有秩序、有节奏、有变化而又统一的各种活动，其中，包含着音乐、舞蹈、诗歌以至戏剧的胚胎，虽然它们在发生之始，都是同游戏、巫术和宗教活动浑然一体而不可分的，它们也没有自己独立的内容、形式和目的。它们是派生的、次生的、寄生的。但是，随着游戏、巫术、宗教的发展，它们越来越丰富、越来越具有独立的意义；而人类在长期的活动中，在事实的刺激和启迪下，也逐渐地萌生、发展了艺术-审美的意识，并且逐渐地和越来越发展地意识到艺术的独立意义和独立存在的价值。于是，艺术也就在游戏的、巫术的和宗教的基础上，先是同它们在一起、伴随着它们的发展而发展，后是相对独立地和完全独立地发展起来，从而成为人类文化选择中最美艳的一朵鲜花。

当然，造型艺术如绘画、雕塑等，还同时与工具的制造、器皿的制造以及符号的发展、文字的出现，为了实用目的而制作岩画、雕刻等活动一起，逐渐地和长足地发展起来。

早在尼安德特人时期，也就是十几万年以前，最早的雕刻就出现了，那都是些女性的雕像。这显然是同生产工具的技术的产生和发展有关，同当时的人多产子女的愿望有关。这说明都同生活有关。岩画艺术是最早的绘画了，它遍布世界各地。它的"创作"目的当然不是艺术，而是**生活**，为了狩猎、为了巫术活动。比如，同交感巫术、同顺势巫术有关。岩画最早都出现在人类第一期家园——洞穴——中，它达到了原始艺术的巅峰。据研究，它的发展路径大体是：抽象符号画→具体轮廓画→单色画→彩色、多色画→静态画→动态画→平面画→透视画。这个发展历程，反映了艺术（绘画）在为了生活的目的和以反映生活为题材（岩画多是动物单体像或群像、狩猎活动等）的"创作"过程中，逐渐由简单到复杂地发展。

　　人体艺术，主要是装饰和文身，也是一个极复杂的"艺术世界"，它反映了初民的复杂的精神活动和精神世界。我们现在很难解释清楚那些挂兽骨、挖鼻孔、敲掉门牙以及五花八门的文身和装饰的行为——"艺术创作"和"艺术活动"——的真正动机，虽然许多人类学家、文化人类学家做出过种种不无道理的诠释，还有格罗塞、普列汉诺夫、闻一多等所做的重要的考证和合理的解释，但仍然不能自圆其说或全部、详尽地解释透彻。不过在总体上却有一个共同点：这些行为，都同原始民族的生活有关，是从生活出发的，为了满足生活的目的而产生的。

　　马林诺夫斯基在他的《文化论》的"艺术及其在文化中的位置"一节中指出，艺术首先是人的生理的需求之一部分，对于声、色、形的"欣赏"，是动物也具有的（我们只要想想花儿以艳丽的颜色和香的气味来吸引蜂蝶、鸟之啁啾及歌鸣能吸引异性就够了）；但人不同于和高于动物的，就在于给这种对声、色、形的自然的、本能的"欣赏"中注进了文化，注进了**自觉的意识和自觉自为的目的性**，使之成为文化的、艺术的欣赏。马林诺夫斯基指出："一切对于声、色等感官上的刺激和反应，都有有机的基础。艺术的要求，原是一种基本的需要，从这方面看，可以说人类有机体根本有这种需要，而艺术的基本功能就在于满足这种需求。"马氏又说："正因为艺术有以上这种特性，所以，它渐渐和其他文化活动发生关系而产生了许多次要功能。它在技术、手艺和经济的发展中常是**重要的动力之一**。"这就表明，艺术从满足人的本能的生理需要开始，同人类其他文化活动相联，又同人的技术、生产、经济相联，从而具有了广泛的文化功能；并由此产生了艺术自身的文化功能。然后，马氏还指出了艺术和巫术、宗教活动在感情上的联系，巫术、宗教都要求参加的人激起感情的波澜，并具有一种感情体验，而"艺术创造，正是产生这种强烈的情感体验的文化活动"。"宗教和艺术都是人类深邃的情感启示。"

以研究艺术起源而闻名于世的德国艺术史家格罗塞（Ernst Grosse）在《艺术的起源》中，充分地论证了在社会经济组织和精神生活之间，特别是在艺术领域，彼此具有一种密切的关联。他指出："原始民族的大半艺术作品都不是纯粹从审美的动机出发，而是同时想使它在实际的目的上有用的，而且**后者往往是主要的**动机，审美的要求只是满足次要的欲望而已。"[①]又说："艺术也不但是一种愉快的消遣品，而且是人生的最高尚和最真实的**目的之完成**。"[②]

普列汉诺夫在肯定了**人的本性**使他能够具有**审美**的趣味这个概念之后，立即把**社会关系**引入他的艺术概念之中，指出："他周围的条件决定着这个**可能性怎样转变为现实**；这些条件说明了一定的社会的人（即一定的社会、一定的民族、一定的阶级）**正是有着这些**而非其他的审美的趣味和概念。"[③]在这本书中，普列汉诺夫详尽地研究了原始民族的诸种艺术形式，探讨论证了它们同生产、技术、劳动、生活和在物质条件的基础上，在一定的社会关系中，艺术的——审美的观念如何地产生和被决定了它的内涵与形态。

朱狄在他的《原始文化研究》中，用周详的材料，细致地介绍了西方诸学派对于原始艺术——原始文化产生根源的论述。他在评议各家学说时指出，各派有几个共同点。第一，"最大的共同点是它们都认为旧石器时代的艺术之所以发生并不是偶然的，在这一重大的历史事件的后面存在的不是一个含糊不清的'创造者'或创造主体，而且这个主体之所以在此时此地创造了这些人工制品，是**受到某种动机的支配**，这种动机所蕴藏的力量是那样的巨大，它足以**推动着最早艺术的诞生**。"[④]第二，他们都各自认为自己所提供的艺术产生的动力学理论是接近历史事实的。这有他们提出的许多事实为证——这一点说明，他们各有道理，而艺术产生的多元动力说，可能是较可取的说法。朱狄指出的第三个共

① E. 格罗塞：《艺术的起源》，蔡慕晖译，商务印书馆，1984，第234页。

② 同上书，第241页。

③ 普列汉诺夫：《没有地址的信 艺术与社会生活》，曹葆华、丰陈宝、杨民望译，人民文学出版社，1962，第17-18页。

④ 朱狄：《原始文化研究：对审美问题的思考》，生活·读书·新知三联书店，1988，第400页。

同点尤为值得注意，他说：“所有这些理论极大部分都**与原始宗教有关**，不仅巫术论、图腾论、萨满信仰是一种原始宗教信仰，而且以性生殖器崇拜为内涵的性符号论以及以确定祭礼仪式的日期为目的的季节符号论，实际上也都与原始宗教的信仰有关。也就是说，除了‘为艺术而艺术’的理论外，其他理论都是**以原始宗教的某一方面的内涵作为其理论核心的**。”①

C. 恩伯和 M. 恩伯则从广泛的文化概念的角度来标识艺术的起源、特征和作用，他们指出：“艺术活动多少总是**源于对文化方面的追求**，包括共同享有的和习得的**行为模式**、信仰和感情。”

阿诺德·豪泽尔（Arnold Hauser）则强调艺术的统一的社会整合作用。他说：“艺术是通过集中反映生活整体性的方法来深入对象的内层结构的。艺术的整体性不等于各个部分相加；它存在于每个部分之中。每件艺术作品都**渗透着生活结构的整体性**。”②他还指出：

> 我们通过艺术去发现世界的本质。艺术作品都是经验的积累，并像其他所有的文化成就一样，总有着自己的实际目的。艺术和科学都是为了解决生活提出的实际问题的。……
>
> 艺术源于生活的需要，它和科学都是行走在同一条永无止境的路上，解释和引导着生活。③

我们在上面引证了诸家之说，理论纷纭，但是，都有一个共同点：艺术的生活根源。艺术的广泛形态，包括装饰、刻痕、工具装潢、器皿装饰和造型等这些“实用艺术”，以及诗歌、音乐、绘画、舞蹈、戏剧等在内，都与生活具有广泛的联系，或取材（料）于实际所有，或取材（题材）于实际生产劳动与生活，或取艺（技术、技巧等）于实践，或取形（形态，如舞蹈、绘画等）于生活；或活动、应用于生产劳动，或于日常生活中应用，或活动于巫术、宗教活动之中，为其内涵、为其形态，如此等等，不一而足。但万流归宗，都是源自生活又为生活服务。这种“源自生活”，就是一种选择。生活之源中，事物万千，唯取这

① 朱狄：《原始文化研究：对审美问题的思考》，生活·读书·新知三联书店，1988，第400、401页。

② 阿诺德·豪泽尔：《艺术社会学》，居延安译编，学林出版社，1987，第2页。

③ 同上书，第3页。

些，就是有目的的择取；至于为什么择取这些和这样来择取，正如前所引述诸种材料和诸家言说所指出的，是为了生活，为了更好、更高、更美满，更符合人之生理、情感、生活实际需要的生活。——这些，就正是使择取具有了文化素质，使选择成为一种文化选择。

艺术，正是因此成为文化选择的一朵极艳丽的花。

人类既经利用艺术和依据艺术来选择，来实现自己的文化选择，他就不仅选择得更好，使自己的文化选择"更上一层楼"；而且，为自己开辟了文化选择的新领域、新范畴：文化-艺术选择。

恩斯特·卡西尔在他的名著《语言与神话》中，对艺术有详尽的论述。他的论述都是就其最基本的性质来展开的。他引述了许多名家的论述，并就此加以评议。他指出："模仿自然和表现感情是艺术的两个基本元素。此二者可说是编织艺术天衣的材料。"[1]卡西尔又说："艺术为人类生活开辟了一个新的维度，使人类生活达到了我们平日理解事物时所达不到的高度。艺术不是自然和人生的简单的再现，而是一种形变和质变。这种质变是美的形式的力量所产生的。""美的形式是一种自由主动性的产物。"他还指出：

> 艺术的经验，不管对艺术家本人来说还是对观众来说，总是动态的，不是静态的。我们要在艺术形式的王国中生活，就不能不参与这些形式的创作。艺术的眼睛不是被动的眼睛，不只是单纯地接收、记录外在事物的印象。艺术的眼睛是建设性的眼睛。[2]

最后，卡西尔还说：

> 艺术是一条通向自由的道路，是人类心智解放的过程；而人类心智的解放则又是一切教育的真正的、终极的目标。艺术必须完成自己的任务，这项任务是其他任何功能所不能取代的。[3]

在这些论述中，卡西尔从三个方面论述了艺术的本质：（1）艺术的要素是生活和感情，它们一是客观的存在，一是主体的心灵产物。艺术

---

① 恩斯特·卡西尔：《语言与神话》，于晓等译，生活·读书·新知三联书店，1988，第193页。

② 同上书，第195页。

③ 同上书，第197-198页。

就是由主观和客观两个方面的元素所组成，它由这两方面的张力及其演变所组成。（2）艺术的产生，为人类生活开辟了一个新的维度——审美的维度。这个维度使人了解到平日理解事物时所达不到的高度。（3）艺术是人类通向自由之路，是人类心智解放的过程。艺术的这种功能是其他功能所不能代替的。这三个方面从选择学的角度来理解，就是：艺术是人对客观的一种选择，这种选择融进了主体（人）的情感。这也就是说，艺术是人的一种自然的——人的——情感的文化选择。艺术的这种选择使人的生活产生了一个新的维度，同时，也就使人的文化选择产生了一个新的维度——审美维度。而这一新维度，是一个非同小可的维度，它把人类引向自由——更高的文化选择领域，并且解放人的心智，提高人的心智。这样，艺术作为人类文化选择的"五朵金花"之一，其意义、其功能、其作用是非常特殊的、非常有用的、非常美好的。

而且，艺术产生之后，人类就增加了一种不是直接追求物质生活美好的文化选择，即艺术追求。这是一种艺术-文化选择，也就是文化选择的新维度。

（五）科学

科学不同于前述诸朵鲜花。它使人想起理智、智能。它同游戏、巫术、宗教、艺术的最鲜明的不同点是非情感化。但科学并非总是无情的，只是它的"情感天地"是"别有洞天"的，而不"苟同"于游戏等文化选择。作为人类的文化选择的手段、领域和途径，它同样起源于人类的生活，同样从生活中提出了问题，又以它来解决问题，从而丰富了生活，提高了生活，使人生活得更好。这意思，不是别的什么，恰恰就是使人类能够更好地、更高地向自然、向社会**选择**。**科学地选择**，是最佳文化选择之一。人类工具的发明是科学之果，亦即运用科学之果，同时也是科学的诞生和以科学为手段进行文化选择之肇端和结果。人类要对付伤残和疾病，要应付天时地理的诸多变化，并适应和运用这种变化来更好地取得生活资料和更好地繁衍，这都是需要科学的，也都是在进行科学活动，是在以科学为手段实现文化选择。马林诺夫斯基说："科学的功能是在给初民以技术活动的理论及实际指导。"初民之所以知道钻木取火，"唯一的联想和关连是出于**实验的**，正确的，自然现象的观察"。这指明了科学的活动和"科学-文化"选择的起点是在**生活选择**，在初民有了技术以后，通过实验（实践和试验、验证等），对自然现象进行观察，并得出正确的结论，然后，以这结论去给"技术"以实际的指导和理论解说与总结，从而使技术更高超、更自觉，应用得也更好；从而使人的生活质量得到提高。这一连串的活动，便都是一级一级、一步一步地进行的文化选择，是贯穿着人的智能活动的科学–文化选择。

罗伯特·路威很好地描述了这个过程，他写道：

> 科学是生活的副产物。对付日常生活的时候，打猎和掘薯的时候，敲剥石器和烧制陶器的时候，野蛮人集聚了许多知识，那就是我们的生物学、矿物学、物理学、化学、工艺学的基础。天文学像高等文化中的其他许多方面一样，是打侧门偷偷地溜进来的。那些巴比伦祭司们凝视天空的动机是什么？他们要想知道星宿及于人生的影响，他们的天文学植根于占星术：他们从星宿的位置上推测未来的事变。他们特别注意一个人诞生的那个刹那的天体景象，从这个上预言他一生的成败祸福。在巴比伦科学中，古希腊人特别重视的也就是这方面！①

这段描述，很直接地论证了科学直接地从生活之源中产生出来，又直接回到生活中去，为人过更好的生活服务，并且在服务的实践和理论总结中，创建和发展了科学。科学就是这样，帮助人、指导人、推动人更好地从科学的角度和以科学为手段去进行文化选择。

当然，他们的出发点有时候是不科学的，有时其结论也并不科学；但是，他们却会在吃亏中不断地明白，不断地上进，走向科学的天地。人类的文化选择，也就越来越科学化。人类自从获得科学这朵鲜花之后，其文化选择之果就越来越丰硕了。科学使人更准确地进行文化选择而达到自己预期的目的；科学使人以更高强的手段向自然界索取，改变自然，使之符合自己的目的；同时，也以科学来战胜许多敌手——从自然现象到动植物、细菌、病毒以及其他星球的影响。

科学使人类具有了科学的头脑和科学的双手，并凭科学创制了种种高超的工具、机器、武器，去向自然界择取生活之果、幸福之果。

---

① 罗伯特·路威：《文明与野蛮》，吕叔湘译，生活·读书·新知三联书店，1984，第273-274页。

九、花开不败常艳，更绽繁花万千
——文化选择的发展

　　文化选择的"五朵金花"，是艳丽之花，而且是开不败的花朵。自从几万年以前它们诞生之后，就一直花开不败。至今，当人类进入20世纪90年代，进入电子时代，向宇宙迈进的时代，人类仍然以游戏、以巫术、以宗教，当然更以艺术和科学来作为他们文化选择的手段、领域和渠道。它们仍然是人类文化选择的"五朵金花"。当然，这"五朵金花"已经大大地不同于几万年前了，也不同于几千年、几百年以至几十年前了，它们发展了，丰富了，变化了，复杂了，更艳丽了。而且，在长期的发展中，在"五朵金花"的基础上，又绽开了千千万万、万万千千的花朵，真正是繁花似锦。首先是在"五朵金花"的枝干上，又分蘖出千枝万杈，开放出万紫千红的花朵。它们都是在人类生活发展基础上发展了的文化选择结出的花朵，既经开放，便又成为文化选择的新的需要、新的领域、新的渠道。不同的民族、不同的国家和不同的地区，又在各自的独特条件上，绽放了各不相同的文化选择之花，或是"五朵金花"的变异、生长、发展，或是另辟蹊径又开出的新的花朵。这构成了另一形态的文化选择的似锦繁花。在不同时代、不同时期、不同社会状况下，又有"五朵金花"的不同形态、不同内涵、不同作用。它们也构成了另一种文化选择的繁花。这些花，既继承了传统之花的精华，又承受时代条件、时代精神的贯注，而出现新的状况、新的发展。这样几个方面，促成了文化选择之花在"五朵金花"基础上的不断的、狂放的、广阔的发展。

　　人类现在享受着广泛、周全、丰富多样、深刻而有益于身心的文化之果，这是文化选择的具体实践；人类也同时使自己的选择，整体性地成为文化的选择了。此外，人类还收获了、创建了选择文化，即用以指导、推动、规范选择的文化。

　　文化选择已经具有这样三个方面的内容。

　　文化选择是怎样从远古初民时代那样极低级的文化选择进展到现今这种高度发展的文化选择的呢？这包含了广泛的课题，其中基本的核心问题是**文化与进步**（整个人类—社会的进步）和文化如何进化。在这个课题的解析中，同时就包含了对于文化选择如何进化以及如何与人类—社会同步进化这一课题的解答。

我们无法也无须来回答这样广泛的问题。在这里只就其基本的规律加以讨论。

这里，我们愿意介绍托马斯·哈定等在《文化与进化》一书中所提出的观点，即两个基本规律的见解。他们提出，文化的进化同生物的进化一样，其"总体的特性与其说是线性的不如说是以**非规则的和非连续的性质**从一个发展的物种进化到下一个新物种的。进化依赖于物种的分化（它们的专化与适应）而不是连续性"①。他们制出的图即图2-2，我们且仿其作法，试图加上些文化选择的"花朵"，以示其意。

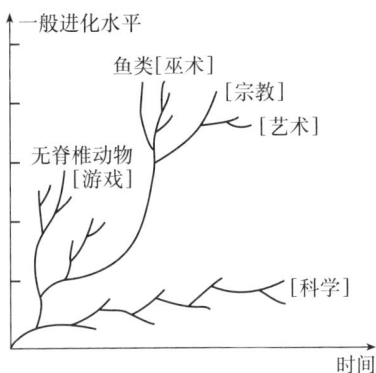

图2-2

这个图自然是不科学的，因为是套用生物进化的图式；但我们只是借此以示基本意义：文化选择的**分化式进化**。

在这个基本的分化进化历程中，有两条基本规律：

（一）文化优势法则

"这个原则即所谓**文化优势的法则**。它可以这样来规定：那些在既定环境中能够更有效地开发能源资源的文化系统，将对落后系统赖以生存的环境进行扩张……。或者也可以这样说，法则揭示的是，一个文化系统只能在这样的环境中被确立：在这个环境中人的劳动同自然的能量转换比例高于其他转换系统的有效率。"②

这个法则和对它的表述，也同样符合文化选择的分化式进化。文化选择诸种形态和各地区、各民族的不同进化水准与层面，其发展和扩张的机制，也同样是决定于这种文化选择在人类生活中的作用和地位如何。而衡量这一点的标准，正是它能否更有效地开发能源资源，或者说，它的使人的劳动同自然的能量转换的有效率，比例高于其他文化选

---

① 托马斯·哈定、大卫·卡普兰、马歇尔·D. 萨赫林斯等：《文化与进化》，韩建军、商戈令译，浙江人民出版社，1987，第78页。

② 同上书，第60页。

择系统。这在总体上和归根结底的意义，也就是能否使人类过上更好的生活：获得更多的生存资料、享受资料和发展资料，使人类生活得更好、更美、更有意义。

（二）进化潜势法则

"它的意思很简单：一个物种在既定的进化等级中愈是专化和适应，那么，其走向更高等级的潜势就愈小。另外一层意思，要比前面几章更为明确和更为一贯，那就是：特殊的进化过程与一般的进化潜势是一种逆反的关系。"

这个规律的核心就是，越是发展得专门化，越是成熟，其继续发展的潜在势能就越小。专门化和发展潜能成反比。

文化的进化如此，文化选择的进化也是如此。一种文化选择的范式，越是专门化，"熟透了"，它也就不能再发展了，发展的潜在势能就越小了。而那些不太成熟的范式，却保留着较大的发展潜能，于是能够继续前进。正是这种保留着发展潜能的文化选择范式，会不断萌发新的生长点，分蘖、分化，继续发展，开出新的文化选择之花。

人类的文化选择之花，就是循着这样的两条规律由简到繁、由低级到高级地发展，直到今天现代化的高度的。

不过，我们却又不能不提出另一方面的问题，即现在的文化选择，现代文明，就一切都比野蛮时代和野蛮人更为文明吗？这个问题，是罗伯特·路威在他的名著《文明与野蛮》中提出来的。我们先引用一下他所提出来的问题和他的基本观点。罗伯特·路威在书中多处指出一个观念：文明人的"文明"和野蛮人的"野蛮"往往很难分高下。书中有多种例证：

假发当然是要扑粉的……在几十万英国人和法国人饿得要死的时候，大量的面粉浪费在假发扑粉上。然而哲学家还像煞有介事的讨论野蛮人的无远虑。[1]

他们（印第安人）里头的非法性交当然要比维多利亚时代的欧洲中产阶级家庭里头多些；可是若我们把欧洲乡间的风俗和城市的

---

[1] 罗伯特·路威：《文明与野蛮》，吕叔湘译，生活·读书·新知三联书店，1984，第86页。

054
文化选择学
彭定安文集
11

卖淫加在里头算，那就印第安人或许还要显得规矩些。①

现在我们的稍为重要些的城市无不拥有大量的警察，然而纽约和芝加哥的盗案还是层出不穷，匪徒以机关枪自卫，才不怕你的警察……克洛人营地……没有牢狱，没有法官，也没有具强力的警察（除部族合猎时），他们居然能很和睦地过活。②

争斗与口角，憎恶与虐害，在他们（格林兰人）里面几乎绝迹。他们看见我们的水手打架，他们说，这些人好像忘记自己是人了。他们又说，那些军官鞭打水手，是不拿他们当人，简直是拿他们当狗。③

这些事例反映了一种"文明"和"野蛮"的"倒错"。人类在文明不断发展的过程中，却出现了许许多多不文明的现象，不如野蛮人的野蛮现象，甚至比野蛮人还野蛮（如前举诸现象，此外还很多）。这也许应该看作人类在向文明进展过程中付出的代价——这代价是惨痛的。相反，那些还处在原始状态的野蛮民族却保持着更为文明的文明状态。这种现象，当然不能用来证明文明不如野蛮，更不能证明"文化误我"，人类倒不如停滞在原始的、野蛮的状态为好。这只说明，人类在追求文明的过程中，在文化发展的过程中，在实现文化选择的过程中，有得又有失，有许多教训值得吸取。文化与质朴是一对既矛盾又统一的矛盾体。质朴同简单、粗陋、低级相联，而文化则丰富、精致、高级，这是前进和提高；但是，失去自然、天真、纯朴，则又不免是一种损失，而且复杂、繁乱、喧嚣、"百病丛生"，又与丰富和精致相联，从中产生出质朴原始状态所不可能产生的问题。问题的症结不在发展本身，更不在文化本身，不在于文化选择的高层化，而在于在发展中、在高层的文化选择中如何尽量保存质朴原始状态中的优秀、良好、与发展仍相适应的好东西，如何对不适应而又有利于现代和发展因此可予保留的东西加以改造使之变异，如何同时防止诸种"文化病害"之产生。

问题的症结乃在于此。

---

① 罗伯特·路威：《文明与野蛮》，吕叔湘译，生活·读书·新知三联书店，1984，第122页。
② 同上书，第155-156页。
③ 同上书，第219页。

而问题的解决也正暗含于此，却不在"回到原始去"。"返璞归真"，这只能是针对反文化的现代病、城市病来说的。

英国著名学者、文学批评家和美学家克莱夫·贝尔（Clive Bell）在第一次世界大战、人们正进行人类文明的反思时期所写的《文明》一书中，曾经就这个恼人的问题作了很好的论述。他提出的论题是"文明"与"腐化"的对立。对此，他写道：

> 文明是社会的一种特征：粗略地说，文明就是人类学家用以区分"先进"社会和"落后"或"低级"社会的那种特征。野蛮人一旦用理性控制自己的本能，具有初步价值观念，也就是说，他们一旦能够区分目的和手段或说达到美好状态的直接手段和间接手段，就可以说他们已向文明迈出了第一步。这步指的就是用理性纠正本能；第二步就是为得到更美好的东西有意识地放弃眼前的满足。饥饿的野人抓住一只兔子，当时当地就把它吃掉，或本能地拿回家给小崽子们吃，就像狐狸干的那样。尽管饥饿难挨，但仍然把兔子带回家做熟了再吃的第一个人就算走上了通向雅典之路。他是一位开路先锋。但如果说他是第一个腐化堕落者，也同样有理。这个事实意义重大。文明是人为的，不是自然的。进步和腐化这两个字眼儿是可以互换的，凡是使人类的知识和感受丰富了的人们，甚至只是使人们的物质生活更舒适一些的人们，多数都会被可能从他们的发现中获益的同时代人欢呼为恩人，但因年迈、愚蠢或妒忌而无法享受这些成果的人们则斥责他们为败类。为几个名词争吵很无聊，我们还是先就这一点取得一致认识好了：熟食的习惯既可认为是向文明前进的一步，也可以说是从直立猿那种完美状态倒退的一步。①

贝尔在这里不仅指出了同一个历史发现与进步行为，在同代人的不同人群中，会有"文明"和"腐化"两种不同的价值评估；而且指出了，在熟识这一文化上的前进行为中，**自身就存在两种因素：前进和倒退**。问题在于不同的评价坐标，但更在于事物自身就是矛盾统一体，就存在两个方面。纯粹的进步、纯粹的好，是不存在的。这只存在于抽象的观念中，而不会在具体的事物中存在。

---

① 克莱夫·贝尔：《文明》，张静清、姚晓玲译，商务印书馆，1990，第102页。

但是，历史总是算总账、算大账的。在总体上，在大格局上，后来者总是居上，越往后的时代越比前代进步，越有发展。

在文化选择上也是如此。

十、文化选择的整合、"大观念"与模式

文化选择在生产与生活两大领域和由此而生成的千千万万的细小领域中生长发展和在人的生活实践中实现。在这个过程中，各个枝权都会通过各种途径和由于各种缘故，而互相沟通、渗透、逐层或分层融会，最后得到整合。这种整合是多方面、多内容、多层次的，又是分历史时期和分领域形成的。这种整合会在各种文化选择之间，先在种别之间实行整合；然后，又会在邻近种别之间交叉、沟通、渗透，而实现整合；而后，又会在较远的种别之间，通过相同的渠道和状况实现整合；再后来，又会在大种别之间，在"板块"和"网络"之间，实现更大范围内的整合。如此逐层、逐段、逐块地扩大整合面，形成一个完整体系，涵盖了整个人类的文化选择网络、文化选择体系。

文化选择的整合，还会在部落与部落（例如不同图腾的部落）之间、区域与区域之间、种族与种族之间、民族与民族之间实现整合。这种大"板块"之间的整合，通过文化沟通、文化交流来实现。

整合，还在时代与时代之间、这一历史时期和另一历史时期之间实现。这种垂直的、纵向的、时间坐标上的整合，通过传承来实现。这种整合同时还和种类与空间之整合实现交叉汇合，形成统一的整体。

露丝·本尼迪克特在她的名著《文化模式》中，论述了文化整合的必然性及其意义。她的这些论述同样适用于文化选择的整合。她说："相互之间没有内在关系的、历史上独立的诸特性可以结合、可以交结"；"在这儿是自我折磨，在那儿是杀头，一个部落是要婚前的贞洁，另一个部落则讲青春期的放纵，这不是一串互不相关的事实；……同样，自杀和杀别人，两者虽都不关涉绝对标准，对它们的禁忌却并不因此就是偶然的。"她接着指出："对于文化行为的意义，当我们清楚地理解它们，知道它们是地区性的、人为的、大可改变的时候，也并非没得可说了。**它也还能被整合。**一种文化就像是一个人，是思想和行为的一个或多或少贯一的模式。"

本尼迪克特在这里强调了整合的必然性和基本内涵。互相的沟通和交流会导致整合，而在整合中，就会抹去那些可以抹去的独特性，而趋向归一或统一。经过整合，成为一种模式。文化选择的整合，同文化的这种整合是完全相同的。

本尼迪克特接着论证了这种整合的意义。她说："不能把文化的这种模式构成当作无关紧要的细枝末节而忽视掉。像现代科学在众多领域中所强调的那样，整体并非仅是其所有的部分的总和，而是那些部分的独特的排列和内在关系，从而产生了一种新实体的结果。"也就是说，整合产生了部分相加之和以外的新的质，**整体大于部分之和**。因此，整合就是一种发展，一种提高。本尼迪克特指出："文化在其繁简度的每一个层次上，甚至在最简单的层次上，都达到了这种整合。"在文化整合的过程中，文化选择也就**同步实现**其整合过程。本尼迪克特说："在伟大的艺术风格中发生的事情，在作为整体的文化中也发生了。指向生计、婚配、征战，以及敬神等方面的各色行为无不按照在该文化中发展起来的无意识的选择标准而纳入永久性模式。"这更明确地指出了文化整合是同文化选择的整合同步同质地实现的。

整合形成了模式。

这种模式，在观念形态上，以几个基本观念——"大观念"——组建成。美国哲学家和教育家艾德勒（Mortimer Jerome Adler）在他的《六大观念》一书中论述了人类的六大哲学观念。关于大观念，艾德勒认为：

> 每个时代的哲学思想都凝结为一些"大观念"，大观念是哲学思想的基本词汇，也是人类思想的基本词汇。哲学思想的创造和发展，表现为这些"大观念"的出现、继承和演化，哲学精神也就表现在这些大观念之中。①

> 人们共同考虑的那些东西，就是大观念的基本含义。大观念是最具普遍性的观念，必然是人们日常生活中常用的观念。从大观念在日常生活中的含义进一步说明它们的哲学含义，就把哲学观念的一般与个别的内容结合起来了，这是阐发哲学思想的一个

---

① 穆蒂莫·艾德勒：《六大观念》，郁庆华、薛金译，生活·读书·新知三联书店，1991，第1-2页。

好方法。

我们也用这种方法，来凝结文化选择的几个大观念。它是人类在文化选择中"共同考虑的那些东西"，是首选的和基本的观念，而且这些观念也像哲学大观念一样，既具日常生活中的含义，又有哲学含义。文化选择的大观念，是怎样一些观念呢？

（1）生产观念。它的主要意义是：更高的生产技术和在此基础上的更高的劳动生产率。无论在什么时代、在哪个社会，社会在文化选择上的基本观念和首选目标，就是择"更高的生产技术"和"更高的劳动生产率"而取之。社会凭此而前进、而发展，先后出现的不同阶级和阶层，因此而上升或下降、兴旺或灭亡、前进或倒退、发展或停滞。社会成员的个体，也因其在此方面的不同选择而兴衰各异。恩格斯曾指出，人们必须首先解决衣食住行诸问题，然后才能言其他。而在这方面的选择如何和如何选择，就决定了衣食住行的水平如何，决定是否能够获得衣食住行之源。

（2）生殖观念。这包含个体的生长及子孙的繁衍和健康幸福。人类必须在这方面妥善选择，才能生存和繁殖。自古以来，有的地区的居民，有的种族，有的民族，就有因"生殖文化选择"失当而致衰败，甚至灭亡的。生存竞争，就是文化选择优劣高下的竞争。

（3）生活观念。更高质量的物质生活和精神生活，更健康、更富裕、更舒适、更美好、更具享受和享乐性、使身心皆愉悦的生活，就是人类"生活文化选择"所追求的目标。这方面的选择，成为人类向前发展的动力，也成为人类能够不断发展的基础（物质的和精神的）。

（4）审美-道德观念。这是人类更高层的文化选择。道德规范和审美活动，是人类在精神领域和物质领域追求更高发展的目标。道德的选择、审美的选择，使人进入更高的道德层次和审美层次，从而进入更高的文化层次。道德-审美成为人类文化选择的标准、领域、目标，使文化选择更向形而上发展，也就更提高了选择文化。

（5）智能观念。为了人具有更多更高的智能，以此来确定文化选择的目标，使得人类的素质更为提高，需要产生智能观念。"现代智人"成为人类诞生以来的具有最高智能的人。

总括起来，这五大文化选择观念就是：物质生活—精神生活：更高、更好、更美、更有发展潜力。这也就形成物质文化与精神文化两种形态。马林诺夫斯基将这分成"物质设备"与"精神文化"两个方面。在谈到物质设备时他指出，人因为要生活（要过更好的生活），就"永远地在改变他的四周"，这也就是对环境、对物质世界的文化选择，从而产生一切物质文化。"人的物质设备：举凡器物、房屋、船只、工具，以及武器，都是文化中最易明白、最易捉摸的一方面。它们决定了文化的水准，它们决定了工作的效率。"但是，物质文化要由精神文化来配合，否则便是"死的，是没有用的"。"这部分包括着种种知识，包括着道德上、精神上及经济上的价值体系，包括着社会组织的方式，及最后，包括着语言，这些我们可以总称作精神方面的文化。"马林诺夫斯基指出："只有在人类的精神改变了物质，使人们依他们的理智及道德的见解去应用时，物质才有用处。"马氏在此论证了两者的关系及其结合机制，这就是应用。这里，应用具有双重的选择意义。第一层意义是，人依其精神文化所产生的意旨，去选择"物质设备"，这自然是一种对文化的选择（作用于对象）和文化性的选择（主观的能动作用和主观的性状）。第二层意义是，应用其所选择的物质设备，去选择物质世界的某个或某些对象，来满足自己的需要——这"需要"是文化性的自然、本能需要，是为文化所濡化了的本能。

马林诺夫斯基说："器物和习惯形成了文化的两大方面——物质的和精神的。器物和习惯是不能缺一，它们是互相形成及相互决定的。"文化选择的两个方面，也正是如此。

当然，无论是"五大观念"，还是两个方面，都不是各自孤立地存在和发展的，它们各自相对地独立，各有其独特的形态与价值，但是，它们却又是彼此联系、互相融通，结合为一个整体的。它们各具个性，而又同处于一个共同体——人类的文化选择——之中。艾德勒在论述哲学的六大观念时指出："那些大观念并不是各自独立的，也不是彼此不相关联的。因此，对于这六个观念的每一个描述都会涉及其他五个观念；而且，当我们考虑这六个观念本身以及它们之间彼此的关系时，我们会接近熟悉整体观念的领域，或者至少更能熟悉这六个观念与许多其他大观念的关系。"文化选择的五大观念也是如此。它们是彼此关联、密不可分的。人们在进行文化选择时，虽然有重点、出发点的不同，但却都是在总体上相关联地考虑的。从某一观念出发，其他观念同时也在发生作用。

从五大观念中我们还可以看到，它们既蕴含着共性，又潜藏着个性。共性是都有利于提高人的物质生活和精神生活的质量，都有利于提高人的素质；而个性则表现为，有一部分文化选择，从共性中凝结出一种**文化性**，它们构成了"形而上的""纯"的文化选择。这种"纯文化选择"，是狭义的文化选择，是人类大选择中、大文化选择中一种只限于文化这个范畴中的选择。

我们一般谈论的文化选择，更多的是这种文化选择，或者说更侧重于这种文化选择。但两者又是互相沟通的，是紧密联系而不可分的。当我们述及狭义的、"纯"文化的选择时，自然而然地是会联系到一般文化选择的。

这里需要指出的是，在人类创获文化选择之时，二者是混为一体的，是不可分的。狭义的文化选择，尚未从母体中分化出来，也可以说，囿于人类文化的一般状况尚处低级层次，文化也尚未分化出来，文化选择也就仍孕育于母体之中。随着人类文化的日渐发达，人类创造的各种事物（包括文化，也包括文化自身之类的各个部分）都逐渐地分化出来，并既连母体又相对独立地发展起来。文化选择就是这样随着人类社会发展、人类总体文化发展而逐渐发展起来的。而且，随着社会—文化—人的整体性的不断发展，文化选择也越来越分化出狭义的文化选择，并使其在母体中的结构比不断提高。一方面，狭义的结构比，在人类的总体生活中、在人类一般选择中的结构比不断提高，地位越来越重要；另一方面，狭义文化选择也得到充分发育，独立地发展，具有了自己的更具独立性、更高文化性的"选择品性"。

这使文化选择既具有了独立的功能与价值，又同人类其他选择交叉融通。一方面吸取"外力"；另一方面，又作为"外力"而注入智慧和力量于其他选择（如技术选择、人格选择便是如此）。

我们在前面叙述了人类文化选择发展的历史概略，作一纵向的记叙；同时，又提出了在这历史的发展过程中所凝结、形成的一些基础性的文化选择的范畴、创获、形态，及其基本功能。在这里，文化选择还基本上是作为浑然一体的事物来叙述、讨论的。

至此，历史的回顾基本结束。好似描绘图像，我们在作历史发展的轮廓描述，使之"成形"之后，便该对这个"形象"进行结构剖析和诠释了。这是我们在后面各章所要做的。

十一、七星高照
——语言、技术、仪式、神话、习俗、象征、转换：文化选择的"技巧"、杠杆和方式

人类在生产-生活中创获文化选择，同时也创获了一系列进行文化选择的手段、杠杆、技巧和方式。它们之中，有物质性的，有精神性的，有物质-精神性的；有纯形态性、手段性的，也有既是手段又是方式的，还有的既是选择的范畴，又是选择的形态和手段，还是选择的传播和承传的手段、形式和"领域"。其中，最主要的有七项，它们是：语言、技术、仪式、神话、习俗、象征、转换。这七项，也是互相勾连融通的；它们的性质和功能都有交叉渗透、彼此促动又互相影响的关系。因此，除了各自的单项作用之外，它们还"联合发挥作用"，起到一种整体性的、综合性的功能运作效应。人类群体和个体在运用这些手段、杠杆时，也是既单项运用，又同时综合运用的。一般地，常常是单项使用其中一种，而同时"借用"其他和启动综合功能系统。

现在，我们先来分述七项的单独性能和效应。

（一）语言

语言是人类最重要的创造、最重要的收获。它在文化选择中，无论是承传、传播的功效，还是现实实践中的功效，都是十分重要的。

人类先有呼叫，而后在此基础上发展成语言。语言是在协同劳作和互相交际中形成和发展起来的。这决定了语言的基本品性。马林诺夫斯基说："发音是一种动作，是人类协合动作方式中所不能少的部分。这是一种行为方式，和使用一工具，挥舞一武器，举行一仪式，或订立一契约完全一样。"语言在劳动中既是一种行为方式的统一律令，又是一种人际交往。这里蕴含着双重的选择机制：大家相约统一选择一种行动和某个目标，达到同一目的。

人们在用语言进行交际时，是为了达到互相沟通信息、意旨、目标体系。但在语言交流时，各自对于对方所说的话都在进行选择，一是选择整体的语义，一是选择自己所愿意和所能够领会、"听进去"的语

义。听话听音，各人听各人的音。而每个人的这种"听力"，这种"选择性"，又决定于他自身的**文化水准和文化品性**。因此语言交际可以说也是一种**选择交际和交际选择**。"当你听别人讲话时，实际上你就已经是在进行一种**创造活动**：你听到的句子其中只有一部分用声波'表现于外'。你自己必须还要加以分段、标点、解释、填入遗失的元素。在混杂的语音之流上，加上不连续性和对比，因而选出前后顺序和结构。"①经过这样的加工、填入、"制作"——这是一连串的文化选择，才形成为听者所接受的"意义"。这是经过"文化之筛"筛选过和加工过的。所以，"我们所经验的事物和事件，并非像视网膜上的形象（或声音或气味）是由感受器给我们的，而是我们自己**创造**出来的。在'内在的真实模型'的基础上，我们在心里建构出模型，创造出我们所看见的事物和现象。"这里所说的"内在的真实模型"就是内在的文化模式、文化定式、文化素质，这是一个人向外在世界进行选择的**文化基因**，他凭此在心里建构出模型，创造出所闻所见的事物和现象的形象。

因此，语言便成为人们进行文化选择的手段、杠杆和渠道。

但语言的这种作用，远不只是限于这种人际交往领域。我们还可以从这个领域扩展开去，从那个"内在的真实模型"体会到语言更大的价值和作用。这就是，这种"内心模型"是用语言来组建的。人必须用语言把世界内化为内心世界并用语言来建构它。"语言主要是由一套无意识但极其复杂的'规则'和设计所构成的系统，人类运用语言将关于世界的知识以及据以行动的原则进行编码。"人类就以这种用语言进行编码的方式来在内心组建他所见到的世界。这里也具有双重的文化选择：他以自己的内心定式（文化定式）去选择世界——选择万事万物中他所愿意选择的和意义世界中他所愿意选择的意义；然后，他又用他所**选择**的语言和**选择编码**，来**选择**性地建构一个来自客观又由他进行筛选、改塑、创造之后而形成的一个"内在的真实模型"。这是人用语言对世界的总体的和根本性的选择。

语言在这里起着基本的、决定性的作用。它使选择的**可能性**变为选择的**现实性**。它也使文化选择的普遍性、共同性，实现以独特性和个性

① R. M. 基辛：《文化·社会·个人》，甘华鸣、陈芳、甘黎明译，辽宁人民出版社，1988，第65页。

的形态。"这些用以创造知觉世界的内在模型多半是经过学习获得的，而且是文化性的。我们所看到的事物，都是经过文化经验而学会去看的那个样子。"①这就是以"文化经验"去对世界进行选择，并构筑自己"学会去看的那个样子"的世界模式和内心模型。

语言的作用还表现在承传和传播文化选择的经验和规范上。语言成为人类文化的主要载体之一以后，人类的文化选择的各种内涵、手段、方式的承传和传播，就以语言为重要渠道和杠杆了。"没有语言，事实上根本就不可能使纷繁的各种传统代代相传。"②当然，实际生活中的各类传授，也大都靠语言来实现。乔姆斯基认为，人类的语言才能已经特化到儿童的大脑中有生物上安排好的普遍的语法系统，人科动物和早期人类演化的时间和效应，"可能已经足以逐渐演化出语法结构"，所以儿童能在很短时间内学会语言。这是很有道理的，虽然不能得到充分证实且有人持反对意见。这一理论之中，实际上还暗含着人的文化选择的"密码"也随着语言密码，一代一代承传继续了。这使语言在文化选择中的作用更为提前和提高。认知心理学家皮亚杰则提出，人类的语言本领可能与其他认知本领相关联，"因此儿童可能用相同的一般性认知策略——建立关于外在世界理论的方法——来学习语言和学习社会环境，来建立有关家庭关系、自然事物、因果关系等等的理论"。皮亚杰比之得自"遗传密码"说更强调**学习**，只是补充了其他认知策略帮助了语言学习。这也是正确的，人的一切都要经过学习，"天生的本领"也要通过学习来使它由可能性变成现实性。人的语言学习也得力于其他认知学习，这是肯定的。人在语言学习中，也学习其他文化选择知识、理论、习惯，而且又得用这些资助来学习语言。

恩斯特·卡西尔在《语言与神话》中，对语言更作了一种高度的功能评估。他指出：

> 唯有使用符号的表达才能够产生展望和回顾的可能性，因为，只有借助于符号，区分才不仅得以实现，而且得以在意识中固定下

---

① R. M. 基辛：《文化·社会·个人》，甘华鸣、陈芳、甘黎明译，辽宁人民出版社，1988，第66页。

② C. 恩伯、M. 恩伯：《文化的变异：现代文化人类学通论》，杜杉杉译，辽宁人民出版社，1988，第105页。

彭定安文集
文化选择学

来。心智曾经创造的东西，它从意识的整体范围内选择出来的东西，只有当口说的语词在其上打下印记，给它以确定的形式时，才不会再次消逝。

这里指出，语言的功能不仅在于记录、展望和回顾，在于选择，而且更在于选择既定后，语言将已作的选择用语词打上印记，使之稳定和牢固化。这就成为一种永久的选择。这样，语言就既是选择的文化工具，也是选择的文化传播（包括纵向传承和横向传播）的工具。

卡西尔还指出了语言同宗教的"同源"关系和相同的功能。"从一开始就把语词高抬至宗教这'神圣'的领域。在几乎所有伟大的文化宗教的创世说中，语词总是与至尊的创世主结成联盟一道出现的；要么它是主使用的工具，要么它就是第一源泉——主本人，像所有其他的'存在'和'存在'的序列一样，都是从这个源泉中衍生出来的。""上帝是一种精神的'存在'，他先思想世界而后创造世界，而语词则是他用来表达思想的手段和创造世界的工具。"[1]语言就这样具有了"神性"，它是上帝创造世界、表达思想的工具。这种功能，是人所赋予它的（虽然人类以为是它本身所具有的），这也就是人的一种文化选择的结果。这是人用语言和对语言的第一层选择。然后，人又用这种实质上是他自己赋予神性的语言，来对世界、对人生、对社会、对自身做出文化选择。这是人用语言来进行的第二层选择。

语言不仅使人的文化选择提高了，而且使它具有了更稳定牢固的品性和更高的文化品性。

（二）技术

技术是人在制造工具过程中和运用工具来生产的过程中所创造和获得的本领与智能。它具有明显的文化选择的杠杆作用和推动力量。技术推动整个社会发展和文化发展。技术是人类文化的基础，因此也成为文化选择的基础。托马斯·哈定等在《文化与进化》中指出：

一种文化由技术的、社会的和观念的三个子系统构成。技术系

---

① 恩斯特·卡西尔：《语言与神话》，于晓等译，生活·读书·新知三联书店，1988，第70-71页。

统是决定其余两者的基础，技术发展则是一般进化的内在动因。[1]

他们还指出，文化的这三个层次中，技术层是基础，观念层居最高位，而社会层则居中。而且，技术系统是基础和基本因素。"技术因素是总体文化系统中的决定性因素。"[2]技术的这种作用决定了它在文化选择中的作用和地位。技术的产生和发展，都从人对于生活的改善，对好的生活和生活中好的事物的选择中而获得动力，它是文化选择的结果；但它的产生和发展，取得更高更巧的技术，又成为人的新的更高的文化选择产生的动力。结果转化成原因和动力。人类运用技术去进行选择，又是人的文化选择中基本的和重要的选择。技术选择-文化选择，是一种保证生活质量提高的选择。而且，技术-文化选择，又会派生和推动许多新的文化选择的产生。

技术的传授，是人类文化选择传授的根本方面。人的文化选择素质水准，即决定于技术传授和习得的水准。

技术还是文化交流和文化传播的重要手段、途径和领域。

（三）仪式

初民社会就已经有种类繁多的仪式，它成为初民社会重要的活动方式和生活内容。并且，仪式的产生和在仪式中，表现了丰富的生活内涵和人的广泛深邃的精神能力和潜意识。它既是人的生活行为、生产行为，又是一种控制自然的行为，还是娱乐活动。仪式这一人类活动形态、生活和行为模式，蕴含广泛的内容，又同人类的其他行为、其他活动范畴，如宗教、巫术和艺术等，都有广泛密切的联系，它们都是合体、同一系统，但又各有独立形态、内涵和价值。从选择的角度说，仪式是人类的重要选择机制之一，它传授文化选择的秩序、程式和内涵，同时也是接受者学习的场所、领域；它是人类实施种种现实的文化选择行为，如多获猎物、多生子等；它还是人类规划和达到预期目的以至更长的未来目的的手段、渠道和形式。在仪式之中，反映人类的物质生活、精神生活的水平和内涵。仪式具有延续性。人们通过仪式来传承文

---

① 托马斯·哈定、大卫·卡普兰、马歇尔·D.萨赫林斯等：《文化与进化》，韩建军、商戈令译，浙江人民出版社，1987，第37-38页。
② 同上书，第38页。

化选择的一切要素。仪式还有许多潜在的功能和效应，包括社会的、精神的和心理的。"19世纪以来宗教社会学家的研究结果清楚地告诉我们，人类宗教生活中所实施的巫术（magic）与祭典仪式并不如除去迷魅以后之现代理性社会中的人所想的，是一种不理性的迷信；相反的，它在人类文明发展史上扮演着一个绝非无用的角色。尽管某些祭典仪式（如庆祝丰收或战争凯旋）可能流于只是兴奋与放纵，但在本质上，祭典仪式扮演着记录人对那些至高之真实（Supreme realities）的反应这样的角色，是严肃思想之最原始的反省，是人对生命之想象洞察的缓慢积委沉淀，……是人类对生活之本质形态的一种直接的、逐渐的面对。在祭典仪式的实验中，人的意志与努力高度集中起来，去面对一个在他意识中未知的自然神秘世界，并在这自然神秘世界中刻下一个鲜明的雕刻，因而使他对自己的力量（意志力与能力）有一种新的感觉，也就是说，使他对那未知之神秘世界的感觉更加敏锐、更加清楚明白，使那未知之世界中未开发的可能性进入他的心灵中。这样，产生的结果并不是单纯的、一时的兴奋或陶醉情绪，而是一种复杂的、永久的态度，这种态度支配着人在未知之世界中生活下去的方式。因此，……定期举行祭典仪式，……是一种生活之正确态度的有训练的演练，……同时将其永续的价值传给未来的一代。在这些努力中，社群的成员也借着祭典仪式而重新确认了他们之间共同的、一体的关联，而加强了社群的团结。""祭典仪式跟艺术一样，是对人之未来的可能性的探索与赋予。"[①]这段论述较详细地指出了祭典仪式的几个方面的作用：对现实世界的感觉和"面对"，对生命的反省与想象的洞察与沉淀，对未知神秘世界的开发，对生活的正确态度之演练，将生活的永续价值传给未来一代，加强社群成员的团结，以及对未来可能的探索和赋予。这段论述是很正确的，不过它却更侧重于形而上的概括，侧重于人的心灵在仪式中的活动。事实上，人在仪式活动中，其目的是非常现实、非常具体和非常功利性的。然而这种形而上气味颇重的论述，对于揭示仪式的文化选择性，倒颇有意义，所以我们不惜长篇引述。我们从中看到，所有这些仪式的目的、作用以及人在其中的心灵活动，都体现出一种文化选择的价值取向。人在这一系列活动中，都是从心灵的需要——包括由物质需要、生理需要

———————————

① 杭之：《一苇集》，生活·读书·新知三联书店，1991，第79-81页。

产生的心灵需要，心灵对这些形而下需要的形而上反映而成的心灵需要以及人的心理活动、精神活动所产生的纯心灵需要——出发，对现实、对神秘的未知世界、对未来、对下一代、对心灵，做"最佳选择"的价值取向。

人类的这种在仪式中表现出来的文化选择取向所产生的"仪式"形态是多种多样、极为复杂的，但我们可以大体归为几大类，即（1）生命礼仪；（2）生产礼仪；（3）生殖礼仪；（4）娱乐礼仪。每一类中都包含了许多仪式，如第（1）类中有祭奠死者、庆祝生者、成人仪式等；第（3）类有男孩的割阳礼、少女割阴礼等。这都是很实用的。但其实用性中，都蕴含着文化选择的内核。例如有的原始民族在庄稼地的旁边举行性交仪式，其目的是以为这样可以使庄稼丰收（即前面说的交感巫术）。我们几乎可以为每一种仪式都找到这种多产子、多收获、多猎获的最佳目的和收获的价值取向。原始部族马林人的"仪式循环"甚至起到了生态平衡的作用，还有他们并未意识到的其他作用。

总之，仪式作为文化选择的一个"现场"、一种手段、一条渠道、一个杠杆，其作用很广泛，其地位很重要。卡西尔说：

> 人类个人生活和社会生活的每一重要步履的迈出，都需要礼仪陪伴。人生中有出生的礼仪、死亡的礼仪、加入社会的礼仪。原始人并不需要对这些礼仪作历史的或发生学的解释。他首先关注的并不是它们的起源。因为，严格地说，这些东西并无起源，它们是永恒存在的，它们从远古以来就一直以同样有条不紊和不可改变的方式起着作用。①

仪式贯穿于人从生到死以至死后的全过程之中，它具有多种生产、生活功能，它是帮助、推动、保证人们取得更高、更好的生活选择的主要手段之一。

本尼迪克特在论述性成熟礼仪时，特别指出："以此为特性的社会中的人所认识的性成熟是一个社会问题，而有关的礼仪则是以这种或那种方式对儿童作为成年人的新的资格的认可。结果，这种授予新的地位又委以新的义务的仪式就像地位和义务本身一样各有千秋且受着文化的

---

① 恩斯特·卡西尔：《符号·神话·文化》，李小兵译，东方出版社，1988，第195-196页。

制约。"又说："作为条件而制约着性成熟的礼仪的，**不是生理意义上的性成熟，而是成年在那种文化中的含义**。"这正是论证了仪式的文化选择的意义和作用。性成熟是一种生理现象，但关于它的一系列仪式，却是社会性的，它同儿童向成人转化的地位和义务相连，并受着文化的制约，制约就是一种具有必须接受的选择的意义，正负选择都在内，以"制约"为界限。因此，性成熟礼仪以性成熟为**起点**和契机，而终极意义却不是生理上的性成熟，而是成年在社会-文化中的含义，即你既成年，你应做什么和不应做什么，你将放弃遵守某些规则、律令，而将新遵守另一些规则、律令。这也就是你将如何重新进行文化选择的意义。童年文化——文化的童年已经结束，成年文化——文化的成年已经开始，你将进行人生旅途上的新一轮文化选择。

这种关于性成熟礼仪的文化诠释，可以适用于其他所有的仪式。这是一个通则。

墨菲在其《文化与社会人类学》一书中，在论及原始民族的青春礼仪、割阳和割阴礼时，指出："他们经常改变个人的身体外观，从**自然生物上升为文化上的人**。"这就是仪式的文化选择上的总括意义：使人从自然物上升为文化上的人——自然"文化人"。

(四) 神话[1]

神话是仪式的内涵。神话是人的精神世界的外化，是人类对"宇宙—人"所构筑的一个认知模式，是人对宇宙、世界、社会、人生以及人的一整套解释模式。神话的内涵，具体地在仪式中演练、体现。仪式给神话以物化形态。卡西尔指出："神话并非人类社会生活和文化生活中的独立的或孤立的因素，它不过是礼仪的组成成分和补充。"仪式按照神话的模式来组织安排，神话给仪式的活动原则、规则、目的以诠释[2]。"它具有一种解释功能，但它的主要任务并不是解释物理现象而

---

[1] 神话同样也是人类文化选择的硕果，是其美艳的精神之花。但它不同于前述"五朵金花"，因为其更具形上性，在实际生活操作中，它也是形上性的作用更为突出和为人所重视。另外，它更弥漫于人类的整个世界，故又将其列入本节。但这并不排斥或减弱其前一种性质。

[2] 神话和仪式的关系，是人类学家长期争论但至今未有共识的一个问题。这里，本书作者采用自己的"里表说"的看法。向来争论的焦点是"哪个反映哪个"，似乎有孰重孰轻之别。本书只为叙述讨论"便利"，故启用"里表说"，而不涉及轻重问题。

是人类行为。"这种解释的立足点就是文化选择的最佳价值取向。人为什么要这么做？这一"行为"的目的是什么？归根结底是为了更美好的生活。

每个民族都有自己的神话体系，他们构筑这一体系来系统地解释：我从哪里来？我是谁？我是怎样生活的？我应当怎样来取得更好的生活？在解释体系之外，还有一个行为规范体系，它立足于前一体系并据以立下种种规矩、规则网络，让人们遵守。这一切都口口相传、代代传承，并注入生活的各个领域，注入整个精神世界。这里最终体现的正是文化选择的最终原则、终极意义和最佳取向。因此，神话成为人类文化选择的杠杆之一、渠道之一。

神话是诸种学科研究得最多的，因为它涉及的面确实很广。各家学说颇不一致。我们此处从文化选择的角度立论，更乐于注意它同人的现实生活的关系方面。"神话记载世界的前因后果和人类出现以前的自然界的奥妙。人们认为神话不但是真实的，而且在某种意义上是神圣的。"①但神话远不只是解释从前，而且对"从前"和"天上"的生活的解释，都映照着地上的、世间的社会生活。马林诺夫斯基研究了特罗布里恩德原始部落的神话。这种神话是他们的**"生活要素"**之一。这说明了神话和生活的紧密关联。据马氏研究，"特"村的神话，从解释本氏族祖先从那个"洞"里冒出以后开始，一系列神话叙述，"可以使他们对土地的所有权获得证明，也包含了一些巫术和技术，……起源于当地的神话是地域性亚氏族的**财产**"；"特罗布里恩德人的其他起源神话和四个氏族的出现有关，说明食物禁忌的道理，但更特别的是说明有关等级和优越等事的道理。最后还有一些地方性的神话是关于人的等级、地位、高级亚氏族在起源地点之外的分布等等问题。"基辛甚至指出，这是马氏提供的"一个神话的宪章"。如果这是对的，那么这个宪章的总纲就是人要选择更美好的生活。**生活背景**和**文化背景**是其核心。结构主义学派的大师列维-斯特劳斯所持的是平衡生活和心灵中的矛盾的观点。基辛说，"列维-斯特劳斯的研究概括了文化、心灵和人类条件的各种问题。"这里突出的也仍是社会-文化背景和人的心灵的作用和价值取向。

---

① R. M. 基辛：《文化·社会·个人》，甘华鸣、陈芳、甘黎明译，辽宁人民出版社，1988，第414页。

马克思在《政治经济学批判》中对神话的根源与作用作过著名的精辟论述，他说：

> 任何神话都是用想象和借助想象以征服自然力，支配自然力，把自然力加以形象化，……

马克思还说，神话"是已经通过人民的幻想用一种不自觉的艺术方式加工过的自然和社会形式本身"。这里所指出的也是两个方面：（1）神话的社会生活背景；（2）人借助幻想对自然的征服和对自然力的支配。这些，也同样体现着人对更美好生活的追求这种文化选择的价值取向。

神话同文学艺术的关系是极为密切的。神话是艺术之母。"希腊神话不仅是希腊艺术的武库，而且是它的土壤。……希腊艺术的前提是希腊神话，……这是希腊艺术的素材。"神话在素材、艺术思维、艺术手法方面，都是艺术的培养基和动力源，而且神话本身也具有艺术性，也是艺术。神话的这种艺术品性，使它成为人的一般文化选择和如前所述的纯文化选择以及艺术文化选择（审美文化选择）最有力的杠杆、最主要的渠道，而且它本身也是这几重选择的对象。人类在神话之中和通过神话所作的选择是一种高尚的、愉悦的、怀着理想和信心的文化选择。

苏联叶·莫·梅列金斯基在《神话的诗学》中，综合人类学诸学派之论证，吸取近世各学科研究之成果，总结性地写道：

> ……二十世纪的人种学则证实：其一，原始社会的神话同法术和礼仪紧密相关，是为维系自然秩序和社会秩序及实施社会整饬的手段；其二，神话思维具有一定的逻辑特殊性和心理特殊性；其三，神话创作是最古老的形态，是一种象征"语言"，借助于这种语言，人们对世界、社会及其自身加以模拟、分类和阐释；其四，神话思维的特征，不仅在远古，而且在其他历史时期的人类幻想产物中可寻得某些相似者；神话作为囊括一切或凌驾一切的思维方法，为古老文化所特有，而作为某种"级类"或"片断"，则可见诸形形色色的文化，特别是文学艺术；文学艺术就起源而论仰赖于神话，在一定意义上说来，与神话不乏共同之处（如"隐喻手段"等等）。[1]

---

① 叶·莫·梅列金斯基：《神话的诗学》，魏庆征译，商务印书馆，1990，第168-169页。

这段总括性的论述，概括了神话的全面的作用。这里的选择学意义和动能、效应，也是很明显的：维护社会秩序和整饬社会、神话思维对人的逻辑和心理的导引和规范、人借神话的象征"语言"对世界的模拟的阐释、神话思维方法在艺术领域里的运用、文学艺术对神话的仰赖。所有这些，表现了广泛范围、深邃领域、从外到内（世界之外到人世之内、人之身外到人之内心）的作用力和多种效应：文化的多重选择机制和多重内涵。

（五）习俗

习俗是一个包罗万象的网络，将前面所述各项都网罗在内。它的内涵和性质，成为人们日常生活的规范、文化选择的导引。人生下来就在习俗的褒育中生长，耳濡目染，按照习俗的指引行事，并尊它为自己的精神世界的模式和行为准则。习俗的力量非常强大，作用广泛而深刻。"世间流行的传统习俗就是大量的琐细行为，这比任何个人在个体行动中（无论他的行为有多古怪）所能展开的东西更令人惊异不止。……习俗在经验和信仰方面都起着一种**主导性作用**。"①习俗的特点就在于它表现在和作用于人的琐细行为之中（日常的衣食住行、待人接物、生老病死等），它的普遍性、共同性、通俗性、习见性，使它成为某个区域、民族的最常见的共同生活规则，对广泛的社会成员的经验和行为起主导性作用。"谁也不会以一种质朴原始的眼光来看世界。他看世界时，总会受到特定的习俗、风俗和思想方式的**剪裁编排**。""落地伊始，社群的习俗便开始塑造他的经验和行为。"习俗就这样在人一入世便塑造他的**经验**、他的**行为**，对他看世界的眼光（世界观、人生观）进行"剪裁编排"。这里也同样是双重的文化选择：一种是习俗文化对人的制约、导引性的选择（"使其就范"，落其规范）；另一种是人对习俗文化和以后对一切"生活之弧"上的对象进行的选择（前者主要是习得性选择，后者则主要是获取性选择）。在这双重选择中，文化性是核心和准则。这不仅涉及世俗文化，而且高层的精致文化也在其内。"即使在哲学探索中，人们也未能超越这些陈规旧习，就是他的真假是非概念也会受到其特有的传统习俗的影响。约翰·杜威曾以一种十分严肃的态度讲过，习

---

① 露丝·本尼迪克特：《文化模式》，王炜等译，生活·读书·新知三联书店，1988，第5页。

俗在形成个人的行为中所起的作用远远超过了个人对传统习俗所能发生的任何影响。"

从中我们可以看到，习俗的力量不是来自人的动物性的生理本能，虽然其中涉及大量的生理现象（如性成熟、成年、婚姻，以至衣食等）。动物则不同，它们的"习俗"是一种本能的习性，只有本能的冲动，而无文化性。所以，本尼迪克特指出："首先，人类文化在由环境或人的自然需要所表现的线索上所建立起来的风俗并不像我们轻易地想象的那样，和那种原始的冲动保持那么密切的关系。""任何传统风俗的最后形式（指到目前为止的最后形式——译者原注）都远远超出了原始的人类冲动。"那些有关儿童、青春期、性交以及婚姻的种种习俗（各民族的习俗不相同），都远离了原始冲动而灌注了文化汁液，使性的冲动的满足和性生活具有了文化性和成为一种文化选择行为。

习俗是人的文化选择的广泛领域，也是它的基本约束和主要导引。

（六）象征与转换

这是一种思维方式、一种手法。它是"虚"的。它寄身（不是寄生）于其他诸实体性的形式（如宗教、巫术、仪式等）之中，也为其他也具有其"虚"的一面的事物（如语言、神话等）服务。象征与转换是人类的一种创造，是人类独有的认识世界、解释世界和控制世界的一种基本手段，也是人类运用幻想、想象来达到自己目的的手段。人类用这个杠杆来选择自己所要选取的，而排斥（包括试图消灭）他所不欲选取者。因此，它成为人类文化选择的主要手段、杠杆、渠道之一。

象征具有一个完整的系列，每种象征有它独特的功用。以偏概全，以部分、局部代表全体（例如画一个头而代表全身），以平面图形代表实体（象形文字和原始绘画），以这种事物象征那种事物并转换能量与结果（例如性交仪式之催长植物促其丰收），以某一部分、某一物质来代表某种意义、求得某种结果（例如原始女雕像只突出乳、阴部等而忽略其他甚至面部，以代女性且转换为生殖崇拜和生殖祝愿；以血，又由血转换红色矿粉以至红颜色，来代表生命并凭此乞求生命），以语言代表某种力量更转化为一种视而不见的"行为"，以求得某种结果（如咒语的效应），以及以木棒象征男根，以凹石、坑、洞象征女阴，以多子之动物（鱼、蛙）、植物（莲、枣等）象征多产子，等等，几乎覆盖了人类生产生活的全部领域。

象征与转换总是相连的。以某物象征某物，同时也相连地期望、要求、相信会产生一种力量或给予一种力量，使某物去促进某物之生长发展，或者起相反的作用。

在语言、仪式、神话、巫术、宗教、艺术之中，都洒遍这种象征和转换的智慧，闪现理想之光。

人类的这一创造，其旨意、推动力，其作用力，其效应，都是为了最佳的文化选择。这一点在前面的叙述中已经明显透露了。

"一种宗教就是一套象征系统"，这个象征系统的核心和总纲就是人的**生活**，是生活的反映又为生活服务，即帮助人来获得美好的生活。仪式也具有一种**象征本质**，维克托·特纳在探究东非恩登布族的仪式之后，描绘了象征观念中极为丰富的结构。"一个实际的仪式程序并不只涉及一件象征物，而是依序涉及一系列的象征物。"①米希尔·埃利亚德在他的《神秘主义、巫术与文化风尚》中，从建筑这样的"实体"中也寻绎出象征的意义。他说，中国的房屋建筑，也体现出一种宇宙符号的意义：屋顶开口曰"天窗"，保证了人与天之间的联系。蒙古包顶端之口也叫"天窗"，其中心柱通过开窗，象征"世界之柱"即"世界之轴"。"在日常住宅的特定结构中都可以看到宇宙的象征符号。房屋就是**世界的成象**。"这是一个宏大而有气魄的象征：房屋小世界⇌世界大房屋。它们是相连相通的，是同一模式，以小（房屋）象征大（世界），二者又是可以转换的：信息和能量的转换②。

列维-斯特劳斯在《野性的思维》中曾指出，图腾制度是从某一形式的系统中任意抽离出来一些程式，"其功用在于保证社会现实内不同层次间的**观念的可转换性**"。他还以奥罗拉土著人为例，那里的孕妇相信，椰子果、面包树果或其他一些东西，同腹中的胎儿有一种神秘的联

---

① 赞比亚恩登布族仪式象征的关键是一套在许多仪式场合中一再出现的象征物和性质：颜色，尤其是红、白、黑三色；某些树和植物，如一种叫mudyi的树砍后流出白色乳液，它代表极广泛的许多东西：包括基本的、生理的（母乳、哺育）到社会的（母子关系、母系继嗣关系）、抽象的（依赖、纯洁）等一连串概念上相关连的意义。（R. M. 基辛：《文化·社会·个人》，甘华鸣、陈芳、甘黎明译，辽宁人民出版社，1988，第419页）

② 书中还以北美印第安人的神圣棚屋为例：屋顶象征天盖，地极象征陆地，四壁象征宇宙空间四方，还有三重象征符号，"这样重现出了宇宙起源论"，"圣棚所代表的是整个世界"（列维-斯特劳斯：《野性的思维》，李幼蒸译，商务印书馆，1987，第33页）。

系，"胎儿将是它们的一种复制物"。这就是椰子果（面包树果等）同胎儿有一种转换关系（转世说）①。

总之，象征和转换是一个庞大的系统，上至宇宙下至人间，大到宇宙小到一个胎儿，都被纳入了这个体系，这实际上成为人的宇宙—世界—社会—人的一个大一统的认知模式，一个物质的和精神的世界的运作规范。不过，象征也好，转换也罢，都是以最佳价值取向，有利于社会整合、人的生活为圭臬的。人就是用这一杠杆，通过这个渠道，其中包含幻想、想象等手段，来实现他的最美好的文化选择的目的。

R. M. 基辛说："一种文化显然包含一套象征材料，一套象征积木，由此可以建构成或修饰出神话和仪式；文化也可能包含无意识的'语法'，据以可以说故事、制造神话、创造仪式。""象征"这一套材料——积木，足以建构人类文化选择的各种形态，它的用途是很广泛的。而且每一种文化都有自己的一套象征积木。象征就成为文化体系的标志了。

R. M. 基辛还指出了象征的适应效应和非适应效应。他说，林登鲍姆说明过一个民族会拐弯抹角地体察到生态问题，然后通过象征手法来表达出或提出解决的办法。这说明了象征的生态适应的目的和效果。但是，也有的象征并非此种目的。他说，有的象征安排的细节，展示出人的"心智的独特创造力"，而心灵编制这些精致细节，只有部分的适应目的，这就表明了象征的实用目的之外的目的和作用。心灵的象征追求，会比适应目的所产生的象征更精细、美好。因为这里摆脱了"实用"目的的限制和束缚，而能发挥丰富的想象力和创造力。

象征和转换，就这样以其神奇的力量，推动、帮助人类实现其文化选择。

---

① 这里还有另一实例："瑞沃斯发现了莫塔人有同样的信仰，他们遵守食物禁忌，因为他们认为自己是一种动物或水果，由他们的母亲在怀孕期间找到或看到的。在这种情况下，女人把植物、水果或动物带回村庄并询问这件事的含义。她被告知说，她将生出一个孩子，这个孩子与这件东西相像，或实际上就是这件东西。于是她把它放回原处，并且，如果它是一头动物，还用石头给它搭一个窝。她每天都去看它和给它喂食。当这头动物不见了时，就认为是它钻进了她的身体，它将从那里以孩子的形式重新出现。"（列维-斯特劳斯：《野性的思维》，李幼蒸译，商务印书馆，1987，第88-89页）

十二、文化选择诸项的历史发展与现代模式

我们在前面分节历述了文化选择的诸种项目；在考虑和估计到它们的相通性、相关性和整合作用的前提下，将它们分类别、相隔离地作了论述和探讨。这些，差不多都是把它们作为发生学上的初始状态，在原始状貌下来加以考察的。事实上，经过从几万年到几十万年，至少是几千年的发展历程，它们的变化很大。当我们把它们纳入历史范畴、相对凝固、以相对稳定的状态来加以考察时，我们确定了它们的内涵、性质、功能、作用、效应，这是必须做的。但是，在借此确定了文化选择在发生和发展初始时期的种种范畴与命题之后，我们就必须紧接着探讨它们的发展历程和现代形式了。因为，有些问题摆在面前：它们依然故我吗？形态有无变化？种类有无增减？内涵、性质、功能、效应等，有无变化呢？现代形式是何种状况呢？等等。

我们就来对此作些基本的讨论和评述。

第一，应当肯定，所有前述文化选择各品类的项目，样样至今俱在，而且它们的内涵、性质、特征、功能、效应也基本保持着。不过，它们的社会功能和效应，由于社会的发展，性质发生变化，由于人的发展，人性发生变化，总体上，都是更前进、更提高、更复杂，具有更高的文化品位和内涵了；由于这些原因，这些文化选择的项目也都有了很大的发展。比如，科学、艺术、宗教、神话、巫术、游戏等都发生变化了。这种变化有各种不同的情形，如科学、艺术、游戏，它们的变化表现为都从母体中分离出来，独立发展，成为具有很高的文化选择功能的对象、渠道和手段，它们都已经具有了现代形态。比如，科学发展为自然科学、社会科学、技术科学、思维科学等，并且具有了极为众多的专门学科，现在又不断在产生新兴学科、边缘学科和交叉学科。艺术的种类也越来越繁多了，虽然基本的种类仍是音乐、绘画、舞蹈、戏剧，但它们每一种都可分出许多分支。

仪式、巫术、宗教、神话的变化，则不是这么"单纯"、这么"线性前进"。现代仪式和巫术，似乎缩小了它们的作用范围，人们对它们的认识也有了很大的不同。它们和科学、技术发展具有"逆反"的作用，但它们并没有消失，一部分人仍然以它们为文化选择的重要对象、

渠道、导引和规范。但宗教和神话又不同于仪式和巫术，它们除去了迷信和盲从，而成为一种精神寄托、心理平衡、文化素养性质的文化选择，许多科学家和具有高度文化修养的人包括高级政治家，仍抱有宗教信仰的虔诚，其态度已毫无迷信，而是一种严肃郑重的文化选择。神话仍然是艺术的母题，它有了现代形式。现代神话是一门科学研究的对象，它仍然是人类文化选择的、具有魅力的宠儿之一。

第二，我们不能不看到，文化选择的这些原初形态，在历史的发展中不仅其自身大大发展了，前进了，提高了，而且在这些根基上，随着人类社会生活的复杂化、高文化化，随着人类科学、技术、艺术的发展，随着人类智能的极大提高和人性的全面发展，又根生干、干生枝、枝生叶地层层发展、枝枝分蘖，产生了几乎可以说是数不尽的文化选择的品种、事项、手段、渠道。人类成为高度智能化的**文化的人**，人类社会成为高度发达、奔向宇宙的**文化化社会**，人类的生活就是**高文化化的生活**。在这里，文化选择的地位、功能、作用、效应，都比以前大大地发展、提高、变化和更为文化化了。

第三，文化选择的**现代形态**是复杂的、多变的、潜在的，有时有的是变形的、畸形的、扭曲的。这反映了人类社会和人类文化发展的现代进展和现代困惑。现代主义文化和后现代主义文化正在发生重大的变化。我们看到一种文化的返祖现象和心理，也可叫寻根心理。这是一种文化上的"反刍"，这是文化选择上的上进性的发展和危机现象同时并存的历史风景。我们要在以后的专章中来讨论它。

第四，不管发生了何种情形，人类的文化选择是大大发展了，它的现代形态同原始状态比，其差异就像尚存的原始部落民族和他们的文化，同现代社会、现代民族、现代文化之间的差异一样，高低悬殊，不可思议。不过，这种高低之差，一点也不妨碍文化选择的基本内涵性质、功能和效应的本质上的一致。

我们的历史记叙，基本内容适用于现代。这有如我们剥开了繁花似锦的种种外衣的遮掩，透过"望远镜"和"显微镜"观察事物一样，看到了原状和本质、核心。文化与社会人类学对于原始部落社会-文化的考察与研究，有利于我们对现代人类社会文化的认识和研究。文化选择的情况和道理与此相同，它们本是同根生。

我们结束了史的叙述，就该在这个基础上，进行结构和功能的探究了。

第三章　人的世界发现与自我实现

——文化选择的机制、性质、功能与效应

在前章关于文化选择的史的叙述中，我们事实上已经涉及其性质、功能与效应了。不过，这只是一种"顺便涉及""自然带出"，还不是一种专项的、突出的、"更带自觉成分"的讨论，因此是不明确、不清晰的。现在，我们有了史的基础、材料的基础，就可以来进行这一步工作了。

本章的任务就是做这件事。

一、从直立到独立
——走出动物界、同自然对面而立

人从直立开始，就站起来，挺直了身躯，走出动物界，并且逐渐地、艰难地但是确定而坚定地面对自然而独立，成为直立而且独立的人。自然乃人类之家园，然而人又必须把自己在实践上和意识上从自然中"分离"出来，卓然独立，作为一个有意识的主体，同自然对面而立，不是做自然的奴隶和附庸，不是完全依靠自然的恩赐，并且听凭自然选择来决定自己的命运——虽然也进行生存竞争，那竞争也是残酷的，但仍只是不自觉的、本能的；而且完全不能摆脱自然的制约和最后决定权。人起而反抗这种听令于自然的命运。他举起的便是文化选择的武器。

但是，文化是什么？它从何而起？何处是它最早的生长点？任何生物都有生的欲望或自然趋向，也都有向最佳方向生长、生活的向性。这是自然性，是本能。但人的这种本能在特殊的环境中和他对这种环境的适应以求生存的过程中，导致了直立，直立导致了手的独立解放，导致了脑的发达，于是产生了"用手从地上拣起石头去砸击动物（食物）"

的行为，产生了"用木棒从树上去敲落果实"的行为。这就是**使用工具**，这就是一种知识、一种智慧，这就是一种自我意识。虽然极简单、极初级、极原始，但却为动物所没有，而是人的。这里即蕴含着文化的生长点，在它上面萌发了文化之芽，同时，也就表现为人与自然的**对话**与**对抗**，表现为人的独立性，表现为**文化性的选择和选择的文化性**。"人类最重要的唯一的品性就是智力"，"人类智力的符号性产物就是文化。……文化是知识和工具的聚集体，我们以这些知识和工具适应于自然环境"①。文化＝工具＋知识。在我们目前所叙述到的范围内，这种定义是准确和够用的。而它也正标示了这是人给自然性、生理本能以文化性的满足，也就是一种文化性的选择。"自然使我们具备了某些需要，但**文化却告知我们怎样去满足它们**。"②怎样去满足就是一种选择，人的这种选择的圭臬就是**文化**——文化选择。列维-斯特劳斯指出了这就是自然与文化的**分离**，亦即人通过文化选择有意识地使自己同自然分离了——他独立了。"几乎我们的**全部自然功能**，包括某些极为正规的礼仪规则和常有的羞耻感，都**深受文化制约**"，这种文化制约的本质意义就是文化选择：什么是符合文化的意义（或具有文化意义）的，因而是可取的、可以选择的，什么是相反的，是不可取、不应选择的，一切**以文化性为依归**。

这里就出现了文化选择的原则性、规范性、指导性和强制性。"文化包括行为的样式或模式，即认为哪些行为是正常的、合乎道德的甚至是神智清醒的规范。这都是学习而得的行为模式，而并非源于生物学"行为的规范性，"正常""道德"这些文化范畴制约和指导着人的生物本能选择，使他并非完全按照满足生物本能去做、去选择。"文化是一套规则，凭这些规则我们互相联系；文化是知识、信念、准则的宝库，据此我们力图理解宇宙及人类在宇宙中的位置。"这就更进一步扩大、发展和深化了文化选择的范围，既包括处理人们相互联系（人际关系）、社会交往的选择原则和文化性，也包括人对宇宙的理解和人对自己在其中的位置的理解，在此基础上来确定处理人—宇宙之间的关系，亦即互相选择的原则。

---

① 罗伯特·F. 墨菲：《文化与社会人类学引论》，王卓君、吕迺基译，商务印书馆，1991，第33页。

② 同上书，第42页。

社会学家塔尔科特·帕森斯（Talcott Pasons）说文化是一个"期望集"（set of expectation）。就是说，"文化不仅告知我们应如何行动，而且也告诉我们对他人能够期望什么"，这也就是文化选择，即应该确定选择什么，然后明确怎样行动，同时确定期望别人为我做什么，即期望别人如何来满足我的选择。

人的这种"期望集"首先来自其生物本能，如食和性，这是维持生命所必需的，这决定了他如何行动（如何觅食和满足性需要），但这种行动又受到环境的护养和制约。一方面是环境供给他足以生存和可以满足性的条件，另一方面又有限制（某些条件的不具备或资源不足等）。因此，人在满足本能需要时必须考虑环境。有意识地去考虑环境并适应它，这就是文化。文化是"通过设置每一个人在给定环境中如何行动的规则"。

如果前一项可以称为人的"本能驱力"或"内在驱力"，那么，后一项就可以叫作"环境迫力"或"外在迫力"。人的文化选择就是根据对这两种力量的估量，为了满足自己的生活需要做出的选择。

人还是社会动物，他在满足自己的需要时，还要借助于、得力于群体的互助、社会的力量；同时，也就要受到社会的、群体的约束。他要在满足自己的需要时，遵守社会的规范、集群的规则，以其允许的选择范围为选择对象，以其所有和允许的手段、方式为准绳。这就是社会-道德的文化标准。

人还在这些的基础上，产生了对世界的理解和对自己在世界上的地位的理解。这种理解在开始时自然是前逻辑的，在较高的发展阶段也还是实践-逻辑性的。但不管是怎样低级肤浅，他确实形成了对世界的一定程度的理解并在意识上构筑了一个模式。

因此，总体来说，这是人对世界的发现。人类的世界发现反映了几个方面的成果：（1）人把自己从自然中一定程度上分离出来了，他面对自然，有一种朦胧的、粗浅的主体感和自我意识；（2）他同时又把自己同世界相联系，知道要向自然索取维持自己生存的资料；（3）他学会使用工具来向自然索取，取得更多的生存资料；（4）人还发现社会的功能和约束；（5）人还发现并运用自己的智能。

这种人的世界发现，同时也就是人的自我世界的发现。两种同时产生的发现，互相促进，互相助益，像双轮一样带动人、人的文化和文化选择的发展。

墨菲在《文化与社会人类学引论》中列举了食和性这两种基本生存-生理需要的满足，如何受到文化的制约：

> 性也堪称自然，但性的满足却为禁忌、惩戒、秘密和敏感领域最可靠的指示器、虚假的信息等等围得水泄不通。类似的还有每人都需食物，但我们吃什么、何时吃及吃多少、与谁共同进餐，却遵循文化的支配。饮食举动也涂抹上了礼仪方式和规则的色彩，……我们也像低等动物一样从事维持生命的活动，但实际进行时总是要求我们不能"像动物那样"。如果我们的社会中某人狼吞虎咽地进餐，我们会说"他吃起来像野兽"……。当问起蒙德鲁库印第安人他们是否发生过乱伦，一个人告诉我："只有畜牲才会这样！"①

这里只是极简单的例证，便足以说明，人类正是用有文化而非纯本能的选择，来把自己同动物区别开来，以"文化人"的姿态走出动物界，同自然面对而立，直立而且独立。

二、自然选择与文化选择的"涡旋"

人类在受到自身的生理内驱力和环境的外在迫力的双重作用下，通过工具的发展和使用，通过知识的积累而发现世界（向外）与自我塑造（向内）。这里蕴含着多重力的作用。首先是人通过工具的运用进行生产而改变了自然的求生活动和自然本身，从而同自然选择相对抗；其次，这种对抗又是在适应环境迫力和生命力极限（能力极限）的前提下来实现的；第三，与这一过程同时，人的生理构成又在生产劳动的实践中逐渐改变，如手的更灵活、大脑的更发达等；第四，在这个过程中，通过细小的、局部的和协调性、综合性的种种生理改变的长期重复、日趋稳定以及泛化和濡化，一部分成为人的天性而具有较容易的定向塑造可能性，一部分甚至成为遗传基因而进入人的"天性"范畴。

这些变化、这些力都并非单独存在、活动和发生作用的，而是互相

---

① 罗伯特·F.墨菲：《文化与社会人类学引论》，王卓君、吕迺基译，商务印书馆，1991，第42页。

牵制又互相推动的，并且形成合力，产生大于"部分之和"的力量和作用，取得更大、更多的效应。

这样，我们看到一方面是自然、自然性和自然选择，另一方面则是人性、文化性和文化选择，两者之间形成循环抵御、循环制约，然而又循环推进的作用，于是形成一种单体—合力的力的涡旋。基本的方面，一是自然选择——生物演化，一是文化选择——文化演化。在智人出现之后，这两种演化之间的关系，因人类的文化上的不断发展而发生巨大变化与长足进步。在这时，自然选择不再是单纯以机体演化的机率为归宿、决定接受还是拒绝，而是自然淘汰和机体演变都以文化为基础了。人的生物性演化在**文化演化**的基础上和轨道上运行。这实质上是人以文化选择来**对抗**和顺应自然对自身的选择（自然选择），并且通过文化选择来对自然选择进行**反选择**（选择自然）。在这种文化性选择、文化化本能的选择过程中，不断取得成果，从而不断推进文化选择逐层升高。

"人类创造文化的能力是生物演化过程的产物。最强有力的演化过程是自然淘汰。"[①]但是，人在使用工具的过程中，逐渐普遍和深刻地改变了自身的躯体和生理机能，改变了人同自然的关系。"由于工具的使用变得更为重要，较聪明的、能较好地把行为传统编成基因密码传给后代的个体，就在自然淘汰斗争中占了上风。这又导致了更多更好的工具的出现，并更依赖濡化作为适当行为的来源。而这又导致了更聪明的人科动物的出现。""这样一来，在几百万年期间，**文化的演化和人脑及人体的演化**是与效率不断提高的**学习过程**结合在一起的。这是一个单一的演化过程的一部分。"[②]这个单一的演化过程，表现为这样的序列：

自然淘汰→工具的制造和使用

→在自然淘汰中获胜→战胜自然选择（某一部分、某一方面）

→肌体机能的改变→新的遗传基因

---

① 马文·哈里斯：《文化人类学》，李培茱、高地译，东方出版社，1988，第23页。

② "约在200万年前，直立人（Homo erectus）取代了巧人；约在10万年前，智人（Homo sapiens）又取代了直立人。在这期间，早期人科动物用它们的大脑（跟猿脑一般大）创造出的石器逐渐变得复杂，造得精细，还有了砍削、挖掘、投掷用的专门工具。"（马文·哈里斯：《文化人类学》，李培茱、高地译，东方出版社，1988，第34-35页）

→新的更多更好工具的制造、使用

→更进一步获胜→"超越"自然选择

→文化选择前进发展

→肌体机能的新改变……

在这个序列中，关键的、中介的和核心的链条是工具的制造和运用，也就是文化产生和发展，以及由此而产生的文化选择。"我们是地球上（以至离地球至少十几光年之内的所有星球上）惟一的一种动物，其发展新方法以解决生存和生产问题的基本模式，主要是依靠文化淘汰，而不是自然淘汰。"也就是主要依靠文化选择，而不是自然选择。这一基本模式，是以解决生存⇌生产这一对相联的问题链条为契机的，这一链条的内涵同时也就是生存（自然本能）⇌生产（文化选择）。

这样，我们可以作一示意图（如图3-1)，来显示在人的生活中各种运行的力之间相互作用而形成的涡旋，以及由此而产生的向上发展的力量和轨迹：

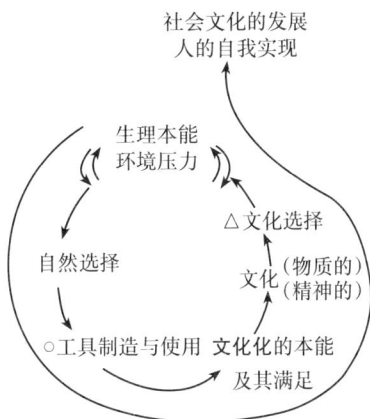

图3-1

正如 H. 李凯尔特（Von Heinrchi Rickert）在他的名著《文化科学和自然科学》中所说：

> 自然物产是自然而然地由土地里生长出来的东西。文化产物是人们播种之后从土地里生长出来的。根据这一点，自然是那些从自身中成长起来的，"诞生出来的"和任其自生自长的东西的总和。与自然相对立，文化或者是人们按照预计目的直接生产出来的，或者是虽然已经是现成的，但至少是由于它所固有的价值而为人们特意地保存着的。

自然是自生的，是自然选择；文化是人按预计目的生产出来的，或为同一目的而特意将已有的保存下来，两者都是一种鲜明的文化选择。而文化人（非自然人）之所以能够做到这一点，达到这一预计的目的，端赖对工具的创制和使用，从而在"自然选择⇌文化选择"的力的涡旋中产生了新的向上发展的力。

这就是文化选择产生的最初契机和基础机制。

三、在世界的发现中实现自我

在这个自然的和人为的两个选择力量的涡旋中，人不仅发现了世界，认识了世界，而且利用和改变着世界；并且，进行着自我实现的伟大工程。这种自我实现，不是纯自我的活动，也不是纯生理的活动，而是内外沟通的工程，是在发现、认识、利用、改变世界的过程中来实现的。

"人类行为由两种独立的，且性质不同的要素所组成，其一是生物的因素，其二是文化的因素。"①生物因素决定人的自然体质，而文化因素则决定人的文化素质，塑造一个文化的人，使人作为一个"文化人"来实现自己。怀特说："文化是通过社会继承机制而流传，在这个意义上文化是超生物学的；文化独立于任何个体并从外部作用于个体，在这个意义上，文化是超机体的。一方面是骨骼、肌肉、神经、腺体和感官组成的生命机体。……另一方面，是生命机体诞生于其内的文化传统。"文化性和生物性虽然是两个系统，文化虽然是超生物学的、超机体的，但是，文化决定性地影响机体的存活方式和类型，影响生物性实现的方式、类型。怀特接着便指出："一切事情都依赖于婴儿所诞生于其中的文化类型。"文化就是这样来塑造人的，而人也就在这个过程中来达到自我实现。

但我们也可以说，人是用文化这样来自我实现的，因为文化是人所创造的。人一发明和使用工具，就好像是开凿了一个"通天穴"，或者说创制了一只"眼睛"来认识世界，而在这同时，也就是用文化来实现自己了。"我们对什么会起反应以及如何反应都靠文化来定型。"②这种反应包括生物性的、生理性的（如吃、性等），也包括心理的、情绪的和社会性的内涵。这些反应都靠文化来定型，也就是反应向性、价值取

① 怀特：《文化科学：人和文明的研究》，曹锦清等译，浙江人民出版社，1988，第116-117页。
② R. M. 基辛：《文化·社会·个人》，甘华鸣、陈芳、甘黎明译，辽宁人民出版社，1988，第119页。

向、反应的方式，"去"还是"取"，都决定于文化，亦即选择决定于文化。这就是人通过文化来自我实现。

人由文化来自我实现，从人建立对世界的认知图式开始，因为他的行为模式是建立在这种认知图式之上的。"经过童年的经验，每个个人对于他所生活于其中的是个什么样的世界，人们如何行动以及应该如何行动等等问题，都建立了一套概念系统、一套理论。"①这套概念系统和理论，是动物所没有也不可能有的。人就是通过前章述及的"五朵金花""七个星座"等从婴儿期开始来学习和锻炼（实践）获得的，并以此形成**文化定型**。以后，他的一切行为就是以此定型为指导、约束和依归的。基辛指出，根据斯宾德勒夫妇的理论，每一种文化都具有一种被称为"工具连环（instrumental linkages）"的性质，"即实现**文化所推崇的目标的行为策略**"。这里至少是两大系统的连环：一个是目标系统；一个是行为系统。这两个系统都是决定于文化的**推崇**与否的，也就是决定于按照人的文化定型是否选择它们。取什么样的目标和为了实现这个目标，采取什么样的行动以及如何行动（行动策略），都决定于文化推崇，即文化选择。基辛描述说："每一个人都必须在内心构思一幅**路线图**，以穿越生活中的迷津，迈向自己的道路。这路线图必须承认存在着不同的目标、路段，必须调解它们的冲突，从而必须让个人多少能够掌握自己的生活。"这个路线图，也就是文化选择指示图。每个人在生活的迷津中，取什么目标、通过什么路径、经过哪些路段、解除哪些冲突、达到什么目标，都依此图行事。这里的每一个"项目"，都是一次文化选择，也是一次自我实现；不是随心所欲地去做的，也不是按生物性去行事的，更不是听凭天然选择，而是人按其文化定型去一次又一次、一段又一段地选择的。

文化对人的"约束"决定了这一切。

当然，文化对人的约束、定型，并不只是具有个体的和现时的意义，而是既有社会性，又具历史性的。前面已经说过，人至少是从婴儿时期就接受文化塑造的，塑造者是长辈和他所属的群体（社会）。这就一方面表现了文化塑造的世代传承，另一方面又表明了这种传承的家

---

① R. M. 基辛：《文化·社会·个人》，甘华鸣、陈芳、甘黎明译，辽宁人民出版社，1988，第117页。

庭-社会方式。

然而，文化定型的社会性不仅表现在授受领域，而且表现在功能领域。这种文化定型实际上也是一种**社会文化选择**，即社会的和谐、生存、发展，要靠统一的和大家认同的文化选择来维系。基辛说："文化学习必须提供各种控制方式，使人类的动物性本质受到拘束与羁绊；因为若无文化的控制，我们的性欲、饥饿、攻击三种驱力势必表现出来，而有秩序的社会生活也就不可能了。"①文化学习-文化选择，不仅拘束和羁绊了个体的行为（选择），而且通过这种拘束和羁绊，使社会有秩序的生活得以维持。而这又是个体的文化选择得以实现的保证，也是人自我实现的保证。

文化对人的定型，也就是文化对人的选择和人对文化的选择的双向发展过程。一方面，文化选择人，使人按照它的规范成长，拘束、抑制以至去除人身上的一些生物本性或使它"行之有道"（文化之道）；另一方面，是人对文化的选择——或者接受，或者拒绝或对抗或淘汰。这种双向过程，一方面通过文化向人的内化和人向文化的外化，而完成人的自我实现；另一方面，又由于人的对抗、排斥或淘汰（指对文化的某些部分而言，这实际上就是**人对文化的文化选择**），而产生文化的变异、更新、发展、前进。

当然，人的这种对文化的文化选择行为——我们不妨称它为人对文化的反选择或人对文化的反定型——并不是随意的，而是依据环境的变化、时代的变化、历史条件的变化（主要是生产力和经济条件的变化）而产生的，其旨趣、其目的、其内涵、其性质，皆决定于此。由此，也就产生文化选择的时代差异和民族差异。"文化经验从人类的全部认知技能中，挑选出一些技能来加以强化和发展，而将别的认知能力置于一旁，让其处于相对不发达的状况。"②这种选择性和选择行为，发生于文化选择和文化发展的整个途程中和所有地区。正是这一过程的发生，才

---

① R. M. 基辛：《文化·社会·个人》，甘华鸣、陈芳、甘黎明译，辽宁人民出版社，1988，第126页。

② 基辛举例说："因此靠星座与海流航行的密克罗尼西亚渔人、跟踪猎物的非洲布须曼人或澳大利亚土著、背诵漫长系谱的波利尼西亚人、正在通灵而神志恍忽的巴厘人、追求幻觉的平原印第安人，都是在运用文化哺育出来的特殊技能。"（R. M. 基辛：《文化·社会·个人》，甘华鸣、陈芳、甘黎明译，辽宁人民出版社，1988）

产生了文化和文化选择的不断发展和万紫千红的结果。从而，各人种和各民族也就创造出各不相同、百花争艳的文化，形成异态纷呈、各有优长的不同民族、不同人种的人。

文化选择就这样推动、帮助人类去实现自我。这是文化和文化选择最伟大的、最根本的功能。

四、文化选择的动力源和张力场

前面我们说到，文化——文化选择塑造了人。然而，文化又是人所创造的。这不是一个悖论。"文化是人所创造的一切"，这是普列汉诺夫给出的定义，我们在前面也多次提到过。20世纪60年代，学者们对这个界定不满足，又提出了补充和发挥，提出了这样的命题：文化是人在社会历史实践过程中所创造的物质价值和精神价值的总和。这个定义，把社会、历史引入了创造的领域，也可能是把创造纳入了社会、历史领域；又把创造定义为一个"实践过程"（这使创造的含义扩大和深化并具体化了）；同时，又把物质价值和精神价值引入创造的含义之中，使"一切"的含糊概念明确而规范化了，而且对文化作了价值解释。我们这样来理解文化，就会联想到并足可领会马克思的著名论断的含义：

> 劳动是一切财富和一切文化的源泉，就是说，任何一个社会都不能离开劳动。[1]

这样，人的创造不仅具体化在社会、历史层面，具体化在社会的、历史实践层面上，而且进一步具体在人的劳动上了。正是人的劳动推动了人的创造这部人体机器和社会机器。于是，我们就发现了文化的创造和文化选择产生的原动力。创造和文化以及人所创造的一切，都自此发轫。

从这里，我们便牵出了一个文化与文化选择的"头"，理出了一个"绪"。循此，我们足以勾画出一个文化选择的发展路线图——一个动力学和生态学的蓝图。首先是劳动带动了人类生产生活各领域里的各项活动，接着便是劳动和一切活动所产生和取得的一系列结果和它们所产生

---

[1]　马克思、恩格斯：《马克思恩格斯选集》第3卷，人民出版社，1972，第6页。

的各种效应。在这两个阶段的过程中，都以文化选择为中介而确定其行动方向、终极目标、价值取向和行动与存在方式。再接下去便是一方面具体化、一方面抽象化的过程。在这个过程中，既把成果、效应以具体的形态体现出来（物化的、成型化的形态），又在人的心灵和意识中以认知形态体现出来，即以规范、规则、价值观、符号系统等凝结成观念形态。往下，则是人们对这两种成果通过文化选择来实现的接受和掌握。下一步便是人在这一接受和掌握的过程中，被文化所选择，同时也对文化进行选择。这个过程，就个体来说是被塑造的过程；就全体来说，则是文化成果的泛化和濡化的过程。自然地，下一阶段（程序）便是社会和个体在行动和各种事物上的体现：运用文化向自然、社会、他人所作的文化选择。这样，往下出现的就是在文化泛化和濡化后的新的社会与个体的活动——发展了的活动和活动的发展。于是又出现了新的水平的、新的文化素质的文化选择。

这样，"尾"又回到了"头"，首尾相接，但"尾"的重新开始，却是一轮新的活动、一番新的风光、一次新的创获。

这就是文化选择的发展流程。我们将这个从动力源开始发动，然后逐段加力加速的活动流程加以图表化，便是这样的：

1. **人的活动**（生产劳动和具有社会意义的创造性活动）[←选择→]

→2.（经过文化选择的、有价值的）**最终结果** [←选择→]

→3.（结果的）**具体化和物化** [←选择和分析、凝结→]

→4. { **物化形态**（劳动工具等生产、生活的物质产品）
{ **观念形态**（观念系统、价值系统、风俗习惯）

→5. 对上述一切的**学习、接受和掌握**（个体和社会全体成员在活动中掌握、消化、选择、内化）[←选择→]

→6. **个体化**（经过选择、吸收、内化，个体为文化所塑造）

→7. **社会化**（经过选择，为全社会所接受）

→8. **个体和社会的体现**（个体和全体社会成员在活动中按其所接受的文化、按其被文化所塑造的类型来行动，在行为中体现其文化系统；同时，也是按其文化定型，对自然、世界、社会进行选择）

→9. 人—文化的发展（在上述整个活动过程中人和文化都得到发展。一方面是社会全体成员的发展，另一方面是少数的、个别的杰出人物对文化发展做出突出的贡献，推动了社会-文化的发展。这种发展，也是他们进行高层次的文化选择的结果）

→10. 累积和积淀（上述的发展，经过选择，逐步累积，并经时间和实践的淘洗亦即选择，而进入民族和人类的总体文化积淀之大海中）

这就是以人的劳动及一切活动为启动点的文化选择的动力发展过程。在这一过程中，人—活动—文化，是一个"三位一体"的动力源，而文化选择则是它们之间和由它们而产生的一切过程之间的中介、杠杆，次动力。人的活动创造了文化，推动了文化的发展；文化的发展又推动、提高了人的文化装备，从而推动了活动，提高了活动的文化水平。这是人和活动和文化的统一。而在它们互相转化的过程中，都通过文化选择这一中介。因此，也可以说，这是一个"人—活动—文化—文化选择"的统一的过程。

在上述统一的过程中还可看到，在发展进程中，文化和文化选择都有一个个体化和社会化的过程。人一方面为文化所装备、所塑造；但他又不是作为一个完全被动的受体静止地被塑造，而是要通过自身的躯体与心灵、行动与思维来接受塑造的，亦即"被塑造的自我塑造"或叫"自我塑造的被塑造"，其关键就是要经过人的自我文化选择。"每个人都单独地'选择自己的命运'"[①]，人凭着自己的文化积淀和文化定型，来"选择自己的命"，实现了文化和文化选择的个体化。而同时，社会化的过程也在同步实现。"社会化的客观条件和主观因素是处在紧密的辩证统一之中。两者之间没有僵死的界线。"[②]这种辩证关系表现为：一方面没有具体的个体化，也就不存在社会化，"主观的东西是客观过程的表现和必不可少的环节"，而个体化的过程，除了决定于个体的心灵——文化定型之外，又受社会条件的决定性影响，实质上也就是决定于主观因素、客观条件两个方面的辩证统一。这样，在个体化-社会化的过程中，个体的社会化、社会的个体化，两者互相推动、互相结合，是

①② 安德鲁先科：《精神文化与人》，罗长海、陈爱容编译，华东师范大学出版社，1989，第108页。

一个整体。

这种"个体"—"社会"的整体化体现和过程，还有一种更深层次的"社会-生物"水平的辩证统一。这就是，"在社会化的过程中，不仅人的自然的东西'变成'社会的东西，而且社会的东西（语言、思维、习俗、概念、文化）也变成自然的东西"。前者，如人的生理的、生物性的需要不仅"变成"社会的需要，是社会性的需要，而且其需求的性质、种类、"口味"都决定于社会条件、社会环境。后者，那些社会的东西（如语言、思维）也要"变成"人身上的一种自然能力，要养成一种能说话、思维的器官，即自然（器官）的人化。

这样，文化—文化选择就有一个个体化—社会化—自然社会化和社会自然化的统一层面。在这个层面上，体现出人的活动这一动力之外的**自然动力和社会动力**。

于是，我们从这一整体过程中可以解析出一个文化选择的动力系统——动力网络。这便是：属于人的系统的，是人的自然需要、生理需要，这形成其生物性驱动人；还有人的文化需要，包括用文化化方式来解决、受文化制约的文化选择性的驱动力，可以称为文化驱力；又包括人的创造——劳动——活动的驱动力；更有人的文化化了的心灵的、心理的、情感的、认知的、理念的需要，可通称为心灵的需要所产生的心灵的驱动力。以上可以总括为内驱力。

属于自然系统的，有自然条件、周围环境、生态条件等，对于人的生产-生活及一切活动所带来的"**供应**"（它产生、培育需要，诱发需要和满足需要）和"**匮乏**"（它产生竞争，向自然和环境索取以及改变习惯、创造新方式、自行生产等积极行动）的巨大压力，同时也是驱动力，此可总括为外驱力。

还有属于社会系统的，它包含社会的结构，社会成员的集群要求、规范、规则、习俗等。它们单独地和综合地产生驱动力，迫使人们去做什么或不做什么，约束人们必须如何去做和不允许如何去做。社会系统的压力是外在的，"社会"凌驾于人之上；但人又是社会的组成人员，是社会的主体，而且社会是人创造的，是人的一切组成了社会，因此对人来说，社会又是主观的、主体性的，其压力又可以是内在压力。社会是外在压力和内在压力的统一和结合。

这里，我们还要把文化作为一种特殊力量单独提出来。虽然它既离不开人又离不开社会而独自存在，但它是人的一种特殊力量，它对人具有特殊威力与功能，以至我们不得不单独来对待它。文化是一种经验，这种经验由实践而产生又回到实践中去，它经过学习而积累、前后代传递、广泛地传播。这经验的内涵主要是社会性的、群体性的**行为特征**；但文化却又"不是行为本身而是用于构造行为和理解行为的知识"①，人便用这种文化知识来指导自己的行动，来构成对世界的认知图形，并据此来进行自己的文化选择。文化更是知识、信息、道德、艺术、法律、习俗、风格以及一切社会和个体的能力和习惯的复合体（总汇），也是社会成员所共享的、为每个个体所服膺的反应、态度、习惯性行为的模式的**总和**，它包含历史地产生的**为生活**而创造出来的、指引生活的设计（design），内含内隐的、理性的、非理性的和无理性的。它是人类行为的**潜在指南**，因此也就是**人类进行文化选择的圭臬**：它"告知"人们、规定人们什么是可取的、什么是不可取的，什么是被允许的做法、什么是相反的。这种指引生活的设计有一套"代码"，如行动代码、沟通代码、身体姿势代码（如挤眉弄眼）等。②这些代码，实质上就是**文化选择的指令**。人按这些指令行事，也就有了日常生活中的各种行动。

马塞勒等在《文化与自我》中论述文化与自我时指出，"文化经验是人的价值观念、思维方式和社会关系的**先决条件**"，文化经验也是"**构成自我的先决条件**"。"文化是决定人类行为的主要因素之一"，文化和地理环境是"制造人的行为的两种主要'外部'要素之一"。两种"内部"要素则是**生理的**和**心理要素**。内外两种要素互相作用。人是这些要素的"贮藏器"。而当外部要素通过这些生理和心理要素发生作用时，人就是这些要素发生作用的**反应装置**。③

总括以上所述，我们可以制图以示人——文化选择的动力系统和生态系统（如图3-2）。

---

① 顾建光编译《文化与行为》，四川人民出版社，1988，第39页。

② 此处所论参阅R. M. 基辛：《文化·社会·个人》，甘华鸣、陈芳、甘黎明译，辽宁人民出版社，1988，第30-40页。

③ 本段论述参阅A. 马塞勒等：《文化与自我：东西方人的透视》，任鹰等译，浙江人民出版社，1988，"文化与自我"一节。

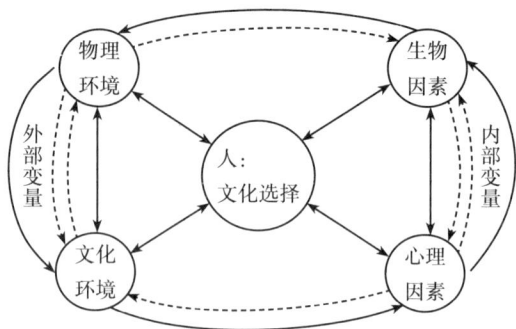

图 3-2

此图采自《文化与自我：东西方人的透视》第 296 页。外圈之
虚线与实线为引用者所加，用以表示文化选择在此四个系统和内外
变量中的地位

　　关于文化和文化选择的生态系统，我们有必要再补充几句。人类的
"生存区"和"文化区"是互相交迭的[①]，这也就是生态系统与文化系统
的交迭；然而这里的"生存区"实际上包含自然生态系统，因为这是人
类生存的环境，而"文化区"则又包含社会系统在内（它们事实上是
"内""外"关系）。这样两个生态系统的交叉，就是文化-文化选择的生
态系统的整个架构。"文化生态理论的实质是指文化与环境——包括技
术、资源和劳动——之间存在一种动态的固有创造力关系"，"工作（我
们也可以代之以劳动、活动——引者注）这一社会活动造成了其他社会
关系的深刻调整"，"技术乃是历史所衍生，环境的关键部分是资源，**通
过文化认识到资源，通过技术获取资源**。这是一种真正的文化理论"。

这样，四大生态系统，即大自然的生
态系统—人（动物人和文化人）的生
态系统—社会生态系统—文化生态系
统，是各自相对独立运作的系统，然
而又是互相交叉、彼此勾连、循环推
动（互为动力又互为对象）的连环运
作系统。我们不妨图示（如图 3-3）。

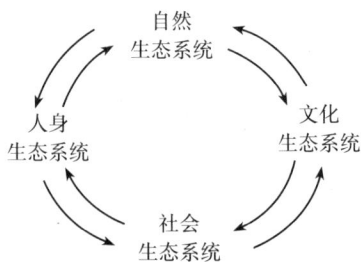

图 3-3

----

① 参见罗伯特·F. 墨菲：《文化与社会人类学引论》，王卓君、吕逎基译，商务印书馆，
　1991，第 150 页："在早期人类学家、美国自然史博物馆的 C. 威斯勒（Clark
　Wissler）的著作中，生存区和'文化区'相互交迭，……。"

文化选择就在这四大勾连的生态系统（"关系网络"）中实现，其动力、其张力、其机制以及功能和效应，都在这生态系统的关系网络之中。①

五、生态适应与文化创造
——文化选择的双向交叉四基因

面对环境——大自然和身边的自然——生态环境，人类要活下去，要生存，就得像动物一样生于斯，取于斯，适应于斯。不适应，就无法生存，就要死亡和灭绝。适应是第一生存要义。适应其实就蕴含着选择。面对繁茂自然界的万千动植物，各类动物选其可食喜食者而食之，这就是选择。人类亦如此，他选择了某些植物的果实根茎，以后又选择了某些动物，这就是适应——选择。人类总是喜食他周围丰富的某些动植物，这种食性的形成，既是适应（以其丰盛，取之可得），又是选择（以其为自己所爱吃，也以其足可供应）。其他生活需要也是如此，既适应又选择。**适应之中有选择，选择之中有适应。**

在这个适应之中，人类形成了自己的生理特点，他的身体的各个器官都是适应环境的压力才得以生存和发展的。

但是，人之所以为人，就在于不停留、不满足于单纯的适应。这一点最重要的表现就是工具的使用。当人类第一次用石块或木棒去采集果实或猎取动物时，就是在适应的基础上做了新的选择。第一，因工具之运用，等于延长和加强了人的手，可以去取得过去所不能取得的果实和猎物；第二，因工具之使用，而使"产量"增加了，使生活更好了。

人类还因为集群协作式的生产劳动而使自己成为有组织的动物，由此而组成了社会。这又是一次超越适应的选择。

以上两项适应——选择，实质上就是人类的创造，就是人类创造了文化，并以此而使一般的自然的选择变成了文化的选择。

第一，生态适应；第二，文化创造——这就是人类**文化选择的两个**

① 这里我们还可以补充一下。人是自然的一部分，自然是人之母。然而"文化人"又与自然相对立。这是两者之间的关系。至于文化与社会，可以说文化＝社会。不过这是就内容而言，如言形式则不同，一为精神，一为行为；一为意义，一为结构。"文化和社会结构只不过是同一现象的两种不同的抽象"。

基因。不过，两者不是孤立的、彼此隔绝的，而是双向交叉地发生作用的。环境的退化和恶化，或者一般的环境压力，促使、驱动人去改变被动的适应状态，发现工具、使用工具，"发明"创造了生产劳动，创造了文化，产生了文化选择；而文化创造又使人可以更好地适应，具有更强的适应力，并且人类运用工具和创建社会，而在技术上和实体上使环境改变，这就使适应的性质和方式也发生了改变，即适应也成为**文化式的适应**了。而这也就使适应变成了选择，文化适应即文化选择。

文化性的适应——文化创造；

文化的创造——新的适应。

两者都向文化选择会齐。

人类这种"生态适应-文化创造"文化选择的生存方式和文化模式，使人类根本地区别于动物，高踞于动物之上。"人类达到具有适应性的社会和文化系统的方法，这比其他有机体单纯依靠遗传而演化出具有适应性的行为的模式，要来得更迅速更有弹性。"[①]不是单纯地依靠遗传的性能来适应，而是依靠创造的本领来适应，这就是人的高明之处，人的本质特性，亦即人的文化选择性。

但是，适应却又不是一切，或者说不是人的一切、不是人性的一切，也不是文化选择的一切。人的行为有时候并不只是产生于环境压力，为了生活的实用目的，为了适应以求生存。狭隘的适应文化观不能解释所有人——这里指原始人和原始民族，更不是现代人——的行为、习俗、规则，也就是文化选择。基辛说："必须非常仔细地去检查适应运作的机制。"这是很对的，因为有许多适应运作，无论是在驱动方面，还是在目的方面，都不关乎实用目的，即非适应环境之所需。"显然文化并不单纯是在解决实际问题"。原始部族人除了吃他喜食的植物之外，还总选一些不食用的植物来安排用场，家畜最早被豢养，其目的并非看家护院而是为了观赏。在离开了衣食住等更为直接的目的之外，人类更有许多行为、活动，距离实用目的较远或很远或没有实用性。这在他们的风俗习惯中，就更多了。"在人类学文献所记载的风俗中，有数以百计的风俗或许在某种程度上是生态上没有适应性的，然而它们还

---

① R. M. 基辛：《文化·社会·个人》，甘华鸣、陈芳、甘黎明译，辽宁人民出版社，1988，第168页。

是为人们所遵行"。人类的许多行为、风俗习惯不是为了适应，不是生态策略，而是其他原因造成的。

那么，这其他原因是什么？可以说有很多。但最根本、最主要的还在于人，在于人的自身，在于人的**文化心态**。基辛说：

> 文化所必须适应的既有事物，并不来自外在的环境，而是来自人类心理的过程。心灵提出自己的要求。面对着焦虑、无常、悲剧等，人类心灵渴求解释和安全感，因而投射出幻想。①

心灵的幻想的投射，这是一个不是来自环境压力，不是源于适应目的的文化创造与文化选择的动力基因。②人在从自然人发展成为文化人之后，他的心理更复杂了，心灵更复杂了。他有了一个复杂的头脑，这头脑不只是处处被动地、简单地去适应，不只是处处只为了解决实用的问题。他有了心灵的需要，这需要就是文化的需要，就是文化人的需要和人的文化需要。——这也就是人的文化选择的需要和文化选择的实践——实施。

这样，我们就有了另一种生态来源的另一种文化产物。它的体现是巫术、神话、仪式、艺术等。它们有些是有适应的目的和功用的，但有些却没有。这没有适应目的的部分，有些可以仍然保有适应的客观价值和功能，有些则没有，而有一部分甚至是有害的，是不利于适应的，因此是于人不利的。

由此，就又产生了相连的几种机制和后果。第一，产生了一些无用

---

① 这里有许多例证，是很说明问题也很有趣的。仅摘取一二可见一斑。新几内亚的福雷人（Fore）每年约有1%因患苦孺症（kuru）（神经系统退化的绝症）而死亡。患者多半是妇女。结果造成男三女一的"日趋减少、脆弱的人口结构"。经研究，知此症乃由一种病毒引起。然而土著人却解释此症为巫术引起，所以妇女得此症死亡时，男人就攻打邻村以报中巫术之仇。而同时又流行吃掉死者遗体的风俗，于是病毒借脑之被食而传染。福雷人吃人企图自我更生，结果却与适应要求相反。（《文化·社会·个人》，第171-173页）在美拉尼西亚两个部族的风俗中，妇人死了丈夫，就得被亲族绞杀，这或许能调节人口，但也是反适应的。

② 人类情感、情绪、心理、幻想、幻觉、梦、想象、理想、愿望等心灵活动和心灵要求的外射和向某物的投射，都不是适应，不是实用目的产生的。"人心把人类的动机、感觉和才能投射于无生物和自然力上面。"雷神就是一种文化形象的投射。"从科学的角度来看，雷神是一种心理投射的银幕，人类的攻击幻想和冲动，以及恐惧就在上面展示出来。"（《文化·社会·个人》，第138-139页）

甚至有害的习俗——生活的习惯、原则、规则、"原理"、要求，它们危害着"持"这种文化习俗，并以此进行文化选择的部族、种族。他们选择了死亡和灭绝。这是悲惨的。第二，一般地说，又会相伴行地产生一部分淘汰不利适应的习俗——陋习。第三，有些陋习则要人的主动的、另一种文化创造来改变这种不利局面。关于第一点，我们在现代原始部族中仍然看得到遗迹，甚至在现代民族中也看得到痕迹，这可以说是人类的悲哀。"各个种群的纠缠在一块的习俗中，有的是适应的，有的是部分不适应的，有的极不适应，有的与适应无关。"①这里把不适应的陋习归咎于种群的习俗纠缠，这是有道理的。但这不是全部原因。人的心灵的复杂和人心的扭曲、知识的贫乏和不科学等，都会导致这种恶果。基辛指出，由于一些习俗的不适应或极不适应，造成不同种群在组织上、经济上和人口上的成败不均等，结果不同，有的种族就会被吞并、凋萎以至消亡。

但有的习俗，会在文化运行中得到纠正、排除。这种文化选择的结果，会淘汰掉一些陋习。"人类并不直接解决生态问题……，必定有某个过程在运作以摒弃会引起不适应后果的风俗，强化并保留具有适应后果的风俗。"

除了上述的生态适应–文化创造这一对双向交叉的文化选择基因之外，还有生物基因（生理基因）和自然选择的基因在起作用。它们二者之间，也是双向交叉运作和发挥功能的。

在长期的生态适应过程中，在文化创造的过程中，经过自然选择–文化选择的双向交叉作用，自然的人化过程和人化的自然过程也在双向交叉地发生作用，因此，自然压力和适应行为以及文化行为–文化选择，会使人的肌体引起适应性的相应变化，人的生理运行机能和人的器官都相应地变化，或者说越来越人化–人性化；另一方面，人化的自然（器官）又会对自然作人性的–文化的选择，从而使这一双向过程一体化、整体化，成为首尾相联的逐层上升的螺旋式循环。

人的"生物本性注定了人类具有文化"。这是因为，"在哺乳类与人科动物的演化过程中，边缘系统与新脑皮质已经演化成为一个系统——

---

① R. M. 基辛：《文化·社会·个人》，甘华鸣、陈芳、甘黎明译，辽宁人民出版社，1988，第173页。

一个必须具有适应能力，以让种群得以生存的系统。人类在演化出大脑皮质的解决问题和符号思考的巨大能力之时，也演化出一套复杂的网络，连接于大脑中的古老部分。大脑皮质对边缘系统的控制是演化选择的产物，而不是文化对人类生物本性的影响。"这是自然选择在人的生物本性、生理功能上所起的作用和产生的积极结果。这非**文化**的自然选择的积极结果所引起的人的大脑皮质的变化进展，却又产生了文化的效应，使人的生物本能也带有文化性，他的自然器官——大脑——足以为人类创造文化、进行文化选择作出贡献，提供生物-生理-物质基础。在这种自然选择-文化选择的双向交叉作用下，人的大脑发展形成了复杂高级的物质，有科学的分区和分工，如有管语言的，有管自然环境的，有管社会系统的。大脑左半球管语言、逻辑和因果性的运作，一般是逻辑思维系统；右半脑管整体性、整合性的运作，一般是形象思维。大脑的这种复杂结构和功能，就是生理演变和自然选择双向交叉作用的结果。

我们可以说，大脑，就是文化选择的四大基因即生态适应—文化创造—生理演变—自然选择互相进行双向和多向交叉综合运作的结果之一大例证。

六、精神的花朵
——文化选择的思维机制与模式

我们在前一节关于四大生态系统关系网络对文化选择的决定性、基础机制与功能的论述中，已经表明了它的唯物的基础了。这里，我们还可以再引证一下恩斯特·卡西尔在《语言与神话》中的一段话：

> 文化概念的内容是不能脱离人类活动的基本形式和方向的；这里，"存在"只能在"行动"中得以理解。

这里，人类活动、存在和行动都是唯物的，不仅包括了"实际"（人、存在），而且包含了"实践"（活动、行动）。文化概念之内容在实际事物和实践行动中来加以理解。这是问题的一面。人是心智活动的动物，人的存在、生活、活动都是一种心智-心灵活动。存在、实践都是打上了心智-心灵的烙印的。就此，卡西尔又说：

文化的每一内容，就其不只是孤立的内容而言，就其植根于一种普遍的形式原则而言，怎样地以人类精神的本源活动为前提。[①]

在说这段话之前，卡西尔指出了语言思维的功能、神话思维和宗教思维的功能以及艺术知觉的功能，是一种"完全确定的结构"，而"这种结构严格地说并不是这个世界的结构，而是为这个世界作出的，为一个客观的、有意义的语境（Context）所作出的，为一个本身可把握的客观统一性所作出的结构"[②]。这就是说，这些认识形式、文化形态，其确定的结构，都并非物质、存在、实践、行动本身所具有的，而是人"为这个世界所作出的"。这就是文化的"人类精神本源活动"的前提。这是问题的另一面。

文化选择也是如此。我们前面所论及的，无论是文化选择的中介、成果的诸形态结构，还是文化选择生态系统诸形态结构，都是既有其物质的本源，又离不开人的心智-心灵的活动本源的。这种本源是心灵、头脑的活动，但心灵与头脑是物质的，其活动也是人的实践，因此这种心智-心灵活动，其实质仍是物质的活动，或称物质-精神活动。

本于此，我们在这里已经进到需要探讨文化选择的思维机制的阶段了。因为没有人类的思维活动，没有思维的选择机制和选择行动，以前的一切都无从确立，无由存在，都会过而不留、失而不存，不可能积累和积淀下来。

卡西尔在《语言与神话》中关于人的"精神功能"的决定性特征，有一段很长且很精辟的论述，这对于我们研究文化选择是颇富启发意义的。为了避免引文过长所造成的沉闷，我们只从文化选择的角度来理解和诠释这段话的几个要点略述如下，而将原文抄于附注中，以供参阅。[③]

①②　恩斯特·卡西尔：《语言与神话》，于晓等译，生活·读书·新知三联书店，1988，第211页。

③　这段话如下："人类精神的每一种真正功能都与'认知'一样地具有这一决定性的特征：它不单纯地摹写，而是体现出一种本原性的、赋予形式的力量。它不是被动地表示出某种事物在场这一单纯的事实，而是包含着一种独立的人类精神能量。通过这种能量，现象的单纯在场获得了一种确定的'意义'，获得了特殊的、观念化的内容。这一点对认知来说如此，对艺术来说也是如此，对神话如此，对宗教也如此。一切都生活在特殊的影像世界之中，这些影像的世界并非单纯地反映经验给定之物，而是按照各自独立的原则造出给定之物。这些功能中的每一种功能都创造出自己的符号形式，这些符号形式即使不与理智符号相似，至少也作为人类精神的产物而与理智符号享有同等的地位。……它们……是人类精神迈向其客观化，即自我显现的诸条道路。"

人类精神的**每一功能**（包括艺术、科学、宗教、神话等；按前已论述，它们都属于文化选择家族）都具有一些决定性的特征：（1）对客观事物，不是客观地摹写，而是体现出一种**本源性的、赋予形式**的力量；（2）不是**被动**表示某物"在场"这一单纯事实，而是包含一种独立人类精神能量，由此，现象的单纯"在场"，获得确定的"意义"，获得特殊的**观念化的内容**；（3）这是一个"影像世界"，它不是单纯的经验给定之物，而是按照各自独立原则**造出的给定之物**；（4）这些功能都各自造出自己的符号形式；（5）每一种符号形式都选出了一个**特殊角度**，以此构成自己的"实在"方面；（6）这并不是实在向人类精神显现自身的形式，而是**人类精神迈向客观化，即自我显现**的诸种道路；（7）这些，对认知、艺术、宗教、神话、科学等均适用。

　　在这七点之中，有两项贯穿其中的事实：（1）在这七点特征中，每一次都有**思维**的活动；（2）每一次，都有文化性的选择活动。为了不只是客观地摹写而是本原性地赋予客观事物以形式，必须思维，思维的过程同时就是文化选择的过程，因为赋予形式，必须取其一部分而舍弃另一部分才能实现；而且，同一客观事实的不同形式的出现，又正表明了选择的方面及其内涵不同。同样，当对某物不仅表示其"在场"这一单纯事实，而且使其获得确定的意义和特殊的观念化内容，更是必须经过思维的文化性选择方能做到。至于"影像世界"的建立并使之成为"造出的给定之物"，就更必须由人通过思维，进行选择才能实现。还有由此而生出的符号形式以及符号形式以特殊角度来构成自己的实在，自然更都是人的工作——人的思维活动，这活动表现为文化的选择：取特殊的角度，运用某种符号进行组建。这些过程和活动，当然不只是客观显现自身，而且更是人类精神迈向客观：**向客观选取某些东西而舍弃某些东西，并加上主观的创造，赋予某种以符号表现的形式**。这正是认知、艺术、宗教、神话和科学的形成的机制。

　　由此表明文化选择具有一种**思维机制**。它构成文化选择的动机、目的、手段、方式和活动特征与过程。由此才形成文化选择诸种形态的表现、功能和作用，包括艺术、科学、神话、宗教、巫术、思维、语言等在内。

　　在这整个过程中，思维活动的选择机制及其流程表现如下：

1（思维过程中的）选择→2构成经验、形式、影像、符号等→3经验等的稳定和相对固定化→4建构成某种物化形态→5（经过凝结、提炼和结晶，取其精华）进入积淀→6选入层化构架→7形成体系和模式。

这一流程大体反映的是文化选择过程中，思维发生作用的机制和经历。这是一个关键系统，因为如果没有人的这种"思维流"的活动，没有它的积极作用，所谓选择是无法进行的。在选择过程中，反映、形成影像、摄取、滤过、筛选、创造、改塑等过程，都是思维在起着主导的、关键的作用。

当然，思维在这种积极的活动中，由于"素材"的不同、对象的性质不同、加工的性质不同、追求的目的不同，其活动方式和活动性质不同，其"工艺流程"也不同。这就产生了不同选择思维模式。大体来划分，文化选择的思维模式可有三种基本形态，它们是：（1）神话思维；（2）推演思维；（3）理论思维。

现在，我们分别来简述其性质和特征。

（一）神话思维

卡西尔曾经说过："神话和语言一样，在心智建构我们关于'事物'的世界过程中执行着作出规定和作出区别的功能。"所谓作出规定和作出区别，也就是文化选择的功能，规定什么和区别什么，就是选择，就需要选择。但关键并不在这种功能，相同的功能在别的文化选择形态中也同样有，问题的关键在于它（神话思维）如何来完成和执行这个功能。它的运行的机制及特征是："它们并非源于漫无边际的恣意狂想，而是在沿循感觉和创造性思维的确定的轨道运行着的。"这种感觉是什么性质和形态的？它的创造性如何表现和表现在何处？卡西尔称为"神话的直觉创造形式"的思维特征，就是答案。这里突出的是两条：（1）直觉的；（2）创造性的。那么，这两条又是怎样来实现的呢？这又深一层涉及神话思维的特征的具体性。卡西尔在他的著作中，强调乌西诺力图所用的"瞬息神"，认为它正是足以"固定神话-宗教的原型现象"的概念。什么是"瞬息神"？用乌西诺力图的话来解释，就是"在绝对的直接性中，**单个的现象被神化了**"。而且，这种把面前的单个现象神化的过程和状态，是这样迅速突然，我们"从中可以清楚地见到，甚至可以说几乎可以用手触摸到这种神化过程"。他用史比斯举过的例子来说，如"一个干渴的人找到的水，隐藏或保护了某人的蚂蚁穴"，它们就"立地成佛"地被神化了，"任何一个突如其来令人惊恐的东西——所有这些都被直接地变形为神了"。还有，在依韦人那里，一个物体本身或者是它的令人惊恐的属性，当它引人注目的瞬间，或者进入与人的精神或生活发生关系的瞬间，就是依韦人在意识中产生一尊神的时刻。至此，我们可以明确了，神话思维的"瞬间神"特征，也是它的直觉性的创造，就是**一物**，或其属性，令人注目、令人惊奇，与人之精神或生活发生某种关系，在这一瞬间，意识就创造出一尊神。造神至速。人们就是这样来看待世界、事物，解释它的命运、功能和作用的；实质上，也同时就是对人与自然、人自身和人的生活本质的解释。神性并非物性，亦非自然所有的，而是人的意识所造的，是人性的一种创造。因而也就是人的一种出自其文化定型所做出的一种选择——一种文化选择。这就是人在原始状态时的一种思维特征。他就用这种思维形态来进行选择，过他的生活。卡西尔在他的著作中还指出，现代尚存的原始种族的生活依然显示出这种神话思维的某些特征。特别要指出的是，即使具有很高文化的现代人，在科学时代，有时也会出现、存在这种原始神话思维的某些特征。那些时时"碰见鬼怪（这也是一种神）"的人，或以某种动物的出现如狐、鼠、猫、黄鼠狼等在某种情况下的出现，或令人惊恐了，或与某种祸事偶合性同时出现了，它们就会被视为神，并且由此做出自己的行为选择。这就是现代的"瞬间神"的造神行为。由此可见，神话思维作为文化选择的功能和力量的存在和久远。

卡尔西还论述了"神话运思"在"造神""瞬间神"思维运作时的特点，这就是，在**神话形式**中，思维并不是**自由**地支配材料，使它们彼此关联、互相比较，也就是说没有材料之间的联系和比较，它只是被**突然**出现的**直觉**所**俘获**，于是便**滞留**在**直觉**中。在感知中，"现在"宏大，而其他万事万物统统萎缩变小。自我在这时，全部精力都倾注在眼前这**唯一**的对象上，生活于其中、沉迷于其中。不是**扩大**冲动，而是高度地**集中**冲动，"**着魔**"。卡西尔总结性地指出：

> 聚集所有的各种力量于惟一的一点，这一行动正是全部神话运

思和神话表述的前提。……当外部世界不单单是被观察、被观照，而以直接的单纯性征服了人，使其全心充满了恐惧或希冀、惊恐或希望等情绪时：这时，电弧击穿介质，主客体之间的张力得以释放，与此同时，主体的兴奋情状客观化，变为神或怪迎面出现在心智的眼前。[1]

原初的神话思维就是这样：对于一个事物、现象的突然出现，惊疑、恐惧、着魔、希望、集中冲动、"本象"扩充"他象"萎缩、直接接触、直觉感受，客观实体神怪化，主体兴奋情状客观化，于是主客体之间的张力被释放，**客体为主体所创造**。思维瞬间，此前的文化积累、文化定式，对世界所形成的认知图形立时反应，创造出直觉的神怪影像。这里从头至尾贯穿着一种文化的选择：诸种兴奋情状，是一种文化的应激反应，即**应激选择**，瞬间把对象神化，更是舍弃其他一切周遭万物而集中一处、一点、一物，即**集中选择**，并扩充主象，即**强化选择**。又制造幻象（神），这是**幻觉选择**、**创造选择**。

因此，神话思维是最初文化选择的思维机制和思维模式之一。

这种思维模式自然是在认知水平低下的条件下产生的；但是，它的创造性地直觉反映客观和对客观的选择性，它的把主观强烈地给客观赋予形式和"神化"客观的特性（这些都正表现了它的选择性），却都保留下来，使自己具有一种特殊的思维品性，并成为人类认识世界、反映世界、选择世界和表达自我（自我实现）的一种重要形式，从而取得了自己的水平发展的高度水准，并且保留了自己的永恒的选择性能。直到现代，仍既保留原始神话的迷人魅力，而又有现代神话之产生。

结构主义大师列维-斯特劳斯对于神话思维给予了高度评价，并且解释了这种一直到科学发展时代仍然保存着的思维特性、功能以至魅力。列维-斯特劳斯甚至这样做出结论：

> 在万年之前，它们（指神话和仪式）就被证实，并将永远作为我们文明的基础。[2]

---

[1] 恩斯特·卡西尔：《语言与神话》，于晓等译，生活·读书·新知三联书店，1988，第60页。

[2] 列维-斯特劳斯：《野性的思维》，李幼蒸译，商务印书馆，1987，第22页。

事实证明了这个结论的正确性。列维-斯特劳斯指出，神话思维"远非像人们常常说的那样是人类背离现实的'虚构机能'的产物"[①]。这肯定了它的现实性（它是"着迷"于瞬间所见的某一事物或现象的）；但"神话思想就是一种理智的'修补术'，理智不足，不足以回答现实的和头脑里的疑惑，解除惊恐、实现理想，那就借助想象、直觉，借助神化某物来实现"。"神话思想的特征是，它借助一套参差不齐的元素表列来表达自己，这套元素表列即使包罗广泛也是有限的"；但它又必须这样做，"因为它没有任何其他可借支配的东西"。就这样，神话思维在知识不足、能力不足时，就借助自己的"元素表列"来对理智进行**修整和补缀**——在这中间，选优去劣、满足心灵要求的文化选择的机制和行为是很突出的。

　　正是由于这种特点，所以列维-斯特劳斯指出，科学思维与神话思维不仅是不同水平的思维，而且是两种不同的**思维方式**（这里没有水平差别）。两种思维方式并非表示"所谓人类心智发展的不同阶段作用"，而是表示"对自然进行科学探究的**两种策略平面**的作用"。它们的不同点在于，"其中一个大致对应着知觉和想象的平面"，另一个则是"**离开知觉和想象的平面**"，"这两条途径中的一条**紧邻着感性直观**，另一条则**远离着感性直观**"。

　　神话思维就以其**直观性**创造，保持着它的永恒的智性和感性魅力，而成为人类文化选择的一种形态与手段——**直观感性的创造性选择**。

（二）推演思维

　　推演思维是进一步的选择思维。就其认知性、逻辑-理论性来说，较之神话思维，它是推进了一步、提高了一步的（虽然它不免要舍弃一些东西和特征，如感性、直观性以至创造性）。推演思维已经具有一定的理论思维的性质，所以卡西尔称它为"推演式的理论思维"。[②]卡西尔指出：

　　　　在推演性思维中，特殊现象被联系到存在和过程的整体结构上；特殊现象被越来越紧、越来越精确地固定在那个整体上。……在一给定现象和其他与之"相似"或按某种协调规律与之关联的现

① 列维-斯特劳斯：《野性的思维》，李幼蒸译，商务印书馆，1987，第22页。

② 恩斯特·卡西尔：《语言与神话》，于晓等译，生活·读书·新知三联书店，1988，第78页。

象之间建立起联系，推演性思维的意义即完全在于这种功能。①

这里指出了推演思维的两个根本特征：一是把具体的、个别的事物现象同整体紧紧地联系起来；二是把这一现象与另一相似的、相协调的现象联系起来。前者是把特殊、个别纳入整体构架之中；后者是把现象拉入相似、协调的网络之中。这里都有一种推理演化的作用和过程在内，并以此为特征。

同时，在这里，文化选择的机制和特征也是很明显而重要的。第一，是否把某一现象纳入整体架构，是要经过选择的，有的取有的舍，合则留不合则去；而所谓整体架构，便是某一个体事先已经具有的文化定型和文化选择定型。这是选择的起点和归宿。第二，把现象拉入"相似"、协调网络也是选择的结果，相似也好，协调也好，都是有目的、有标准、有规范的选择结论。第三，"纳入"（架构或相似网络）这一行为，就是选择的过程和结果。人在这种推演思维——文化选择——的过程中，得以不断提高自己的心智、能力、技术，提高自己的选择文化，也就是不断地塑造自己。这显示了推演思维的功能。

卡西尔举了一个很有趣的例子。他说，在人类技术发展过程中，工具发明和运用起到了"不断增长的中介作用"；但是，人类自己创制了工具，却从来不把功劳归于自身，"相反，工具被当作一种因其自身而在的存在，赋有着自身的力量；工具不受人的意志支配，反倒成为人受其意志支配的神或鬼——人感到自己依赖于它，于是就以种种具有宗教崇拜性质的礼仪崇拜它"。"工具并非起源于人自身，而是起源于某种'文化英雄'；这个英雄要么是神，要么是兽。"他举例说，在原始时代，斧头、锤子都获得过这种宗教意蕴，锄头、鱼钩、矛或剑至今还在原始部族中受到崇拜。中国的燧人氏、有巢氏、神农氏，都是发明、使用火、房屋和农业的人造的神。人把自己的功劳和创造寄寓到神身上去，也就是推演到神身上去。

卡西尔指出，"推演式"或理论的反思，区别于神话思维的特征就在于，"即使在显然是直接'给定'的材料中，推演性反思也会辨识出某种思维创造的成分，并强调这一主动性成分。即便是在事实中，它也要揭示出思维概念公式的某种性质；即便在纯粹的感觉材料中，它也要找出

---

① 恩斯特·卡西尔：《语言与神话》，于晓等译，生活·读书·新知三联书店，1988，第78页。

制作这些材料的'思维自发性'的影响。"推演性思维是这样"顽固"，非把自身的力量、功能、创造推演出去。这正表现了人的思维自发性和创造性、主动性，以及一种很值得重视的**反思活动**，亦即总结行为。这是一种更带主动性、思维性、理论性、创造性和总结性的选择。在推演过程中，推—演，都需要选择，都经过了选择，都是选择而后出结果。

卡西尔还指出，人类的全部文化劳动，总是要在人—环境之中不断插入一些中介，使直接的关系转变为间接的关系，使简单的关系变为复杂的关系。"仿佛为了达到其目的，意志反倒非得离开目的，而不是直接朝目的前进不可。"这是为什么呢？这是为了"不是以几近身不由己的简单反应将对象摄于近前，而是要求分解区分行为，覆盖更大范围内的对象，以便最后所有这些分解了的动作运用各种'手段'，通力实现预想的目的"。这种用"中介"插入使在人—环境、目的—对象之间起**离间**作用的思维活动，正是为了覆盖更大范围的对象，达到更大的目的。这也就是通过"中介"的推演进行文化选择，而后实现更大目的。卡西尔将这看作文化劳动发展的规律。而推演——中介——推演，也正是文化选择的规律。

（三）理论思维

这是推演思维的更高一层、更进一步的发展。在这个意义上，推演思维正是神话思维和理论思维之间的"中介"。理论思维有了更多的推演，也有了更深的反思，更大范围、更深层次的总结。关于理论思维，卡西尔指出：

> 理论思维的主要目的是将感觉或直觉经验的内容从它最初发生时的孤立状态中解放出来。理论思维使得这些内容超越其原有的狭窄界限，将它们与其他内容经验联系起来加以比较，并以某种确定的序列在一个涵盖一切的联系整体（Context）中把它们连锁起来。理论思维"推演式"地运行着：它把直接内容仅仅看作是出发点，由此可以沿着不同的方向遍历整个印象领域，直至所有这些印象统统都被"安装"到一个统一的概念、一个封闭的体系中去。

这里，特征是很明显的，直接接触的事物——对象，只是一个出发点，而不是此地此物瞬间立地成佛（像神话思维那样），也不是将它同一个整体架构联系起来（像推演思维那样），而是把它同其他现象——经验——联系起来，并确定一个序列，将之构成一个整体，并排除孤立现象，形成统一的、封闭的体系。这样，理论思维从具体出发，接触孤立现象，而后，就推演式地运行，消除孤立现象，联系其他经验，抽象化、整体化、理论化、封闭化，形成一个"思维之索的'圈网'"，使个别事件因打上这个整体的印记而获得理论意蕴。

理论思维的这种品性，使它具有更大、更强、更广和更深的选择性，无论**排除**孤立现象，还是**联系**其他经验，或是**构筑**整体圈网，都要经过一番选择，而且这种选择的要求更高、更严，也更自觉、更抽象化、更理论化。总之，**更文化化**，要求更高的文化性、更高的文化水准。

理论思维是我们更为熟悉的思维形式。它在人类文化发展的历程上起了很大的作用，发展到很高的水平。

人类的思维和文化选择的思维机制，在发达的文明社会已经高度地发达，分裂为相对独立而结为一体的思维方式体系。逻辑思维、理论思维、形象思维、艺术思维、灵感思维、直觉思维，发散式思维、聚敛式思维、创造性思维，等等，形态多样。但是，这三种产生于人类原始思维阶段的思维形态，仍然有其存在的价值和渗透于各种思维形态之中。"神话思维作为一种思维，是具体的、形象的、可感的，同情感范畴区分微弱"；但是，"其因素在已具高度发达的文明的社会同样并未绝迹。神话思维的古老性，也不能因此而予以摒除"。①而推演思维，作为一种思维方式，已经渗透进各种思维形态，而普遍地服务于它们。

这三种思维机制和模式，依旧是人类文化选择的基础机制与基本模式，只是它们已经渗透于、依附于或仍然独立于各种高级的、发达的现代思维模式——文化选择思维机制与模式——之中或之外，成为人们进行文化选择的思维基础。

七、现实、历史、心灵
——文化选择三维度

我们前面述及文化选择的种种方面，包括它的背景、动力、机制、

---

① 叶·莫·梅列金斯基：《神话的诗学》，魏庆征译，商务印书馆，1990，第184页。

规律、形态等。现在，我们应当指出，所有这些，在内涵、性质上，以及在其对人的传承继接和作用方面与作用力等方面所涉及的维度，是文化选择的整体的性质与面貌，是我们认识、理解它的更深一层次的状况的继续。在这一节中，我们主要讨论这一问题。

文化选择，在总体上具有三个维度，这就是现实维度、历史维度、心灵维度。现实维度是现存的、活着的、**现在正在进行时态**；历史维度则是传统的、过去的、曾经活着的**过去现在正在进行时态**；而心灵维度，则是主体的、主观的、心理-心态的，它是现在-**历史的综合的、整体的现在正在进行时态**。现在——正在进行，这是活着的、动态的形态。历史通过"现代"来体现，历史要穿上"时代"的衣装来演出；没有"历史"，"现代"就不存在了，就无立足之地。但是，没有"历史"，也就没有"现代"，后者是从前者过来的。"现代"的衣装下，包装着一个"过去—现在"时的活着的传统幽灵。"现代"因有传统而存在、存活，"现代"立足于传统。而心灵维度是历史和现代的载体，没有人和人的心灵，历史也好，现代也好，都不存在了，没有存身之地了。也就是说，即使有人，是物质的，但这人仍是自然人——动物人，而不是文化人，那么，有＝无，仍不能成为载体。因此，人的心灵维度是**主体**，是关键。

人的、人性的内涵，也是文化-文化选择的内涵，都分别而又互相渗透地"盛装"在这三个维度中；但这种比较形象的说法，易懂却不够科学。更科学地表述，也许应该说，一切文化选择的内涵、方式、手段、花朵（成果）、形态，都分别地而又统一地**体现在、体现出历史—现实—心灵三个维度，它是"三面体"**。

"各种文化都是一个动力系统；它为了自身的活动需要能源。"[①]这能源是什么？可以说，一个是生产的能源，如太阳、煤、石油等；一个是人的生存和生活的能源，即食物能源和心灵的能源。"一部文明史就是**通过文化的方式支配自然动力的历史**。反之，支配能量的历史也就是一部文明发展的纪录。"人类在自己的幼年和童年时代支配了火；在石器时代发明了工具，用工具来支配世界，并在此时期控制了部分动植

---

① 怀特：《文化科学：人和文明的研究》，曹锦清等译，浙江人民出版社，1988，第346页。

物；以后，发现了新的能源煤和石油，人类的文化进入了成年期。与此同时，人类的食物能源也在不断发展、不断丰富，以不断增加和提高质量的方式，营养着人的躯体，使之发育更好、更聪明、更能干；与此伴生的则是人的心灵的能源也越来越强大了。这一简略的历史扫描，告诉我们历史的信息：人类现在的一切都是过去历史发展的结果，是历史的延续，是历史的接力赛。而这个历史就是人用**文化的方式**支配自然，首先是能量支配的历史，也就是通过文化来适应自然选择、支配自然选择，使之成为文化选择的历史。人的**现时**的文化选择，体现着他的**历史**的文化选择。

文化选择的历史维度，便是它以前全部历史的内容的凝聚、结晶和现时涵化。这是一股巨大的力量。它的主要作用就是决定了、规定了现时人们的文化选择的向度、价值观、标准和规范。马克思、恩格斯在《费尔巴哈》中曾指出：

> 历史并不是作为"产生于精神的精神"消融在"自我意识"中，历史的每一个阶段都遇到有一定的物质结果、一定数量的生产力总和，人和自然以及人与人之间在历史上形成的关系，都遇到有前一代传给后一代的大量生产力、资金和环境，尽管一方面这些生产力、资金和环境为新的一代所改变，但另一方面，它们也预先规定新的一代的生活条件，使它得到一定的发展和具有特殊的性质。由此可见，这种观点表明：人创造环境，同样环境也创造人。①

历史的内涵就体现在生产力、资金、环境和整个生活条件上面，这里既有物质的条件，又有精神的条件。正是它决定了、规定了新的一代（现实的人）的生活条件，决定了、规定了新一代人发展的特殊性质。这里，生活条件、发展的水准和特殊性质，就是决定文化选择的基础。现实的人就是立足于这个基础之上，来向历史、向现实、向自然、向社会择取他所需要和所能够得到的一切。他的需要和可能，都是决定于这个现实条件的。它的理想、梦，都不可能越出这个生活条件的范畴。这就是文化选择的历史维度通向现实维度，表现于现实维度，决定现实维度的方向、性质和内涵。

---

① 马克思、恩格斯：《马克思恩格斯选集》第1卷，人民出版社，1972，第43页。

在这个历史-现实维度之中，自然和社会两个系统都包含在内。然而，社会系统的变化，显然更大、更快、更深刻，也更迅速要求人在自己的文化选择中做出反应：适应和创造。

人正是在社会中体现了他的文化选择的历史维度。"人的本质并不是单个人所固有的抽象物。在其现实性上，它是一切社会关系的总和。"①一切社会关系均烙印于人的身上，决定他的一切愿望、理想、要求，无论是物质的还是精神的都在内，这些总和就是他的文化选择的出发点、"总纲"、"路线图"。这是文化选择的现实维度。这之中蕴含着历史的内涵，因此也就是历史-现实维度。

如果我们聚焦于"文化选择"，那么就可以说，**在一个现实的"文化选择"中凝聚着又体现着、蕴含着又表现出来现实维度和历史维度。**这个"文化选择球体"，现在已经显现出它的两个重要的维度了。

人的心灵维度是一个细小的"生存空间"，然而又是一个广阔无比和深奥莫测的世界。这个"世界"充填以历史-现实维度的内涵，这内涵是极其纷繁复杂、丰富多样、辽阔深邃的。正是它形成了人的文化选择的根。有关这方面的问题，前面分述甚多。但是，心灵维度却远不是被动地由客体充填的，而是被历史-现实维度所决定而无独立性的。如果是这样，文化选择就只可以说是具有两个维度了。事实上，心灵还有它独立的作用、独立的功能、独立的性格。人不仅把自己的喜怒哀乐、惊恐、理想等向外界投射，向自然、社会投射，也就是向文化选择的历史-现实维度投射——这种投射，实质上就是一种选择，它择取历史-现实维度中它所喜欢、得意的内容（前面已经说过，心灵的这种意愿有它的适应性向度，但也有的并无适应性向度），这种选择同时还是一种创造，以主体的主观性、择向性、规定性去择取并**解释**对象甚至**塑造**对象，因此这是一种积极的选择、一种文化选择。——心灵不仅具有这种向客观投射的特性，由此表现出它的文化选择，还直接地、发自内心地、发自本身地去创造客体，通过选择去创造新的客体，从心灵维度去"补充"、充实、扩大历史-现实维度。当然，人类的这种心灵创造不是随心所欲的，也不是来去无踪迹的，它也有自己的轨迹。基本的决定

---

① 马克思：《关于费尔巴哈的提纲》，载马克思、恩格斯：《马克思恩格斯选集》第1卷，人民出版社，1972，第18页。

力量就是历史维度和现实维度的内涵。只是，心灵维度的东西，是对这两个维度的东西所给予的刺激、推动和导引所起的反映、反应，不过有的是直接的、对应的、线性的因果关系，有的是逆向的反应，有的是扭曲的反应，有的是折射，如此等等。在这中间，心灵就在施展它的力量，发挥它的创造性了。结果便产生了许多有趣的、奇怪的甚至有害的行为规范和规则、仪式和习惯、习俗——当然这是少数的消极表现，更多的是有利于选择，有利于发展和有利于人的进步的文化习俗。

"心灵和大脑极端复杂，不论是弗洛伊德式的二分法（意识—无意识，基本过程—次级过程），或将心灵视为有深浅'层次'的**层位理论**，都不足以说明其复杂性。"①我们对人类心灵维度的了解，可以说还很不够。文化选择的心灵维度还有许多可以发掘的东西。

历史维度—现实维度—心灵维度"三位一体"，互相结合、彼此融合，构成了一个人的文化选择的整体世界。这个世界容下了现实、历史与心灵的全部现有内涵。现实维度是一个现实的世界，历史维度是一个过去的世界，但它活在现实维度之中；而这两个维度又都活在人的心灵世界之中。这个"三位一体"的三维度世界，便是人类文化选择的全部内涵。

八、文化选择的"母题"与"母体"
——人类最早的"文化文本"

文化选择在前述的发展经历和内涵发育中，实质上经历着一个发展成长最终形成模式的过程。这个模式的母题和母体，就是人类最早的"文化文本"。这是一个大文本，一个整合成型的综合、整体的"著作"。这部"著作"的形成过程我们在前面已经分别探讨过了，现在，不妨把它归纳为下述一个发展路径以示其踪。首先，我们运用本尼迪克特的观点，文化即选择（"文化也都是人类行为的可能性的不同选择"）。那么，即可拟定文化选择的起点是由于要满足生存-生活的需要

---

① R. M. 基辛：《文化·社会·个人》，甘华鸣、陈芳、甘黎明译，辽宁人民出版社，1988，第128页。

彭定安文集
文化选择学
110
11

并对环境既适应又创造而产生了**行为**。这行为有无数可能性，由此开始起步，文化选择的运行如下：

1　行为的可能性→

2　→遗传
生理
生态｝的影响（决定）→
环境
社会

3　→价值观、目标确立和行为→

4　→ 选择（实施、行为） →

5　→文化形成（诸种形态）→

6　→文化整合→

7　→ 文化模式（文化文本） →

8　→社会的稳态结构→

9　→个人的塑造（文化文本个体化）→

10　→社会评价→

11　→个体同化→社会整合→文本变异发展

　　↘不适应变异↗上升发展（宽容的必要）
↘反递、蜕化、退化

　　　这是一个大体的发展路径的示意，它表明文化选择如何以中介过渡的方式和作用，使文化文本得以形成，并又开始新的发展，从而使得文化文本不断发展。同时也表明，文化选择是以文化文本为母题和母体的，这意味着文化选择所确立的价值观、目标体系、生活方式、行为规范等，都从文化文本生出又以其为依归。但这中间又会有变异，这变异的根源为适应的要求和个体-社会的特殊行为造成（如前所论述）。变异的结果有二：一为前进性适应；一为退化性不适应。前者则导致文本的变异，这种变异经社会泛化和涵化，逐步稳定，然后进入文化积淀，最后被纳入文化文本。于是推进文化文本的不断发展。这结果又是文化选择的行为所引起的，是它的机制和作用，也是它的功能与功劳。

　　　本尼迪克特说：

　　　　　一种文化就像是一个人，是思想和行为的一个或多或少贯一的模式。每一种文化中都会形成一种并不必然是其他社会形态都有的独特的意图。在顺从这些意图时，每一个部族都越来越加深了其经验。

不能把文化的这种模式构成当作无关紧要的细枝末节而忽视掉。像现代科学在众多领域中所强调的那样，整体并非仅是其所有的部分的总和，而是那些部分的独特的排列和内在关系，从而产生了一种新实体的结果。

这里，在确定了文化模式形成的必然性之后，强调了模式是一种**意图**。这意图就是"命令"，其实质也就是文化选择的"律令"，人必按其指令采取行动和行为方式（做什么和如何做）；而这种选择，也就**加深了原有的经验**。这是模式的力量和效应。同时，还强调了模式作为整体，不是部分的数学和，而是**化合**，会产生一个新的实体，从而会有新的功能与效应。

人类从最早形成自己的文化文本开始，就是凭借文化文本-文化模式这种既继承历史结果，又决定现时行动，且影响而后发展的功能和效应，一步一步发展下来的。

人类最早的文化文本，可以说基本上刻印在四块"文化模板"之上。这四块模板是：（1）生活规范；（2）信仰体系；（3）神话系统；（4）仪式序列。它们也就是文化选择的"原始宪章"。

生活规范是一个广泛的、现实的、实在的体系，所有人的生产、劳动、生活（日常生活的各个部分）都在内，它囊括了人的生活的全部内涵，这方面的规范就是人在生活中选择最佳方式的目标和行为方式，也就是文化选择的模板。这是**人间律令**。信仰体系，是人处理自身与自然关系的心灵产物，它规定了人处理与自然、与环境、与动植物等关系的原则、规范。它同第（1）项紧密相联，实质上是为生活规范服务的，但在表面上，却常常表现为生活规范服从信仰体系。神话系统是人把人世的和自身的、社会的影像映照、投射到天界去了。同样，它为第（1）项服务，却常常以"君临"之态统辖人的生活，并负责解释人间生活。仪式序列是一个"实体"、一种"实践"。它把前面三项的内涵都融解、安排在自己的身体内，演映这一切。它也是服务于生活而又统辖生活的。

人类在童年时代，就是按照这三个文化模板所"刻印"的内容和原则来施行文化选择，求得生活的美好和美好生活的。

这里，我们没有把艺术、宗教、科学等列为模板，因为这时期它们还依附在上述四模板身上，尚无独立形态和价值体系，暂时还不是文化模板；但这并不否认它即使在当时也具有的相对独立的功能与作用。

文化文本-文化模板的形成，是一个缓慢的新进的过程。可以说，越是追溯到远古，其速度越缓慢，其进程越漫长，其变换频率越低，其效应和整合率越低；但是，不管如何，向上发展向前进却是确定不移的。在这个过程中，有几个发展的特征：

（1）层垒式地递进。循着前章所述诸机制，文化-文化选择的成果，循着积淀-淘汰两路分化的轨道，一部分步步淘汰、消逝；一部分进入文化积淀，被整合而入模板，成为稳定的、固有的文化因子。

（2）绕着弯子取得成果。人类许多文化成果，不是直奔目标，直接为了生态适应而取得的。"古人的成绩多半是这样绕大弯子绕出来的。他们并不是要干什么便能干什么的神人。他们的功劳簿上一行一行写上许多令人难信的笨事。"[①] "文化就这样打后门溜进来，它生来爱这一套。"这样绕弯子、走后门，文化得以进展，文化选择得以前进。

（3）"种豆得瓜，种瓜得豆"。这说明人的自由是有限度的；人类在创制文化、进行文化选择的时候，盲目性很大，有时为了这个目的而采取这个行动，但由于对事物理解、诠释的错误、不准确或不彻底、片面以至武断，效果却背道而驰、适得其反；但也有得到意外收获的时候。人类并非为了创制神话的目的，而是因为其幼稚，其对天理认识不足以至错误，当然，还需加上人的幻想的能力、创造的能力而编制了美丽的神话体系。艺术，简直也可以说是作为副产品，意外地获得的。

（4）"播下龙种，收获跳蚤；播下跳蚤，收获龙种"。也是由于上述原因和习惯的不断深化而产生了这种结果。

这样累积起来的文化模式，便成为人的文化选择的标准和支援意识，生活于这种文化模式之中的人们，会有意识地运用它来进行文化选择；这就是他们的选择文化。同时，文化模式的许多内容，也会进入无意识层，而拥有潜在的决定权。"指向生计、婚配、征战，以及敬神等

[①]　罗伯特·路威：《文明与野蛮》，吕叔湘译，生活·读书·新知三联书店，1984，第44页。这里是一些例证，如：初民豢养家畜，起初的目的只是做伴侣和供娱乐（第58页）；"植物的故事甚多惊人之笔"，如裸麦就是当莠草来种而逐渐成为人类食粮的新品种的（第65页）。

方面的各色行为无不按照在该文化中发展起来的无意识的选择标准而纳入永久性模式。"①这都是在人们实际生活中，对人们起到导引的、指导的、规定性的以至强制性的文化模式，是文化选择的准绳。这是现实的模式。此外，还有理想的模式。它源于人们的理想，未必都能在实际生活中兑现，成为实施中的文化选择。但它们却可以以其理想之光，照亮人们的生活和前途，引导人们向前、向上。这表明了文化选择对人的发展所能起的促进作用。

当然，这种文化选择模板是不断变异发展的，决不会停顿。不过，这种变异发展，有渐变"微调"和突变质变的阶段之不同，因而是可以划分时期的。这些，我们将会在后面述及。

---

① 露丝·本尼迪克特：《文化模式》，王炜等译，生活·读书·新知三联书店，1988，第49-50页。

第四章 太 极

——文化选择的基本架构

请听一则出自庄子的神思遐想的寓言故事。

南海的倏帝和北海的忽帝，觉得对待他们颇为友善的中央之帝混沌，混沌一片，没有七窍，无以视、听、食、息，所以决定帮他一个忙，为之凿窍。一天凿一窍，凿了七天，七窍已成，而中央之帝混沌也就一命呜呼了。①庄子的意思很明白，人不如保持他的原生态，不要破坏他的自然性，莫如没有什么七窍，就是说"不开窍"，至福也。关于庄子的反文化的深邃而又具有文化思维底蕴的思想，我们在这里暂不去讨论。先要说明的是，庄子从**反面**证明了文化的力量，即把人从自然状态提升出来，使他成为站在自然对面、脱离自然、从自然剥离出来的那种非自然人（乃"文化人"）的力量；同时，也反衬出自然人同"文化人"的不同之处：从混沌状态，开窍了。

我们在这里，且先抛开庄子关于人类"开窍"之后的负面效应以至恶果的"后'开窍'论"，置于不论之列，而借取庄子这一巧妙构思和"命题"，来探讨人类一开始是怎样开窍的，是运用什么"工具"、怎样为自己开了"窍"。作这种历史的回顾，是想在前章的历史叙述的基础之上，再从发生学的角度在实践层次上来探讨人类文化选择的架构基础。不过，这一探讨不是从文化学角度或文化人类学角度来进行（也不一般地谈选择）的，虽然在探讨中，不能不同这两门学科以及其他相关学科打交道，甚至借取它们的理论、资料和学术智慧与理论灵感，包括一些范畴、命题规律、术语、词汇等在内。

---

① 《庄子·内篇·应帝王》。《庄子》原文为："南海之帝为倏，北海之帝为忽，中央之帝为浑沌（现作混沌）。倏与忽时相与遇于浑沌之地，浑沌待之甚善。倏与忽谋报浑沌之德，曰：'人皆有七窍以视听食息，此独无有，尝试凿之。'日凿一窍，七日而浑沌死。"

一、食与色

——人类文化开窍的两支金刚钻
文化选择的两块奠基石（需要圈层）

《易》说："易有太极，是生两仪。"两仪生万物。这两极就是阴与阳。但阴阳只是符号，它代表万物。万物皆有阴阳。实质上，这阴与阳两极，除了标示两性之外，也还可以理解为人类的两项基本需要，这就是食与性。这是人的生活资料和人的繁衍两项。恩格斯说：

> 根据唯物主义观点，历史中的决定性因素，归根结蒂是直接生活的生产和再生产。但是，生产本身又有两种。一方面是生活资料即食物、衣服、住房以及为此所必需的工具的生产；另一方面是人类自身的生产，即种的蕃衍。①

这两种生产与再生产，就是生活资料和人类自身的生产与再生产。一切文化都从此两极开始。人类之开窍，也就是以此两项为开凿的金刚钻；人类的文化选择，也以此两项为基石。它们也是文化选择架构的两块基石。

（一）产食经济文化

先说食。食物是人类生命的燃料，人类吃食物以维持生命。但如何取得食物却使人获得了文化——为了获取食物，人类从采集到狩猎到游牧到农耕直到现代用机器生产，发明工具、提高产量、获取丰收。因此，食物也是人类文化的基石。而如何利用工具去获取食物、改进食物、提高营养，也就推动产生了人类的产食经济以及人类生活的其他丰富内涵。因此，它也就成为人类文化选择的基石。

人类为了获取食物而发明工具、创制工具、使用工具，这便成为文化的生长点，工具也就成为文化选择的工具。由于工具的产生而发展出技术——这是一个广泛的概念。由于技术的产生和社会化，影响了人与

---

① 恩格斯：《家庭、私有制和国家的起源》，载马克思、恩格斯：《马克思恩格斯选集》第4卷，人民出版社，1972，第2页。

自然、人与社会、人与人之间的关系；也在人的自我意识上打下了深刻的烙印。这里具有一系列文化的生长点，也就有一系列文化选择的生长点。人类广泛地使用技术来向自然索取，获得丰足的食物，并在食物有余的条件下，进一步发展了其他文化。这样，技术便成为人类文化选择的新契机。技术文明重新塑造了人。掌握了技术文明的人，便能以新的文明为手段去进行新的文化选择。

从另一方面，还可以探寻出食文化对文化选择的促进作用。食物的充足、食物生产的发展，带来了一系列经济活动，包括收获、运输、加工以及食品分配、储存等。产食经济的产生，成为人类文明发展的一个重要方面和重要动力。罗伯特·路威（R. H. Lowie）在论及原始民族的生活时说，驯养动物不是为了使用而是玩赏和献祭，但他指出，以后却引出了不少具有实用价值的事：（1）食其血肉；（2）用其兽皮；（3）将其绒毛用于编织；（4）食用乳及乳制品；（5）用其负重和牵拉；（6）骑乘。[1]这还是在原始民族中的情况。在现代社会和现代人中，从驯养动物中生发出来的产食经济及其他许多事业，更是不可胜数了。

也是罗伯特·路威，在《文明与野蛮》中，就用了四章篇幅（《饮食》《饮礼节》《火与烹饪》《畜牧与农艺》）来论述吃和从吃所产生的文化。在第五章一开头，他就开列了一张西方人的普通菜单，然后逐个分析、追溯其起源、传播，从中看到食-文化的发展状况和路径。[2]

马林诺夫斯基则从理论上论述了食→文化的衍生与发展：

> 人和其他动物一样，一定要有养料，……
>
> 在一切文化中，简单而主要的食品都得经过相当烹饪的手续，吃时有一定规则，在一个团体之中，乃遵守着种种礼貌、权利及禁忌。这些食品的获得靠着相当复杂的及集合的过程——上述农业就是一种。食品有时亦时常由交易或其他社会合作与共同分配的过程中得来。在这些过程中，我们已说过，人是靠着有组织的合作及靠着经济的及道德的观念。于是，在满足生理需要之外，我们又见到

117 第四章 太极

---

① 转引自张猛等：《人的创世纪》，四川人民出版社，1987，第62页。
② 这个菜单是："番茄汤/炸牛仔带煎洋芋/四季豆/什锦面包（小麦，玉米，裸麦）/凉拌波罗蜜/白米布丁/咖啡，茶，可可，牛奶。"（第31页）作者指出，仅仅这一简单菜单中的原料的产地和加工处，就涉及欧、亚、非三洲。

导生的压力，它们既然是达到某项目的的手段，我们不妨称它们为"文化的手段压力"。同时，我们应当指明，它们对于人的生活，和他的军需处或营养需要的满足，如食料及消化等，一样的是不能缺少的。因为人类已经娇养惯了，若一旦失掉他的经济组织及他的工具，他可以立刻饿死，正和失掉他的食料一般。[①]

马氏在这里不仅论及了由于吃而产生的**经济活动**，而且指出了由此产生道德-文化的内涵。后者且成为"导生的压力"，也就是文化的手段的压力。这就是饮食文化，而且不只是饮食文化。这也就是人用**文化的方式**来满足求生的需要、取得生的养料，同时，也就是人对食的文化选择。这食的文化和文化选择的食，同食物和食行为一样，成为人的生活必不可少之部分，它成为人的生之压力，没有它或不按它之要求行事，人就宁可饿死。

这就是由食产生的食文化和由食而产生的产食经济文化以及连锁地引起的人的一切文化，由食引起的弥漫于人的生活中的文化之雾。

（二）生殖崇拜文化

关于性和由性而产生的文化，也许我们可以讲更多的内容。性是人的第一大需要，它同食是同等重要的。中国古语说"食色性也"，是把它们并列的；现在有的论者更认为，人之食是为了性、为了生殖；但人之食是为了**生存**，而生存之中就包含了生殖。

人为了繁衍，为了种族的绵延，必须生殖，生殖是性活动的结果。原始人并不懂得性同生殖之间的必然联系。但是，他们从生理的需要出发（为生理压力所驱使）而必然去从事此项活动。在活动中，就生发出许多人性的规则，也是**人性的选择**，这就是性文化。人按照**文化的方式**来满足性要求，亦即进行文化性的性选择和性行为方式的选择。由性而有生殖，于是而又生发出**生殖文化**。这是多方面的，不断衍生出许多亚文化。由性而有婚配，而有子女，由此产生育婴文化、父母子女之间的人伦文化，又产生亲属方面的文化关系；更进而有家庭—社会方面的种种文化。如此等等，不一而足。"在我们分析生殖体系时，我们见到人

---

① 马林诺夫斯基：《文化论》，费孝通等译，中国民间文艺出版社，1987，第25页。

类生理冲动的活动方式是**出之于社会及文化**性质的传统规律。"①马林诺夫斯基还说：

> 以交配论，包括着求偶、做爱、选择、结合等，在任何人类社会中都有一套通行的文化风俗规定着的。他们有种种规则，禁止或赞成——即使不强制——某某间的婚姻；此外还有各种真正的文化要素改变了自然的冲动，及产生了关于什么是动人可爱的标准，这些标准在各社会各文化中都不相同。……
>
> 婚姻在任何人类文化中，并不是单纯的两性结合或男女同居。它总是一种法律上的契约，规定着男女共同居住，经济担负，财产合作，夫妇间及双方亲属间的互助；婚姻亦总是一公开的仪式，它是一件关涉着当事男女之外一群人的社会事件。婚姻的解除及婚姻的结束亦都是受着一定传统规则所支配的。②

由性而产生的爱情、婚姻、家庭、法律、道德等方面的文化，是人类早期文化的基干，在它上面，滋生了更为众多的文化。原始的祭祀礼仪、成人仪礼、禁忌，原始雕刻、岩画、文字等，涉及巫术、宗教、神话、艺术（包括各个门类），都**植根于性**。我国现在许多文字、绘画、雕塑的渊源，都可以寻找、追溯到性的渊源。比如对鱼、蛙的崇拜，绘画上的蛙、莲花，文字上的祖、蒂分别为男根、女阴等，都是性所派生的。世界各地、各民族均有各自源于性的文化繁生。

"初民社会并不让个人自由满足他的性欲；所以世界上没有真正的杂交这么一回事。"对于满足性这一生理要求，这就是约束、禁忌，也就是文化。当然，这也同时就是文化的选择。约束和禁忌，这是消极的选择。它的另一方面，则是积极的选择，即通过巫术、仪式、神话、宗教、艺术等所提倡、所诱引、所启发、所教导的性与性活动。这是在文化限制所允许的范围内积极的文化选择。

这样，我们看到由性冲动出发，向约束、禁忌和诱导、指引这样消极的和积极的两个方面，萌发生长出性文化和其他文化。

黑格尔在他的《美学》一书中，论及生殖崇拜的普遍性和意义、作

---

① 马林诺夫斯基：《文化论》，费孝通等译，中国民间文艺出版社，1987，第28页。

② 同上书，第26-27页。

用。他说：

> 在讨论象征艺术时我们早已提到，东方所强调和崇敬的往往是自然界的普遍的生命力，不是思想意识的精神性和威力而是**生殖方面的创造力**。……表现为巨大的生殖女神的像，后来连希腊人也接受了这种概念。更具体地说，对自然界普遍的生殖力的看法是用雌雄生殖器的形状来表现和崇拜的。[1]

由懂得性的意义而至崇拜生殖，由生殖崇拜而至崇拜雌雄生殖器，而至崇拜女神，由此生发开去，产生了人类有关生殖的、爱情的、婚姻的、艺术的、宗教的、巫术的、神话的等文化。人的情感、思想、意识、心理，也由此发展起来。

崇拜观念的产生，本身就是文化，就是人的独立意识的产生。他已不仅能独立于动物之上，而且独立于世界、自然、对象之外，进行"我性"思维，思考自己的"来源"了（我从何处来）；由此也就产生了"我是谁"这一问题以及各种回答和溯源。于是，在此基础上便产生了生殖崇拜和图腾崇拜，亦即崇拜"我之源"、生命之根。前者，是对于自身的追求和回答："我自何来?"于是而有"女阴""男根"之崇拜；后者，则是对于身外的追求，并且是"集体的思考"——"我们从何而来?"于是而有图腾的设想与设计，而有图腾崇拜。

崇拜，这就是一种文化选择、一种选择文化：对于自身来源的追根溯源，即对于"**如何生存和生殖**"的追求：怎样的选择才是合适的，能获得最佳效应的？——这在原始人就是**多生子**（"连生贵子"）。这就是他们的文化选择。而且，也就成为最根本的文化选择，更成为一切文化选择的根本。

人类对于自身的繁衍的重视，既有动物性的本能（动物也知道爱仔护犊），又有人的明确的延续后代的意识。因此，生殖崇拜先于、重于性欲的追求与满足，其观念也比后者更为明确。生殖观念是明确的、确定的、重大的；而性欲起先总是本能的、自然的。人的生殖崇拜就是人的自我崇拜、生命崇拜，也就是自我选择和生命选择。生殖崇拜给人的心理、情感的影响非常大。这些心灵的内涵和内在的选择，投射到外

---

[1] 黑格尔：《美学》，朱光潜译，商务印书馆，1979，第40页。

界，就构成人的天宇观、自然观、人生观的根本。

人类的精神之花——艺术，也源于生殖崇拜，它是艺术的一个极为重要的源头。我们由印度的莲花图和"六字箴言"（梵文音译："唵嘛呢叭咪吽"，意为："唵！红莲花上的珠宝，吽！"可正式译为"神！红莲之珠，吉！"）[①]的象征兼写实的艺术形象，在中国可从半坡遗址中的鱼纹、蛙纹中，明晰地看到生殖崇拜→艺术创造→审美心理发展的顺畅的路径。

象征，我们在前面已经说到，它是文化选择之花的一种。它的源头之一，也正是生殖崇拜。原始人用自然物、制造物广泛地象征生殖、男根、女阴和性交、生子等性-生殖行为与崇拜。象征女阴→象征女性→象征男女配偶→象征爱情→象征吉祥，这样一个象征系列的演化和整合，表明了从生殖崇拜到象征系列的演化。这个演化系列的终了就是：美好的生活。

因此，生殖崇拜的最终目的就是最佳生活的选择，亦即最佳文化选择。这样，食与性，就成为文化选择的动力和内涵架构的两块基石。

十字路口的选择：产食经济文化+生殖崇拜文化

据上所说，我们可以画一个图，以示文化选择（如图4-1）。

产食经济文化同生殖崇拜文化的交叉，就产生了最"正宗"的、最佳的文化选择。这是一个历史-社会-现实的基础坐标，是文化选择的基础坐标，也是文化选择架构的基础。

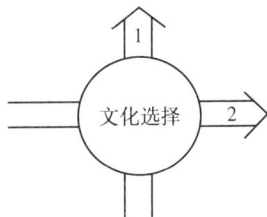

1—生殖崇拜文化；2—产食经济文化

图4-1

基辛在《当代文化人类学概要》一书中的《文化的成长》一章中以"产食经济的演化"为题，以专节论述了社会变迁如何随着产食经济的演化而发展。他指出，人类栽种植物和驯养动物等产食活动，"深刻地导致了社会变迁，大幅度地增加人口，并革新了大洋洲之外每个大陆上的生活方式"。他还指出：

---

① 赵国华：《生殖崇拜文化论》，中国社会科学出版社，1990，第155页："佛教传来的图解并表现六字真言的艺术形象，下为一朵灼灼怒放的'红莲花'，内含一个丰硕多籽的'莲蓬'，上有一颗光焰闪烁的'宝珠'。这颗'宝珠'内又有一朵'红莲花'，'红莲花'内又有一个'莲蓬'，'莲蓬'上又有一颗'宝珠'，生生不已。"

饥、渴、性等生物性驱力，都永无止境地受到文化习尚的再塑和重振。

这里，正确地指出了食和性互相推动与促进的关系：产食活动，大幅度地增加了人口，即人的增殖，这正是生殖崇拜的内涵与目的；而人口的增殖，即带来社会的变迁和人的生活方式的演变。饥与性，作为生物性驱力，都受到产食文化与生殖崇拜文化的再塑造和重整，亦即抑制、约束，使之人化、文化化，从而这种生物性的自然、本能选择成为一种文化选择。

食与色的交叉，产食经济文化与生殖崇拜文化的交叉，就成为人的文化选择的基础坐标。

以上所述，涉及人类食色二性，这是人性之根本，当辅之以文化、约之以文化、启之以文化时，它们就成为人性的基础，食成为**产食**，性成为**色**——生殖崇拜，一者成为**生产**、成为经济；一者有了"色彩"、光辉，情感的、心理的、幻想的、心灵的、艺术的、审美的。一切有用的、有益的、美好的都从此二者生出。

这是在人类的**需要圈层**产生出文化选择的基因的根源与机制、作用与意义。

二、人生"三大限"
——文化选择的三大支柱（极限圈层）

文化选择，在食色两大基石上，矗立着三根支柱，这就是：（1）性别差异；（2）婴儿依赖；（3）生命周期。我们称它们为人生"三大限"。大限，就是最大的、最终的和无论如何也越不过去的限制、门限、极限，人类在它们面前必须俯首帖耳、听命屈从，按其意志行事。这是逃不脱、躲不过的。但是，限制有时候会变为**成全**，叫作相反相成。人类面对这三大限，首先是要照它的限制来办，这就会创造一些适应的办法、规则，于是而产生一种文化；其次，他们也会想方设法来摆脱它的限定、控制，"部分地改变自己的命运"，这又会产生一种新的文化；最后，人类在三大限面前，还"突发奇想"，灵感爆发，弄出一些异想天开的事情，从而创造出许多新奇的文化。这三个方面，都是人类的一种文化选择。为了不服从"命运"、自然律令，他们就选择了**文化地**来解决或松脱的办法；或者，有选择地去达到自己的目的；或者选择其他，来帮助解决自己的困难与苦恼。于是，便产生出一系列文化和一系列文化选择的内涵、领域、方式与手段，也产生出一大批文化选择之花，物质的和精神的花。

（一）性别差异

马克思在《1844年经济学哲学手稿》中说：

> 人和人之间的直接的、自然的、必然的关系是男女之间的关系。……从这种关系的性质就可以看出，人在何种程度上成为并把自己理解为类存在物、人。

人在男女之间这种直接的、自然的和必然的关系面前，如果能够分出异同来，并在这种异同认识的基础上定出不同的条规、生活原则、交往规范，那么，他就是把自己看作一种类存在物了，即能够将自己分成类别了。这时，人也就真的成为人了，知道人是什么了。在类分男女雌雄之后，在产生了这种意识之后，他就会订出不同要求、不同的生活规范，在总体上是不同的文化选择了。

基辛说："男性和女性的差异给每个社会都提供了一个文化分类的重要标准。"[①]一个社会如何来对待男女的差别，就反映了他们的文化和文化选择，有的重男轻女，有的则相反；有的男女之间做这种性质的分工，有的则做另一种分工；等等。这都是不同的文化和不同的选择，由此产生不同的文化选择和不同的选择文化。基辛申述说："显然地，没有哪个社会能只有男性或只有女性而仍一代代生存下去。有限量的精液，只要越过两性之间的分离状态就能生育。……但人类对男性和女性的地位以及男女之间的特定关系却有各种不同的规定。"基础都是一样的；但对待的原则和方法却不一样，这就是不同的选择，从而带来了不同的文化。这种情况在原始部族中表现得花样众多，由此而形成不同的文化选择和不同的生活方式。

---

① R. M. 基辛：《文化·社会·个人》，甘华鸣、陈芳、甘黎明译，辽宁人民出版社，1988，第187页。

同这种性别差异和分工相联系的和派生的文化关系是：男性和女性在社会上、家庭中的权利和地位，以及"文化如何确定男女各自的地位和价值等问题"。母系氏族社会和男系氏族社会是性别差异带来的这种地位和价值的差异最大而最明显的表现。在原始部族中，有的女性居于更重要的地位，有的则相反，而如此规定却并不同生产的发展、环境的差别有关，这只有用不同的文化才能解释。

由于男女在生理上的差别，带来了他们在生产和生育中的不同的作用和地位，对于这一点，必须在考虑到环境压力与适应的条件，合理地加以安排和组织，以便有效地从事生产、安排生活、生养小孩。这就形成了一种文化选择。

有一种文化人类学家的意见认为，男性总是同生产相联系，而女性总是同生育相联系，因此造成了"内外"的二元分化。"女性的根寄托于家庭之内，女性的角色环绕着厨房与家务。公共的领域主要是男性的天地，虽然偶尔也有一些女性走上公共的舞台。"这种社会生活上的基本分工和不同的地位、作用，导致了文化分类上的二元发展。虽然这不是各自分裂而是统一于一体的，但究竟有许多不同的性质和表现，这给文化选择也带来了相对的区别和分化，成为人类文化选择分类的基本划分和基本构成。

男女两性在生理上的差别，带来了他们在生产-生活上的差别，这就使自然的差别具有了社会性和文化性。在原始社会，男人总是去狩猎取得动物食品；而女人则只能在"家园"周围采摘果实，而后是种植植物，女人提供的是植物食品。这两种生产是符合他们各自的身体条件的。这样，一是造成了他们的不同的分工；二是造成了他们的互助；三是造成了他们的能量交换——如有的学者所说，他们彼此以动物蛋白和植物蛋白相交换。这就铸成了男女之间的经济关系、社会关系和生理关系。"大概就是在这种原始的交换中体现了人与灵长类动物的区别，它既是两性互补的源泉，又是完全属于人类的一种社会现象的起因。"[1]"性生活把他们联系在一起，经济的依存更加强了这种联系。"在此基础上，人类在生产-生活基础上的一切文明，得以逐步建立起来。人类的

---

[1] 伊·巴丹特尔：《男女论》，陈伏保、王论跃、阳尚洪译，湖南文艺出版社，1988，第11页。

文化选择，也以这个食与性为根本内涵的男女分工互补的性别差异为第一根支柱，建立起来。

（二）婴儿依赖

所谓婴儿依赖，主要的内涵是每个人必然和必须要有一个婴儿依赖时期，不仅在哺乳期婴儿必须依赖母亲，而且在此后的一段时期内也要在母亲的护卫和抚育下生长。母亲的怀抱，是每一个婴儿赖以生长的生物摇篮。这一特点，带来了一系列文化现象和文化选择的决定性影响。首先是母亲的抚育，产生了母子的依赖关系和最原始的亲子之情。在原始社会到母系社会的漫长历史时期内，"只知其母不知其父"，这种婴儿的母亲依赖是非常重要的、无可替代的；即使后来父母共育子女，父亲也不能完全代替母亲和占有母亲的地位与作用，尤其在婴儿时期。其次，哺乳方式以至便溺教导，都是母亲最早的对于婴儿的文化传授，通过日常的教导和暗示，婴儿懂得了什么是允许的（可以选择的），什么是不允许的（不可选择的），并由此及彼，了解在这一人生时期应该和可以了解的文化规范和选择规范。最后，在这一时期，母亲还通过各种渠道进行各种文化传授，使婴儿成为人，成为文化的人（狼孩、猪孩就因缺乏这种婴儿期教养而不能成为真正的人）。

"婴儿期的依赖、母子纽带，以及成熟过程中适应时尚的需要，这些都是必须由文化提供的。非常幼小的小孩，尚未接受大小便训练，还未断奶，也不能理解成人的文化习惯，必须加以喂奶、养育、教导，然后才能进入成人的世界。"这就是说，婴儿依赖期的婴儿的一切活动的原则、规范，都是由文化来提供的。只是凭着这种文化训练，他才从无知的婴儿走进成人的世界。

关于婴儿依赖期的文化选择的影响和决定作用，表现在三个方面：（1）婴儿依赖期的一切生活、活动，生发、产生出一系列文化和文化选择的原则、规范，并进入整个文化系列和文化模式的基础系列。（2）婴儿期母亲的抚育活动，传授种种关于食、排泄、婴儿活动以至性的一些规范，成为基础文化部分。（3）在此时期，"顺便""捎带""伴行"地学习了许多文化规范和生活原则。

这三方面的教养，便为婴儿进入成人期、成为文化人做好了准备。

（三）生命周期

人会死，这是人的不幸，但其又是一种幸运。设想人不死，世界会成什么样子。**生命极限**，这是人的最大的"大限"。从生到死，人只能在这个极限中生活、活动，决定一切、思考一切。这不能不决定人类文化和文化选择的总体框架。在这一框架中，首先是人的生命周期，决定了他的分期、分类的文化选择：儿童期—成人期—老年期，这是生命周期的几个重大时期，每个时期都有不同的文化需要——生命需要的文化限制和文化内涵，也有不同的文化要求。其次，生命的终结——死亡，对人不仅是一个威胁，而且引起深深的惶恐和深深的思索，并由此产生许多文化幻想：死和死后的一切。死是什么，人为什么会死，死了又到哪儿去了？人是有灵魂的。活的人应该如何对待灵魂，又包括如何对待祖先。

由此，生出整整一套文化系列，成为人类文化选择总体框架中的主体部分。

童年，是一个学习期。"童年期的学习使一个人得到**对世界的概念**，知道一个人在这个世界中对于这个世界**该做些什么**。然后更进一步地强调——通过知觉、范例、民间故事、游戏、神话等等——自己民族的**道德意义和违背的代价**。"[1]首先是学习对这个世界的认识（"世界是什么样的"），接着是在这种认知和世界图式的基础上，明白对这个世界应该做些什么（"对世界做些什么"——选择），然后是不应该做什么（对世界的反选择）。这是文化的基础知识传授。

童年期结束，就进入成人期了。这是非常受重视的。原始部族都要在这个时期举行成人仪式，通过种种考验，接受新的成员。而且，在此之前，适龄少年男女都要进行训练，有的时间长达几年之久，才允许去参加成人仪式。在这几年之中，少年男女分别居住，离开家人，要学习许多东西，总括起来，就是学习文化习俗，也就是文化选择的内容、标准、原则等。

"童年期以后，可能在成年仪式中开始戏剧性地教导该民族的道德

---

① R. M. 基辛：《文化·社会·个人》，甘华鸣、陈芳、甘黎明译，辽宁人民出版社，1988，第375页。

秩序。我们已知道新成员在象征性地再生之前，常常隐居起来。在隐居期间，普遍是在集中学习有关该民族的道德。"这种习俗在原始部族中相当流行，是他们的人生大事和社会大事，既是个人进入社会的一生重大转折点，又是社会接纳新成员的重大事件。这对于个体和公众都是生活中的大事件。这就自然成为个人的和社会的文化选择的重大基础，由此还生出其他文化现象。

现代人在表面上已经没有了这种成人仪式和进入仪式前的预备训练。但是，这不过是形式的变化、内容的发展。那些预备训练中的野蛮做法和"集训"形式没有了；但是，却以幼儿园、小学、中学等形式代替了，内容、教育方式都发展了、变化了，但其文化选择的实质意义仍然存在。现代人也是在这一时期用另一种方式"非集中地集中"培训，传授文化，既让个体选择文化，又让文化选择个体，完成的正是文化选择的两个方面。

死亡，是人类生命的极限。原始人在未彻底认清、不明其因时，对死亡充满恐惧，充满了无可奈何的感情和感想，并因此发生了许多文化现象。丧葬礼仪、丧葬方式在远古时期就产生了。在我国半坡遗址中就有丧葬地下发掘，反映了6000多年前我们的祖先是如何看待死亡、如何对待死人的。只是我们现在无从破译它们的真实意义和这意义背后人们的文化意识。但这是一种文化选择，对死人和活人都是如此，而且死活是连在一起的，这是可以肯定的。

人都乐生厌死。选择生，摒弃、排斥死。什么行为和行为方式有利于生，就是文化选择的圭臬；什么是相反的，不利于生而会导致死亡，就是文化选择的负面，就排斥、逃避和禳解。这成为文化生长的一个活跃的热点和重点。人人都在这个领域做出抉择：乐生拒死。为了生，生出许多求生、保生、促生、长生的方式和法术；拒绝死，搞出许多驱赶死、化解死、脱离死的行为和法术，两者经常是融会为一体的。这也成为文化选择——生活准则的重点。而且，由于人们无论如何也逃不开死亡，谁都会有这一天，于是，无可奈何中，便又想出许多推迟死的到来和减轻死的痛苦，抚慰死者临"走"之前的心灵和既"走"之后的灵魂，以及在这个时期活人的心灵的抚慰等文化调节与文化适应，使人们在这种文化选择中，"安稳地"接受死亡的到来和处理死亡发生之后的一切。这些，在原始部族中，有许多繁杂然而隆重的仪式，在我们看来有些是相当野蛮的，如吃掉死人的遗体、夫死妻必亡等。但其文化含义却是很有意义的、很丰富的。人类在这方面也充分发挥了想象力和创造性，而这也正是一种求生的生物本能和需要的文化化。不过，从这里却产生了巫术、宗教、科学、艺术等许多文化之花和文化选择的美丽结晶。

人是很有创造性的。虽然，生命周期如此死死地、不可变更地影响人生、决定人生；但是，人在调节和适应过程中，注入文化因子，发挥创造想象，却以**文化方式**美妙地处理了这一问题，也就是巧妙地安排了自己的生活，进行了适应性和创造性并举的文化选择。这样，由于地区的不同、环境的不同，客观压力和文化压力的不同，各部族、人种各自有特色地处理"生命周期"这一命中注定的问题，便生出了各具特征、花样繁多的文化形态，虽然面对的问题是同样的。所以，基辛说：

> 人类的生命周期像性别差异一样，允许相当灵活的文化定义，即被划分的类别之间的差异、类别之间差异的程度、各类别的角色差异等都是相当任意的。①

又说：

> 生命周期的这些普遍性对文化可能构成相当明显的限制。无疑地，在人类可能性的外在限制，即人类能成功地生活于其中的各种组织的、生态上能生存的、生理上行得通的生活方式，与人类实际演化出来的文化之间存在着相当大的差异。②

明显的限制就是性别差异、婴儿依赖和生命周期这三大限，逃脱不了它们的制裁，必须听命，这是一方面；另一方面，人们却有办法来对付——适应这"三大限"，用文化的手段来既适应又调节这些限制。于是，在如何用文化手段和用何种文化手段来应付方面，就因人种而异了。这里的差别是相当灵活的（"允许相当灵活的文化定义"），人类在外在限制中，却可以在保证生存、生理上行得通的前提下，采取种种文化选择来保证生活。这种种不同文化选择造成的生活方式，将演化出差

---

① ②　R. M. 基辛：《文化·社会·个人》，甘华鸣、陈芳、甘黎明译，辽宁人民出版社，1988，第189页。

异相当大的文化文本——这也表明了"三大限"是文化选择和文化模式的重要支柱，表明它有**创生文化的基础功能**。

这里还要特别指出，"三大限"都与性有关。"三大限文化"——性文化，是相关联的。这种交叉融合产生新的文化创生力量，对文化选择也产生不同的功能与效应。婴儿依赖可说基本上与性关涉不大，但如果按弗洛伊德的泛性论，那么"婴儿性欲"与其满足问题，也在性文化范围之内。另外，男婴、女婴的抚育方式也有所不同，这同性差异有关。不过，等孩子稍大之后，进入童年，就产生了差异。有的部族用手淫方式来使儿童安静，而有的部族则严禁儿童手淫。有的原始部族允许孩子八九岁时就进行性游戏和性交，而有的则严加禁止。在男女两性生活不十分尖锐分化的社会里，儿童期的性骚乱却比较少，而是一个相当轻松的时期。然而，"青年期很可能是儿童依赖期和成人责任期之间的一个转变阶段。在两性关系不分的地方，青年期常常是性探险期"。

以后是成人期，这是性生活的主要时期。性活动、性生活、性交往，成为生活中不可忽视的大事，它参与人生的许多活动，影响人的命运，影响人的基本的文化选择。

年老力衰，又进入一个新的人生阶段。他不得不退出生活舞台的许多角落。但他的地位有各种不同的情形。这些也标示了种种不同的文化。①

人的生命周期，就这样以"三大限"和"三支柱"的功能与作用、影响，决定了人的文化选择模板，进入其基本结构部分。

三、天、地、人、神
——文化选择的四重结构（精神圈层）

人类在实施文化选择的过程中，构筑了一个融天、地、人、神为一

---

① "然而在许多社会中，老年人继续扮演着重要的政治角色。""以亲属关系取向的社会中，老年人的角色显然不会导致不安全感和与家庭的疏远感。而我们自己的社会由于亲属关系淡薄、经济压力、核心家庭的隔离和流动，以及医药发达引起的老年人口爆炸，就形成了完全不同的状况。这里另一个微妙的因素是我们变化了的世界观一时间现在可以延伸到将来，进步和方向的变化使我们无情地脱离过去。"（R. M. 基辛：《文化·社会·个人》，甘华鸣、陈芳、甘黎明译，辽宁人民出版社，1988，第192-193页）

完整体系的四重结构。这个结构以人为核心，以人用文化方式来满足生理、本能要求和以这种要求为本根派生出来的社会的、文化的、人性的一切需求为基础，天与地与神，是人的文化选择的对象、依靠，但人又把它们加以"人化""人间化""社会化"，将天与地与神纳入人间，而形式上，却是把人置于天地神统制之下，人依靠它们来获生之源、生之资、生之保证。人类生长于天地之间，不能不寻求与天地——大自然——共存共荣的生活方式和生活选择，寻找一种实现这个目的的智慧和设计。这便产生了文化选择的基本模式。在这个模式中，出现了一个"空白"、一团迷雾，它由人之性别差异和生命周期以及生命极限所造成，还有许多生活中意外的、莫名其妙的、不知其真谛的、不能解释的事物和事件，包括生老病死和其他一切灾祸，当然也包含一切幸福、幸运、欢乐之事。在这个事实的基础上，人发挥其想象力、创造力，而制造了神和神的世界。神性和神的世界，是人性和人世间的翻版，人按照自己的形象和人间社会的模板制造了神和神的世界，不过，加上了想象，加上了幻想，加上了创造。这样天、地、人、神便"四位一体"地构筑成一个人的文化精神世界。事实上，这种四重结构是人类把自己对于世界的知识组织起来的架构。

天在人间和人之上，它是大自然的体现，高高在上，君临一切，雷电霜雪、风雨狂暴，足以致人死命、摧毁一切，但又是人得以生活的一切保证。人在地上建立了自己的家园，地上有山川河流，有动物植物，形成一个地上的世界。这世界既富有又复杂，人们了解它又不能完全了解它，依靠它又害怕它。天地相合、相应，构成一个人类生存于其间的神秘世界。原始人以自己的知识与智能构筑了对这个世界的认识。"许多'原始'民族的宇宙论的精密性和复杂性已推翻了早期学者的看法。""澳大利亚土著在物质上虽然很简单，但他们具有精致得难以置信的、在哲学上具有挑战性的神秘宇宙论，这个宇宙论**安排了存在物精神的一面**。以前这一面要比感官经验的世界重要（在'做梦时'），现在则平行于经验世界或屈居其后。"[1]人类安排了这个存在物的精神一面，并把神纳入其中，又把自己的经验世界和心灵世

---

① R. M. 基辛：《文化·社会·个人》，甘华鸣、陈芳、甘黎明译，辽宁人民出版社，1988，第400页。

界融会进去，构筑一个更广大而实际、虚无缥缈而又无比实际的精神-实体世界。

人类不仅注意到自然在天、地、神等方面表现出来的威力，而且深感到一种神秘的超自然的力量。这种超自然的力量，有的来自偶然性，有的来自诸种自然的凑合和冲突，有的则来自尚未认清其来源的自然力量。人类恐惧这种超自然力，又崇拜这种超自然力，有时利用它来控制和监督人的行为。"超自然也经常（虽然并不总是）严密地监视着活人的道德行为。而且人们也常常把习惯规则和程序看成是天神的旨意，使它们更具有约束力，并带有终极、绝对和神圣的性质。破坏社会生活的法则往往就是破坏支配宇宙的法则。"①人借助天、神的力量和神圣性来约束自己，又把天上的秩序和地上的秩序视为**同质同构**，其约束力天地人间共遵共守。这成为一个统一的结构。列维-斯特劳斯说："一位土著思想家表达过这样一种透彻的见解：'一切神圣事物都应有其位置。'人们甚至可以这样说，使得它们成为神圣的东西就是**各有其位**，因为如果废除其位，哪怕只是在思想中，宇宙的整个秩序就会被摧毁。因此神圣事物由于占据着**分配给它们的位置**而有助于维持宇宙的秩序。"②神圣的东西都有分配给它的应有的位置，这是一种人类安排的秩序，它既是天然的秩序在人头脑中的反映，又加上了人的幻想、想象和幼稚的认识。后者，反映了人的一种文化选择。而秩序形成之后，它也就成为选择的秩序。

罗伯特·路威用很有趣的事例和笔调叙述了这种似很固定又很灵活的天上-人间秩序：

> 在平原印第安人看来，崇拜祖先不是求福之道，当然，鬼是会作祟的，但是那举足轻重的神力是另有寄托的。太阳是个大神，该向它祈祷，间或也可以祭祀它一次。但是最重要的是那些幻遇时显灵的无数神道。倘若你要到敌营去偷马，倘若你生病求愈，倘若你想当首长，正当办法是找个僻静地方，独自跑去，禁食，祈祷，并（为表示你的诚意起见）把手指砍去一节。或许会有超自然

---

① R. M. 基辛：《文化·社会·个人》，甘华鸣、陈芳、甘黎明译，辽宁人民出版社，1988，第378页。

② 列维-斯特劳斯：《野性的思维》，李幼蒸译，商务印书馆，1987，第14页。

的神物会怜悯你，把你收为义子，应允你的要求。……禁食，祈祷，斫去自己的肉和骨头，也许有个神仙会来保佑你。①无论是鬼魂，是守护神，是占卜骰子，是秘密咒语，是神圣的数目或物件，莫不有一种力量寄寓其中，可以为祸为福，左右人的命运。各有各的活动范围，往往各不相谋。间或有一位蛮族哲学家把它们组合成一个系统，但是他至多能窥见统一性的一斑，……人生真是一个大谜，决不是光凭敬事鬼魂这张方子就可以解决的。有"恶眼"，有行使模拟法术的巫觋，有辟邪的咒语和符箓。初民的宗教决不是简单的东西。②

以上来自实际的事例，告诉了我们数点可注意之处：（1）人类创造的反映客观世界的秩序，是一个大一统的，包括天、地、人、神（含鬼）在内的"大世界""大系统"。（2）这个系统是确定的、稳固的系统，但是又有许多空白点、未定点、偶然性、随机性；有确定的鬼神，各在其位、各司其职，然而又有许多随遇而生的神（即前述"瞬间神"），还有随人而定的神，甚至**数目**这个抽象的东西也可以具有神性带来祸福不同的结果（现代人还有此种迷信。外国人以"13"为不吉利数字，楼层都是12—14而无13；中国人现在仍愿以高价购买带数字"8"的电话号码，如42888，可以以高价招标售出，如88888，则其价格可高得惊人）。（3）在这个大秩序大系统中，囊括了天、地、人、神四大系统，但以人的系统——人的利益为核心；所谓人的利益，就是人的最佳生活。（4）体现于行为过程和行为归宿的，就是人的文化选择的最佳方案、最佳取向。禁止、祈祷、求神、敬鬼（也有驱鬼）以致毁体（砍指头、断头发、洒血）等行为，都是一种行为化的选择。这种行为表现了一种选择的意图，同时又是一种选择的实施。

从以上叙述的事实中我们还可以看到，在这个秩序的大系统中，活跃着"四种'人'"：人、鬼、神、巫。其实，人之外都是人的化身，都是为人的最佳文化选择服务的。鬼是人死后"变"成的，是人的另一

---

① 罗伯特·路威：《文明与野蛮》，吕叔湘译，生活·读书·新知三联书店，1984，第217页。

② 同上书，第221页。

面；神是天上的圣物，是人赋予其神圣的地位和无限的力量；而巫则是神与鬼的代理人，是人与鬼神的中间人，又是代言人。其力量也是人所赋予的。实质上，我们可以说，是人以自己为中心，为模板，塑造了神和鬼，又"装扮"了巫（介于人与鬼神之间的亦人亦鬼、非人非鬼），共同活动于天地之间、社会之中，共同为人的最佳文化选择、最佳的生活追求服务。

怀特在《文化科学——人和文明的研究》中说过：

> 原始人根据他们自己的心灵来解释众事物和事件，然而他们并没有自觉意识到他们据以解释的出发点。他们执意坚持，作为大脑特性的观念意识不是属于他们自己的，而是精灵、神灵或上帝所赋予的。无论如何，它们仅是人类自我投入外部世界的阴影。这样，整个宇宙，即经验的全部范围被解释为心、精神、欲望、意志和目的的表现。这便是万物有灵论和超自然主义哲学，但归根结蒂是拟人化哲学。[1]

精灵和上帝，其中包括自然物之神灵化或神灵化为自然物，其实都是人的心灵的外射，是人的自身在外界的投影；人的经验世界、物质的和实践的世界，成了心灵、欲望和目的的表现。这一"里"一"外"，这种事实的颠倒和颠倒的事实倒正说明，这一切是人的文化选择的表现，人是有目的、有计划、有意识、带着情感、追逐着目的，才这么做的。而这么做，就产生了五彩缤纷、充满幻想、理想飞扬、灵感升沉的"天—地—人—神"四重构造的文化图景和文化选择的图景。

这是人的创造。

四、太极架构
——文化选择的两极构造（结构圈层）

人类文化选择的基本架构是两极构造，是一个太极架构：阴与阳浑然一体，矛盾统一（如图4-2）。

---

[1]　怀特：《文化科学：人和文明的研究》，曹锦清等译，浙江人民出版社，1988，第278页。

在这一阴阳两极的架构上，建筑起文化选择的"八宝楼台"。如果说本章前面所说，均属解析文化选择的内容和形态的内涵、实质，那么，这里是从"纯"形式角度来剖析它的结构原则和基本形态：它是如何构成自己的。这种形式的解析，反过来又有利于对内容的性质和相互间关系的认识。

这种两极架构，其最基本的形态——基础和核心，是适应与创造 / 图腾与塔怖。我们便先从它们说起。

图4-2

适应与创造。

前面已经论述过，人类的文化选择，动机和目的、内驱力和外迫力，都是为了适应——适应环境的条件，适应人的身体、生理和心理对环境的适应；适应的最终目的是人的最佳生活选择。但是从动机来说的适应，从效果来说，可能是"适应不良"，也有从效果来说虽然是适应的，但也有"适应不良"的因素。适应不仅发生于环境与人的关系之间，还发生于社会系统之中。按照马克思主义的分析，经济基础、意识形态、社会结构形成一个非常复杂、作用和效应都非常多元的系统，它们与人的生活之间也形成一个适应关系。

但是，适应也还来自人的心灵，满足人的心灵的需要。这便产生文化的需要与文化的适应。

以上两方面都可以产生人的文化创造，这种创造的根本目的是适应，是在适应过程中产生和发展的，但有的却产生"迷误"，纵然"适应不良"，却仍然因为适应心灵需要，或者因为误解、误读和认知能力的限制而保存和传承。"文化创造和生态调节之间的关系，最好不要单纯地看作可能性的限制，而是要看作双向的相互作用的模式。"正如我们在前面讨论"象征"时所引证过的："一方面人类是实用主义者，选择适应途径；另一方面人类是象征的操纵者，制造复杂、丰富多变的代码。"①人类从实用的目的出发，创造了适应的文化机制和结果；人类同时又是理想主义者，从心灵出发，创造了不是向着环境而是向着心灵的适应的文化机制和效果。但这种文化创造，往往从主观上是为了适应的

① R. M. 基辛：《文化·社会·个人》，甘华鸣、陈芳、甘黎明译，辽宁人民出版社，1988，第174页。

目的。因此，它具有**潜在的适应性**。

马文·哈里斯（Marvin Harris）说："社会文化系统的演化主要是人类生活对物质条件的适应。"这就把社会–文化同适应联系起来了，文化创造同生态适应是相联系的，是一个双相结构体，是一个物体的两个飞轮。斯图尔特（Julie H.Steward）说，"文化有个**核心中枢**对生态适应特别敏锐"，它们之中有劳动力的分工，地域群体的大小、稳定性及其空间分布，以及居住规则等。这些，都属"社会"和"社会事务"。斯图尔特举例以发挥、论证说："对生态压力作出的调整，会直接影响社会结构的核心元素；因此，气候的季节性、水源的便利性、土地的肥沃程度等因素，可以决定聚落的大小、聚落的持久性、聚落分布的情形，以及聚落人口如何组织其生产活动，等等。这些对社会结构的影响**经由文化加以分化**，促使那些跟生态并无直接关系的领域，如宇宙论的观念、政治继承的模式、艺术等等，也发生变迁。"这里，涉及环境—社会结构—人的选择行为—观念形态四个系统，它们的作用经历和路径呈如此因果联系：地理环境→适应意图和选择行为→对生态压力的适应效应→社会结构核心元素的改变→文化对这种压力、适应和效应的分化→社会结构的调整变化→观念形态种种方面的变化→总体上文化的变化和文化选择的变化。

这样，生态适应和文化创造——适应和创造，就统一起来、联系起来了，它便成为文化选择与选择文化的两极结构的对应统一的两极。

图腾（Totem）与塔怖（Taboo）。

人类为了进行选择，或者人类在选择过程中，形成了一种"一物两面"的价值取向：一方面是崇拜的、喜爱的、意欲得到的、亲近的、追求的，这就是图腾崇拜；另一方面则是禁止的、不喜欢的、不想得到（害怕得到）的、厌弃的、远离的，这是塔怖。

（一）图腾

每一个原始部族，都确定一种动物或植物作为自己的图腾，它是崇高的、神圣的、神秘的、无处不在的、无所不能。图腾是不准伤害、不准吃的，是能够帮助本图腾部族吃好、用好、穿好、过好生活的，是能暗中帮助自己的。它是祖先，是力量的化身，是幸福的保证。图腾崇拜表示了人对自然、对社会、对生活的选择意图和目标，它是根据选择某一图腾的部族的实际生活环境和生活状况而被确立的。但图腾又不完全是这么直接同生活相联系的。弗雷泽认为，把事物"提高到自然的和普遍的现象的地位的**心理特质**，是一切图腾信仰和习俗的最终根源"。列维-斯特劳斯则认为，"作为团体标记的图腾的用途不在于它本身的特性，而在于它与别的图腾有区别。"①弗洛伊德则指出，图腾的意义和功效，不但是一种宗教信仰，也是一种社会结构。这些界定和功能效应的揭示，都是有根据、有道理的。它们各自从不同的角度，提出了不同的质的规定性。从中我们可以看到图腾的文化意义的普遍性。它涉及自然—社会—心灵等三个结构的大系统。由此，我们可以见到它作为人类文化选择的基本架构的特性：文化选择的内涵、领域、特征、功效，都可以纳入这个选择框架之中。

列维-斯特劳斯在《野性思维》一书中说，图腾类型的观念和信仰，特别值得注意，因为一个社会如果建立或接受这些观念和信仰，那么，这些观念和信仰就构成了**信码**。而这些信码就具有广泛而重要的文化功能。比如，凭着这种观念和信仰，可以按其概念系统的形式来沟通每一层次的信息，甚至那些除了同属一个社会或文化之外别无共同之处的层次，也可凭此沟通信息，实现"信息的可转换性"。所以，列维-斯特劳斯指出："这种自然与文化之间的调节作用是图腾算学（opéra-teur）特有的功能之一。"列维-斯特劳斯的这些论述，更深一层地揭示了图腾崇拜-图腾制度在文化上的功能和作用，它调节了自然与文化之间的关系。实质上也就是用文化的手段调节了自然与适应之间的关系，表示了人的一种主动的、自觉的、文化性的、创造性的文化选择。

（二）塔怖（Taboo）

塔怖（禁忌）是与图腾相对立的领域。但它是与图腾相伴而生、共存共荣的。它是一个东西的两个方面，"两位一体"，是一个统一的系统。因此，它们是相沟通的、相渗透的，不可分离的。

弗洛伊德对于塔怖作了概括和说明：

> "塔怖"（禁忌），就我们看来，它代表了两种不同方面的意义。首先，是"崇高的""神圣的"，另一方面，则是"神秘的"

① 马文·哈里斯：《文化人类学》，李培茱、高地译，东方出版社，1988，第322页。

"危险的""禁止的""不洁的"。塔怖在玻里尼西亚的反义字为"noa"，就是"通俗的"或"通常为可接近意思的"。所以，塔怖即意指某种含有被限制或被禁止而不可触摸等性质的东西之存在。我们通常所说的"神圣的人或物"在意义上和"塔怖"便有些相同。

塔怖所代表的禁制和宗教或道德上的禁制并不一样。它们并不建立在神圣的宗教仪式上而建立在自己本身上。它与道德上的禁制所不同的地方，主要是在于它并没有明显的、可以观察到的禁制声明，同时，也没有任何说明禁制的理由。塔怖，既没有理由也不知道它的起源。虽然，它们对于"我们"来说是一种不智的，甚至是迷信的，可是，对于那些在此统制下的人们来说，则成为"当然的"事情。

伍恩特（Wundt）形容塔怖是人类最古老的无形法律。它的存在通常被认为远比神的观念和任何宗教信仰的产生还要早。[1]

从这段话中可以看到，塔怖是人类最早的精神-实践产物，它看不出明显的理由，既不同于道德的禁止，又不是建立在宗教的上面，它建立在自己本身上（**自我体系**），它是**无形的法律**。这已足够为塔怖定性了：它是人类最早的**生活禁制**，作为图腾的对立面，它从反面补充了图腾崇拜。如果说图腾是人类积极主动的文化选择，那么，塔怖就是人类消极的和被动的禁止——负选择。只有具有这样两个方面，才能构成人类完整的文化选择。

因此，图腾和塔怖，就成为人类文化选择基本两极架构的另一根柱石。

在适应与创造／图腾与塔怖这两组两极结构基础上，还建立着其他一系列实质性的两极结构。它们实际上是上面两组两极结构的物质和实体的基础，不过它们却为前两个构架所"笼罩"，在认知-精神架构中，它们被纳入了这一个架构中。这些两极结构中的主要方面有：

本性与教养／遗传与环境／环境与文化／生态与心灵

遗传决定一个人的本性，其中有动物的本能和人性的本能，前者是

---

[1] 弗洛伊德：《图腾与禁忌》，杨庸一译，中国民间文艺出版社，1986，第31-32页。

纯粹的生物性，而后者却已经具有文化因子了，是人性中的文化因子长期稳定后形成的。人出生后就有人性的对环境的适应性，但环境会在后天影响人的遗传因子的发生作用和实现其可能性。本性也是可以用以后的教养来给予一定程度的改变的。"各个派别的人类学家都有一种共同的信念：凡属普遍的或较为普遍的人类行为特征，都有生物学的起因。但完全为人忽略的是，在本性和教养之间还有一个中间地带，即认为普遍的社会特征完全来自共同的人类经历、来自在同一类人中的生活。"① 这里指出，在本性和教养之间有一个中间地带，即过渡阶段和"区域"，这包含两个层次：第一是共同的人类经历；第二是同一类人的生活。前者更带普遍性、共同性；后者则含有独特性。它们都使天生的本性在后天的教养中发生变化，或者使可能性不能实现，或者改变其特质、形态，而略有变形变质。我们在前面所说的"狼孩""猪孩"的事例，是最好的证实。

本性和教养，成为人类文化选择全部内涵的一个结构内涵与结构形态。在两者的张力场中，人的本性得以实现、具体化，人的文化选择也借以实现和具体化、现实化。

遗传是决定人的本性的，但人的本性在环境压力面前，必须采取适应的步骤和形态。环境给遗传以实现的决定性影响；而遗传为了实现，也会利用种种方法去改变环境，调节两者之间的矛盾。这又是一对二元对立的矛盾统一内涵。人类的文化选择，就是调节整合这种矛盾的，并且在这种调节行动过程中发展、成型。

环境和文化的矛盾统一，同前述的矛盾"对子"是互相渗透、彼此交叉的。环境决定文化，文化反映环境又改变环境。这是一个复杂而缓慢的过程，但却是确定不移的存在。文化通过一系列知识、信念、规则，使人确定自己同自然环境的关系并稳定社会关系。人类几百万年的历史，以文化的手段给环境的变异和改造是广泛的、巨大的、深刻的，这都是人类的伟大文化成果。同时，从动因、动力和效应方面来说，这也是人类文化选择的结果。

生态与心灵、内在与外在、主体与客体，一对生动的矛盾。前已述

---

① 罗伯特·F. 墨菲：《文化与社会人类学引论》，王卓君、吕迺基译，商务印书馆，1991，第 32 页。

及，人类的文化和文化选择，有一部分并非出自生态的调节、适应和平衡，而是出自自己心灵的需要。这需要的外射，影响及于生态。生态的内化也会产生特殊的心灵需要。因此，它也构成文化选择的两极结构，成为重要因子之一。

人类文化选择的这种太极架构，从两个层次上反映了人类生活和人类的特征。第一层次，人类的环境、自身互相之间的这种矛盾对立又互相统一的状态，决定了人类在文化选择的行为中，必然地也必须要这么做，自然地形成这种两分法式的分类。第二层次，人类的心灵自身、对自然、客观的认知架构就是这种二分法的。对此，结构主义大师列维-斯特劳斯有过深刻的论述。

> 列维-斯特劳斯感到最大的一个二元性——其余的一切二元性由之产生——即是自然与文化、环境的非人类部分和文化的人为和人创秩序之间的二元性。人类既是动物，因而为自然的一部分，同时又是文化的创造者，具有这种一身而二任的特点，具有既可使我们成为猿猴又可以成为安琪儿的模棱两可性。人类调和了这种二元性，以多种多样的方法，包括服装和装饰将自己与动物界分离。[①]

另一人类学大家迪尔凯姆，则从人类的主观方面，论述了这种二元性的心灵根源：

> 迪尔凯姆从对宗教本身的论述进到范围更广的阐述之中，即认为神圣—凡俗的对立是人类最早最原始的分类尝试。这样，它就成为理性发展的最初步骤，理性后来仍植根于这种基本的二元性中。将世界与经验组织为成对的范畴，设想二重范畴中每一方的意义均与另一方相对立，人类理性正是由此出发的这种观念，可以一直回溯到希腊哲学家，它是由早期教父们带入欧洲思想界的。在18—19世纪德国唯心主义哲学家的辩证体系中，这个主题变得愈加精巧，并由此进入到卡尔·马克思的著作中。在迪尔凯姆和马克思的影响下，列维-斯特劳斯发展了他关于精神和社会的理论，即众所周知

---

① 罗伯特·F. 墨菲：《文化与社会人类学引论》，王卓君、吕迺基译，商务印书馆，1991，第40页。

的结构主义思想流派。①

这里把二分法、对立统一的根源从人的心灵-心理中加以追索，并从思想-哲学的范畴追溯了它的源流，从希腊哲学家到德国的唯心主义哲学家，再到迪尔凯姆和马克思，直到列维-斯特劳斯。这说明，这一基本架构源远流长，而且延伸到现代。

这自然会成为人类文化选择精神大厦的一个基本结构的支柱。人类把世界和经验都组织到这个对立统一的网络之中了。

墨菲甚至还指出，人体本身就是对称的，如双眼、双耳、双手等，人体也有两类：男和女。这则是两极结构的人体根源。这使这种太极构架更具有人性——文化性。

此外，我们在人类文化选择的动机-效应的范畴中，还可以发现这种自然形成的、带有必然性的两极架构，如：

计划性——随机性
目的性——盲目性
理性——非理性
良性适应——适应不良

人类的文化选择从一开始就具有其明确的目的性，并由此产生一定的计划性，日久发展，这种计划性越来越明确、细致、周密；但是，另一方面，也是从一开始就具有随机性，就是到后来也是如此。这种随机性的后效应有两种情况：一是由随机产生而至经常、稳定，逐渐全部或部分内涵进入计划之内而变成计划性的；二是由随机产生，随即消失，或者未经稳定，数次而罢。随机性是计划性的必要的和必然的补充。有时它有益于计划的实现，有时则相反。

目的性与盲目性的性质与此类同，但盲目性的随机性更大，并且表现为经常为潜意识所支配，"无所为而为之"。盲目性的文化选择的产生，也几乎是带有必然性的。因为人类的认知、技能总是有局限性的。盲目的行为的效应，也同随机性选择相同，有两种不同的结果。

人类的文化选择从原则上讲，从动机上看，都是理性的。但其行为

---

① 罗伯特·F. 墨菲：《文化与社会人类学引论》，王卓君、吕迺基译，商务印书馆，1991，第39页。

的实质和实际的效应却未必都是理性的。原始部族的许多怪诞的行径，有时以神圣的、认真的、严肃的形式出现，其目的亦很明确，是求得好的结果（如多生子、多猎获食物，或求雨，或求丰收，或为来生幸福求祈），但是，实质上却相当缺乏理性，是野蛮的、愚蠢的。然而这种非理性在主观上却是非常理性的。另一种情况也有。表面来看是非理性的行为，但其实质却是很理性的。这就出现这样一种交叉：

    人类的文化选择的历史，一直是以这种交叉的形态向前发展的。

    因此，它进入人类文化选择的基本架构之中。

    良性适应——适应不良的对立范畴，也是这样形成的。人类施行其文化选择时，总是从适应的目的出发的。但限于主客观的种种条件，有的却种豆得瓜，出现适应不良的结果。还有的出自人的心灵和错误的认知的行为设计，必然地带来适应不良的后果。也有时候，适应不良的设计，在其他条件的配合、影响下，却"播下跳蚤，收获龙种"，取得了良性适应的效果。

    这样一些情况，一直到现代人类社会和人类行为中也仍然存在，并成为当代人类的苦痛、苦恼和苦闷的一个重要方面（这一点我们在后面将专章讨论）。

    这些矛盾对立的状况，也自然会在客观上和主观上进入人类文化选择的基本架构中。

    关于人类文化选择的基本架构，我们就讨论到这里。前引列维-斯特劳斯的论述，总括地表述了这种架构的基本性质、状况和根源。我们这里需要补充的是，这种基本架构，已经成为人类的文化和文化选择的基础架构，它已经奠定了牢固的基础，经历了长久的历史岁月的考验，它一直在发展，不断丰富，不断复杂化，不断变形，但是，本体结构和本质特征是一直未变的，是一直如此的。

第五章　群星璀璨、万紫千红

——文化选择的现代模板及其构成

　　在前面四章中，我们从纵的方面记叙了人类文化选择的历史状况和发展路径，又从发生学和文化社会人类学的角度，探讨了文化选择产生、发展的动因和动力系统，其机制，其规律，以及功能、作用、效应等范畴中的问题；从横的方面，则探讨了人类文化选择的内涵、性质，以及结构层次的状况。这好像有点"俱往矣"的味道，又有"今非昔比"的问题。不过，我们足可辩解的是，这么做是有缘由的，也是有益于说明问题的。我们要认识一个事物，尤其是一个复杂的大系统，特别像文化选择这样的"特大系统"，涉及自然、社会、历史、人类、文化等诸多方面，且都处于多元复杂结构体中，从它的原生态开始，从它的出生时期开始，来加以探索，不仅是必要的，而且是最好的选择；因为，在这个"胚胎"中，基本的元素已经具有了，基本的架构已然存在，它是一个简约状态，没有复杂的次生物、派生物附着其上，没有其他事物掩蔽其本质，它是比较"赤裸裸"的，因此是比较容易认识的，本质暴露得相当明显的。

　　当然，我们不能满足于此，因此也不能停留在这个描述阶段。因为事物成长之后，复杂化、多元化之后，其本质虽然未变，但却发展了、丰富了、多样了，又枝繁叶茂地滋生了许许多多其他方面、领域、内涵。这些离起步点已经较远，较原生态已大不相同，就像一棵大树的种子同成长为参天大树之间大不相同一样；就像一个胎儿，以至一个人的胚胎同一个长大且具有很高文化素养的人之间很不相同一样。因此，在前四章叙述之后，在记叙、探讨、论述了以上诸种问题之后，我们有必要来探讨"大杨树"和"成人"了。有了前面的基础，我们可以"保存"以上内容，然后以此为基础继续探讨。我们打算通过探讨现代人类文化选择的模板来实现这一目的。

我们将选择这样一些主要的问题来讨论：（1）人类文化选择的几大历史模板及其大体过程和内涵；（2）人类文化选择的分层化及其主要层化现象与层化分裂；（3）人类文化选择的现代模板及其多层架构；（4）人类现代文化选择的强化问题。

一、人类文化选择的历史模板及现代模板

人类自从初民以他们的生存斗争和聪明才智，创造了文化选择并相伴生而创造了文化之后，便创建了第一个人类文化选择模板。这个模板的产生，经过漫长的历史岁月，饱经历史风霜，人类付出了巨大的牺牲，也进行了伟大的斗争。它的大体的内涵、性质、产生机制、结构形态，我们在前面四章中已经基本述及，可以说勾画了一个极粗略的历史风貌。

这是人类完整的、自觉的文化选择起点。它总结了以前几万、几十万以至几百万年的经验，概括了这样一个漫长历史过程的文化成就；同时，也开辟了今后的发展方向与发展道路。

初始的文化选择模板，是一个浑然一体的大系统，它将一切都囊括在内，就像一个胚胎把今后可能发展的一切因子、信息都贮存在内。这是一个"文化选择胚胎"。我们前面谈到的巫术、宗教、游戏、艺术、科学等一切形态都互相交融，你中有我、我中有你，彼此内容渗透、界限难分，各自的特质还没有充分成长和发挥。这个文化胚胎中，就是作为"文化"的大系统，也还没有从人的"生活"这个总系统中分化出来。生产–生活也没有很明确的界限。

关于这一初始的模板，我们在前面几章中基本上已作了描述，这里就不再赘述了。

在原始文化模板的基础上，由于生产的发展、人类社会的进步和人自身认知能力和智能、技术的发展，产生了第一个人类发展了的、完善的、成型的文化选择模板，这可称为古代文化选择模板。这时期，文化选择的基本形态都已经发育完善成型，功能齐全，效应显著，分工合理，特征明确。首先是生产–生活的明确的分工，以后又有人的劳动的细致分工，甚至产生了阶级，有了专门从事文化创造、文化"作业"的

阶层和职业；再有，各个专门的文化领域也相对独立地发展了，巫术、宗教、游戏、艺术、科学已经成为社会的生产部类、社会生活的部门而独立地发展，有了专门的从业人员和"技术人员"；而且，文化、科学的各个学科也分别发展，主要的有哲学、历史学、文学、经济学等。这些都成为文化选择的领域、部门，同时又是选择的对象和选择手段；它们也还是文化选择的传承和传播的内涵、部门和手段。

当然，这些部门、专业的发展也是逐步的、逐级上升的，有其发展的历史阶段。每个阶段也都各有其变异、发展之处，有其大同中的小异，有其阶段性特征。不过，在总体上，它们共处于一个"古代文化选择模板"之内，基本性质是共同的。

古代文化选择模板，可以说是以总体性的"混合文化"为其主要特征的，以后又从中分离出宗教文化为其主要特征之一。世界十大宗教，就是在这个时期的黄金时代建立和发展起来的。这反映了人类文化发展的特点和规律，也反映了人类文化选择的特点和规律。人类对于地上苦难的感受和认识，使他们把眼光和希望射向天上，伸手向天堂攀登，向上帝、天帝求援。这反映了人类乞求美好生活的文化选择的宏愿大志。宗教成为主要的文化选择手段、渠道，宗教文化成为选择文化的主要内容。

在这个漫长的历史时期，人类各主要地区、各民族的文化选择的特征也形成了，相对稳定化，并且向着个性化、民族化的方向发展。其中分支甚多，但主要的是形成了欧、亚、非三大支流，更主要的是东西方两支文化巨流，形成了差异甚大的、两大体系的文化选择。

本尼迪克特曾经描述过"原始人"的文化状貌，这是从原始部族的现存的实例中观察所得的；这也可以帮助我们想见和推测原始人的状貌。本尼迪克特写道：

> 原始人从未通观世界，从未把"人类"视为一个群体，也从未感觉到他与他的种之间有一种共同的缘由。他从来就是一个画地为牢、自缚手脚的乡巴佬（Provincial）。无论是选择妻室，还是推举首领，头等重要的就是他们自己的人群与其范围之外的其他人群之间的差异。他们自己的群体及其全部行为方式都是独一无二的。[①]

---

① 露丝·本尼迪克特：《文化模式》，王炜等译，生活·读书·新知三联书店，1988，第10页。

这段话揭示了原始人文化心态的三个特点：（1）狭隘性。他们从未通观世界。（2）封闭性。他们都局限在一个很小的地域中。（3）独特性。他们只以自己的种群为唯一的存在，是独一无二的。这种文化心态，也就是文化选择的心态。他们就是在这种状态中来选择和这样来选择的。因此，初始的文化选择水准的发展是极为缓慢的，经历了漫长的艰苦的道路和历史。其主要内涵，可以说就是冲破这种封闭性、狭隘性和独特性。

　　当由原始状态进入古代社会之后，这几个特性便被逐渐冲破了，也可以说，由前者向后者发展的过程就是这种冲破的过程，也只有有了这种冲破的过程，才有了由原始社会向古代社会发展的可能。

　　然而宗教的范围就要广阔得多。虽然信教人的风俗都按他们所信奉的教派而划分，封闭性也很强，但是，"教区"却大大地大于部落、部族，它跨海越洋、跋山涉水，冲破地区、民族的界限。世界性的三大宗教——基督教、伊斯兰教和佛教，各自跨越的地区有多大！在宗教的传播发展过程中，不仅打破了上述原始文化模板的三个特点的束缚，而且使文化发生了大范围的、大规模的传播、迁徙和交流，并且从宗教这个生长点上，从宗教文化同各地区、各民族文化的结合上，都产生出新的文化之花。比如，产生于印度的佛教，在传到中国以后，同中国文化的结合，就推动了中国文化的发展，产生了新的文化因子和文化成果、文化效应。

　　因此，古代文化模板，以宗教文化为主要核心、基础、形态之一，是很自然也很有益的。当然，在这个长达几千年的历史中，其他文化选择的形态，如巫术、艺术、科学（尤其是后两者），也都有很大的变化、很大的发展，开出了灿烂的花朵。在科学之中，自然科学、社会科学都有很重要的、很大的发展：社会科学中的哲学、历史学、教育学、文学，自然科学中的数学、天文学、化学、物理学、地理学等，也都有重大的发展。但是，第一，它们都没有宗教文化那么红火、盛行，具有统治力（它也常与统治者的权力和统治制度相结合）；第二，它们也都受到宗教的影响，与宗教相结合地发展，身上被打下深深的和鲜明的宗教的烙印。比如，宗教绘画、宗教音乐便是实证。这里，也许中国有一点例外的味道；但实际上，中国也有儒家学说的盛行，只是它没有采取、形成其他宗教的做法和形态而已。

以欧洲文艺复兴为界限和起点，近代文化选择模板逐渐形成。这是人类的第三个文化选择模板，它自然是从古代模板而来，具有对其传承继接的关联，但它又是作为古代模板的对抗、对立、否定而发生和发展的。它的基础是近代生产条件和生产关系的发展，是近代科学——自然科学、社会科学和技术科学的发展。这些，又带来了近代一切文化部门（包括各种文化品类和艺术品种）的大发展。这是人类文化空前发展和大放异彩的时代，也是人类文化选择模板光辉灿烂的时代。

可以说，这个时期的文化选择模板，闪耀着科学的光芒。这个模板**以宗教为对立面而以科学为主要方面**发展起来。它的另一个光辉灿烂的表现就是人的觉醒、人的被重视，人从神的威严下解放出来。人本主义、人文主义、人道主义的发展，**给人的文化选择增添了人性的光辉**和文化的金灿灿的光环。在科学-人这面旗帜下，人类文化选择的各个部类，人的各种科学门类，都相继发展到高峰，并不断产生新的品种。

近代文化选择模板，是古代和现代两大模板的过渡、中介，它承继了古代的一切灿烂文明，又开启了现代的一切灿烂文明。

而且，人类社会和人自身，也在这个时期得到长足的、空前的发展。社会的文化和社会的文化泛化，是这个时代的伟大成就，也是近代文化模板的主要内涵；人的智能的极大提高，人的技术的高度发达，也使文化选择更为发展和提高。

在这个文化选择模板上，刻印着众多的文化—学术—科学—艺术的光辉印迹，这既是人类创造的文明成果，又是人类文化选择的新天地、新范畴、新享受。它反过来又丰富人性、提高人性，"刺激"了、开启了更大、更深、更广、更高的文化选择的要求和期望。这时的"期望集"远远高出古代，更不要说原始时期。它非常丰富，非常复杂，非常多元，非常美妙。

人类对自然的文化选择，也大大变样、大大提高。第一是对大自然的认识大大提高、大大深化，因此能够从它那里索取的东西就更多了；第二，利用自然的意识、意志和方法也更高了；第三，特别是技术提高了。征服自然—改造自然—挖掘自然，让高山低头、让河水让路，人类对自然的选择的文化性更强大了，向自然的选择更多了。这种文化选择的高度发展，也大大提升了人类的文化选择的文化。

近代历史，尽量拉长了算也就500年左右，然而其成就、其发展、其文化选择之发展提高，抵得上甚至超过以前的5000年、5万年以至50万年、500万年。这说明，文化选择的发展，提高了文化选择的发展速度，它可以加速度地发展了。

紧接在近代文化选择模板之后的，是现代文化选择模板。我们权且将它定为19世纪末、20世纪初这一时间内开始转化，而在20世纪最初10～20年成型。现代文化选择模板，就是目前正在"实行着"的人类的文化选择模板。关于它，我们在这里只作简要的概说，因为我们后面的许多论述，是以它为对象的；我们关于人类目前遇到的文化选择的困惑与危机（第七章），也是以它为对象的。我们还将从正反两方面来讨论它。这里且从略。

现代文化选择模板上，闪着熠熠光辉的是现代科学技术。一系列现代科学发现、技术发明创造，带来了人类生产工具的极大改变，技术的极大发展，整个社会的面貌都发生了广泛、深刻、巨大的变化。文化也随之发生了极为巨大的变化。由此，人的品性、素质也发生了巨大的变化。这些自然引起了人类文化选择的全面变革。选择的内涵丰富了，领域扩大了，性质和功能也都强化了。

现代文化选择模板，较之古代和近代模板，可以说发生了质的变化。它同前两者相比，最明显的不同表现在**"现代化"**这一概念中的内涵。虽然关于这一概念争议颇多，甚至可以说是莫衷一是，但是它的现代性质却是很突出的。它的一些主要标志，如工业化、电器化、高科技化、城市化、商品化、社会化、文化化等，都是以前的社会和文化形态中所没有的。社会有了充分的发育，人性有了空前的提高，人与自然、人与社会、人与人以及人与自我之间的关系，都大不同于以前，都复杂化、多样化、科技化、文化化了。也就是说，人向自然、向社会、向他人的选择，都具有更高、更丰富、空前未有的文化内涵了，具有更高的文化特性了。因此是文化选择的高级阶段。

同这一点相联系的是人的选择。在人的选择活动中，也是在人的生活中，文化的杠杆作用、中介作用、推动作用都更大、更广泛、更深刻了。文化囊括了一切生活现象；人的一切选择都带有文化性，都是一种文化选择了。

现代文化选择模板的种类也空前地增多了，门类齐全、各显神通、互相推进。这也使得现代的文化选择领域广泛、手段高超、形态多样、功能可观、效应长久。

经济的突飞猛进的发展，世界性的经济格局的形成，发达国家主宰着世界经济发展命脉，许多不发达国家走上发展经济、社会的道路，并投入或者被卷入世界经济的洪流中，这是现代文化选择的经济基础和经济条件。经济的高速发展，开辟了人的生存—享乐—发展的无限广大的领域，社会的质量和人的质量都空前地提高。人的素质向经济领域、经济活动严重倾斜，人的生活向享乐、发展重点倾斜，"经济人"的人的类型出现，其人格面貌迥异于过去的人。这些又进一步带来人的文化选择的异化、变型和改塑。

经济-社会发展的科技化和科技发展的经济-社会化，是现代经济、社会和文化的一个大特点和大进步，这大大提高了社会-经济-科技发展的速度和质量，使人的文化选择成为一种以高文化含量为主的经济-政治-文化-科技混合型的形态。这也推进了文化选择，增加了文化含量。

经济-社会-科技发展的一体化，使现代社会的发展"周期"大大缩短，面貌的变化虽不能说处处是日新月异，但确实可以以月计、以年计。三年五载，前进一大步；十年八年，面貌大变。这也推动了文化选择的发展。

总之，现代文化选择模板，是一个在文化有了大发展的基础上产生的模板，是一个大文化发展过程和前景中的模板。它的文化含量极高，因此可以说是在真正的、极高的意义上的人类文化选择模板。

人类以自己的高度发达的智能，创造了这个文化模板，利用高科技发展了这个模板；同时，这种文化选择模板，也塑造了现代人，改塑着世界人。

二、层楼垒垒
——文化选择的层化

文化选择的层化现象，是在一开始产生时就发生了、存在的。这是文化选择向前发展的必然现象，而且是一种进步的表现形态。层化现象主要表现在两个方面：一方面是文化选择自身的分层化；另一方面是文化选择者——人、人群的分层化。两者有区别，又有交叉。这同样也推动着文化选择的发展。

我们不拟历史地来叙述这种层化的过程和有关问题（如规律、机制和功能、效应等），而只就层化后的现代文化选择（或者说现代文化选择的层化表现形态）来做一些讨论。

事实上，文化选择的层化现象和层化成型，在原始文化选择模板的后期就已经出现了，而古代文化选择模板就更是完成了、成型了。在近代模板出现后，层化现象又有发展，而且实现了转型。

层化现象的最大表现是整体的文化选择和"纯文化"（或称狭义文化）选择的双层结构出现。分层化是分工、分化的结果。分工则是由进化所引起的。所以其流程可以标示为：进化→分工→分化。生产的进化、生活的进化、文化的进化，都表现为分工的进化。反过来也可以说，是分工的进步发展引起了社会–文化的分工的发展，又引起了它们的分化，于是产生亚文化形态，由此出现了分层的效果。比如，生产的发展，引起生产系统各业之间的分工的细密化，产生新的技术、新的产业部门、新的从业人员、新的社会单位和新的社会阶层，这就一步步产生了社会整体分工的进展和社会的分化。分化的稳定，即逐步形成社会分层现象的出现。

这种分层现象最早出现的两层，一是总体的、混合的文化选择，它囊括了人的一切生产–生活领域，我们可用恩格斯的"人的生活"这个总体概念来涵盖它；另一个是狭义的文化选择，即属于具体的文化范畴的文化选择。以后，在后一种文化选择中，又一次次地分层化，出现众多的层次，内容越来越丰富、复杂、多样。比如，艺术一项就不断地分化出各种层次，而且层外有层、层层累积，如八宝楼台。

另一种性质的层化，则是文化选择的主体的层化现象。这种分层化，也是多种多样的。从文化水准的层面来说，有大众文化层和精致文化层的分化。从人的阶级性来看，在阶级社会中，有统治阶级、剥削阶级和被统治阶级、被剥削阶级的区分；其中，又有阶层的划分。这后一种情况，还因各个阶层、职业部门等的不同，划分为若干个亚文化层，他们也有不同的文化选择，从而出现文化选择的层化现象。这种分层化可以是很细的，但是，由于差别的细微，一般可以不作为一个层次来对待；只有在进行专门化的研究时才过细划分。

当然，这种分层化并不是分裂和分离。它们仍然是处在一个文化共同体之中，并且彼此渗透、互相影响。

在现代文化选择模板中，引人注目的是狭义的文化选择，这不仅因为它五花八门、品类繁多、内容丰富，而且因为它层次高，在人们生活中居于重要位置。而属于整体的文化选择的内涵，常不被人们视作文化选择，而只看作一般的生产-生活活动，甚至忽略了它们的基本性质。——这一点，我们在以后的章节中将予以说明。

三、人类文化选择的"四大家族"

如果我们将人类的文化选择作为一个整体来加以分析，可以分作四大板块或称"四大家族"，它们囊括了文化选择的整体，同时又有各自不同的、相对独立而又彼此结合的内涵。它们是：

（1）生命文化选择（生理-心理文化选择）；

（2）世俗文化选择（以食色为主要实体内涵的衣食住行等文化选择）；

（3）艺术文化选择（审美文化选择）；

（4）科学文化选择（理性文化选择）。

现在，我们主要以现代文化选择模板为实例，来分别讨论文化选择的"四大家族"。

（一）生命文化选择

现代人类文化选择中的"生命文化选择"这一板块，已经不大被人注意了，虽然它是人类生存的物质基础。因为现代人类过着高级的文化生活，远远超出了简单、直接的生存需要。其实，这仍然是人类文化选择的根本、人类生存的根本。食与色，即使对于文化高度发达的现代人来说，也仍然同我们前面所说的一样，是基础、是根本，是一切生活的起点。正如C. 恩伯和M. 恩伯在《文化的变异》中所说的，对于生活在现代社会中的人来说，食物获取看来是一件很简单的事情，"去一趟超级市场"就可以了。"在一小时之内，我们就能从货架上获取足够的食物来维持我们一个星期的生活。"这是很简便的。但是，简便不等于不重要。简便只不过说明现在的食物获取，在人类生活中是一件很容易的事情，是一件在生活中所占位置不那么太重要的事情罢了。这只是就现代社会的多数重要国家和地区来说的，事实上，在没有超级市场的国家，在不发达地区，在亚洲、非洲的许多地区，获取食物——食品，还是一件并不容易的事情。C. 恩伯和 M. 恩伯说得好，我们现在从来不想一想，如果没有食物送到超级市场，我们就会饿死。这自然是一种假设，但它说明了，吃在实质上仍是我们生存的根本。"因此，食物获取是人类为了生存所进行的最重要的一项活动。如果没有从食物中获取的能量，那么，繁衍后代，**社会控制**（保持社会的和平与秩序），**抵御外界的威胁以及给后代传授知识和技能**——所有这些活动都将无法进行。食物获取活动之所以极为重要，还有另一个原因，那就是，**一个社会获取食物的方式可能会对其文化的其他方面有着深刻的影响。**"这段话在前引现代社会人们可从超级市场获取食品之后说出，正是意味着即使现代人把获取食物放在不起眼的方面，它仍然是根本性的，不仅涉及繁衍后代的问题，而且许多高级的、属于现代社会的问题（如社会控制、抵御外侮，给后代传授知识和技能，以及文化的其他方面等重要的、高层的、现代的问题），都决定于这个基础。借此我们正是要揭示"食在现代"仍是重要问题、文化基础，因此生命文化选择仍是现代文化选择四大板块中的重要一支。

食在现代，已经被包裹上了层层华丽的文化外衣。在它们的包裹下，食的原初的目的——取得生命的燃料，反倒似乎不大明显。食物，不只是简单地果腹充饥了，而是要香甜、可口、味美，要色香味俱佳。人类开辟了众多食物资源，人类还自己创造了许多食品，食品工业是现代社会生产和工业部门中的重要类别，人类对于食品的加工达到了很高超的程度，已经有高超的技能。真正可以说有了"食（的）文化"，是"食（动词）文化"了。食文化成为人类现代社会生活中的一项重要的文化活动，食文化也成为人们生活中的一项重要的社会活动。食的文化选择，成为人的生命活动的重要领域。

当然，在比较广大的意义上，更多的人仍然是以食为果腹的手段和目的，充饥仍是文化选择的主要目的。不过，在这种大前提下，也仍是要讲食的文化和"文化的食（物）"的。

同食并存并立的，也仍然是色——性；它同初始的人类文化选择一样，居于主要的地位，是两大基石之一。不过，现代人在性文化方面所作的文章、所耍的花样、所进行的活动和所得的收获，却比食要多得多、大得多。而且，在它上面的铺陈、在它上面所花的精力和闪现的灵感，也要多得多。因此，其本质的意义——人的生理本能和繁衍后代的目的，也被更深地掩盖了，更多地赋予了文化的意义了。

由性而产生了人类的恋爱、婚姻、家庭等实体性活动与事务，还产生了爱情、亲子之情、人伦之情以及人的情感结构、伦理结构、心理结构等重大的情感天地。以上的每一项，都是重大的、繁杂的，影响人的生活、情感、心理的重大事项。每一项都有许许多多美丽的包装、漂亮的衣饰，这都是文化性的，都是人的文化生活的内涵和生活文化的内涵。人类在其中享受着生活，享受着文化，进行一种充分的文化选择。就拿婚姻一项来说，人的爱情，爱情的情感素质与内涵，其高尚、雅致、动人，爱情的种种制度、原则、规范，由爱情而至家庭，又有一系列的社会规范、法律制度、家庭结构、家庭生活内涵，如此等等，不断地分化、演进，其内容之丰富，其情感天地之广阔，其文化含量之深厚，使它为人类生活——物质的、物欲的、精神的、情感的、生理的与心理的，增添了无穷的内涵、无限的乐趣、生辉的光彩。无论是喜剧还是悲剧，都是人间美事、人性美事和人生美事。爱情在现代社会的现代人的生活中，居于极为重要的地位。爱情的选择、爱的自由，成为人们生活选择、文化选择中的主要内容、主要表现。

当然，在这种选择和自由中，是有斗争的。这已经不是本能的生理的斗争，而是渗透了社会的和阶级、阶层的内涵。"爱情，这是对意识的屈从，对私有制、对阶级专制、对人剥削人、对社会压迫的否定。爱情自古以来就是人道主义的宣言书，是人人平等的思想的宣言书。爱情在对抗性的阶级社会中，在弱肉强食规律的气氛中只能死亡。"①恩格斯曾经指出：

> 因此，结婚的充分自由，只有在消灭了资本主义生产和它所造成的财产关系，从而把今日对选择配偶还有巨大影响的一切派生的经济考虑消除以后，才能普遍实现。到那时候，除了相互的爱慕以外，就再也不会有别的动机了。②

---

① 瓦西列夫：《情爱论》，赵永穆、范国恩、陈行慧译，生活·读书·新知三联书店，1984，第392页。

② 恩格斯：《家庭、私有制和国家的起源》，载马克思、恩格斯：《马克思恩格斯选集》第4卷，人民出版社，1972，第78页。

现代社会上人的爱情选择，还受到种种文化的限制，不能真正地纯真和自由，这本身就是一种文化选择。只有社会制度改变了，人才能在这方面获得自由，获得更完全意义上的、更高层次的文化选择。

现代爱情，对于艺术所产生的影响是极为巨大的。它是艺术的永恒的主题，为艺术提供永不枯竭的源泉，给艺术以无尽的灵感。从古代到近代，尤其是文艺复兴运动之后爱情的觉醒，体现了人的觉醒、人性的觉醒，爱情在人的生活中的分量大大加重，而且其普遍性更大了（享受她的人群更广大了），它在艺术中的地位也就更为升高。在文学、绘画、音乐、舞蹈等一切文学艺术的形式中，它都成为神圣美丽的女神，都活跃着她的美丽倩影。"自文艺复兴时代至今，文学日益深入人的感情生活领域。它丰富男女交往的文化素养，促进男女友爱和情谊的审美化。"[1]恩格斯甚至指出，性爱"在最近八百年间……竟成了这个时期中一切诗歌必须环绕着旋转的轴心了"[2]。

与爱情相联的其他事项，也同样具有以上所说到的各种意义。

爱情–艺术，作为人类生命文化选择的表现形态，还同人的心理有着深刻的联系。前已论及，心灵是文化选择的结构素材之一。人的心理生活中，艺术的调节、转移与升华，爱情的充实、抚慰和"激活"，都是生命文化选择的重要表现。现代人，在这方面发展得更加深邃、更加细密、更加敏锐，文化含量也更高。心理生活的丰富、复杂和心理生活向文化方面的更多的要求，是现代文化选择模板中生命文化选择板块的重要表现。

艺术作为人类文化选择的主要内涵和领域之一，同生命文化选择的结合甚为紧密，而在现代文化模板中，这种内在的、本质的紧密关系，往往被许多文化的外衣所包装而不甚明显，却是以爱情、家庭等的悲喜剧形态出现。

巫术和宗教，即使在科学发达的现代，仍然同生命文化选择紧密相联。巫术活动，在现代城市中，在农村中，尤其是在经济、文化落后的地区，仍然存在和盛行。巫术的种类和活动方式，有许多同以前的文化选择模板不同了，许多以前的巫术仪式、生命礼仪在绝大多数地区已经

---

[1]　瓦西列夫：《情爱论》，赵永穆、范国恩、陈行慧译，生活·读书·新知三联书店，1984，第248页。

[2]　马克思、恩格斯：《马克思恩格斯选集》第4卷，人民出版社，1972，第229页。

不存在了（如割阳礼仪、割阴礼仪，又如"园圃巫术"等）。但是，仍有一些古老的巫术存在和流行，如萨满崇拜、降灵等。在现代社会还有许多新的巫术"生发"出来了，为人求福避祸驱鬼除邪治病，这是相当数量的文化不高者生命文化选择中的重要事项。而且，不少现代化手段被运用到古老巫术活动之中。这种"现代—传统"的结合，是一种"隔代文化嫁接"。这种文化选择给人类带来的不是幸福和安全，然而，确实在心灵上是一种慰藉形态，因此是一种文化选择。

现代生活中的宗教和宗教活动，其中的文化含量和其文化层次，都比现代巫术要高得多。它可以说是一种高层的文化选择。不过，这有几种情形，让我们分别来讨论。就世界范围的情形来说，宗教经过千百年尖锐复杂的斗争和各种状况的发展，逐渐集中在几大宗教上。主要的有基督教、伊斯兰教和佛教，但还有一些具有世界性的宗教在一些地区存在和发生作用。主要的是十大宗教，它们是：儒教、道教、印度教、佛教、神道教、伊斯兰教、犹太教、东正教、罗马天主教和新教。这十大宗教各有其主要的分布地区和信仰的群众。它们的教义，融宇宙观、世界观、人生观、社会观、道德观于一体，是一种"全息体系"性的文化选择丛集。它们有其共同的文化性质、向性相同的价值观，表现了现代人类共同的文化选择。而各自的教义，又有其特殊的文化选择。

现代人对待宗教的态度和人与宗教的关系，都与以前大不相同。现代人在宗教上所体现出的文化选择，同现代人的思想感情心理的深邃化和复杂化一起，也变得极为复杂深邃。当然，像初民、古代人那样执着、迷信和抱着神秘感以至狂热态度的，为数仍然不少；不过，在这样一种共同的信仰-情感-心理状态中，内涵也已经有很大变化了：现代人在其中注入了作为现代社会、现代生活、现代人生的反映的人生愿望、祈求与痛苦、哀伤、苦闷等不幸的情愫，其具体的内容，都饱含着各民族、各地区、各种家庭的各种人的具体的人生体验和人生问题。这里裹藏着大量的、各种不同人的文化选择的内涵。另有一大部分人，处于较好的生活条件下、具有较高的文化层次，他们对于宗教的信仰，主要是求得一种心灵的寄托、心理的平衡、精神的慰藉和情感的抚慰。这是一种文化的寄托，也是一种重要的文化选择。宗教生活，是他们的生活中文化素质与含量的主要方面和重要方面。还有一种情况，许多从事科学研究的人，也具有一种虔诚的宗教感情。像爱因斯坦这样的大科学家，就常常提起自己的宗教感情。他们研究并且深深了解和很好地解释着世界，特别是物质世界；但越是如此，他们越深刻地理解自然，也越感到彻底解释清楚的困难以至不可能，对于世界物质构造的精到巧妙，对于许多现象的无法解释，他们都是深知其底的，因此，他们在这里留下了一个理智的空白、人类智慧的"终点"，这里只有用一种宗教情感来充填了。再有，他们作为社会的人，自然有他们的人生问题，人生苦恼、生命困惑，这里也留着一片情感-理智的空白，成为情感-心理上的宗教情感的生长点。我们还需要提到最后一种人，对宗教怀着献身的精神，以宣传教义、拯救世人为己任，不惜奉献自己的一切，这是一大批宗教人士、宗教职司人员。还有一些研究宗教的人士，也可归入其中。所有这些人的宗教信仰、宗教情感和宗教心理，都是很明显、很突出、很重要的一种文化选择：他们以此为自己对自然、对世界、对社会、对人生的一种重要的、高尚的、不可缺少和不可替代的选择。这是他们的生活选择的起点和终结。他们的**生命的意义**，由此而充实、由此而获得，甚至由此而永恒。

从这些我们可以看到，宗教的感情和信仰，即表现为宗教信仰的文化选择，对现代人、对社会都起着重要的平衡、抚慰、稳定和发展的作用。它成为一种重要的生命文化选择，不仅对个体，而且对群体、对社会都是如此。马克思在《〈黑格尔法哲学批判〉导言》中所说的"宗教是那些还没有获得自己或者再度丧失了自己的人的自我意识和自我感觉"，对于现代人来说，更主要的意义还在于"再度丧失自己"这一面。正因如此，所以他们选择宗教，以便在精神上获得充实的、稳定的、平衡的自我意识和自我感，凭此获得人生的意义与价值。现在，全世界仍有宗教徒超过28亿人，占世界总人口的3／5，教徒中55%以上是三大宗教的信徒。有的国家以宗教为国教，不少国家和民族绝大多数人都信仰宗教。但近20年来，世界上某些国家和地区信教的人数又猛烈地增加。比如，美国犹太教徒增加了一倍多，日本全国1亿多人口有1.8亿人是宗教信徒（因为有的人"一人信奉多种宗教"，所以宗教信徒比总人口还要多）。在中国，改革开放以来，宗教信徒呈迅速增长的趋势，在广大群众尤其是农民中，迷信活动又猛烈兴起。[①]

---

① 有关数字和情况，引自贾吉编《世界十大宗教》，吉林文史出版社，1991，总序。

宗教仍然在深刻而广泛地影响人类现代文化的发展，影响着哲学、道德、法律、科学、文学、艺术与民俗等的发展。

道德方面，也有许多内涵，同现代人的生命文化选择相关。人的爱情、婚姻、家庭、人伦等方面，都有成文的和约定俗成的道德律令与规范，它规定着现代人如何处理这些问题和在这些方面发生问题时（现代人在这方面发生的问题是很多、很复杂的）处理和解决的原则与规定。这些都涉及人的生命文化范畴的问题。

现代人对于人的了解、对于人与自然的了解越来越深入，整体的、部分的、分体的、内外结合的、综合的、生理的、心理的等，分工合作，彼此渗透，由此形成了众多学科，如生物学、人类学（又分体质人类学、文化人类学、社会人类学等分支学科）、社会学、人种学、医学、卫生学等。它们所形成的文化体系，不仅是把人—自然—社会作为研究的对象，而且成为人类的一种生命文化选择的知识体系、指导方针、思想宝库，也成为人类生命文化选择的实践坐标。这样，就使人类的文化选择具有很高的文化品位、文化内涵，而且内涵越来越丰富、品位越来越高。这是以前三个文化选择模板所没有也不可能有的。这使现代人类的生命成为一种**高文化生命**。

（二）世俗文化选择

所谓世俗文化选择，也可以称为民俗文化选择，但为了避免后者的一些不能纳入本文化选择范畴的事项"卷入"，我们权且使用世俗文化选择这一用语。它是指人们在日常生活中的一切世俗的、普通的、普遍的、共同的、满足平凡需要的活动中的文化选择，主要包括衣、食、住、行等，或用俗语"吃、喝、拉、撒、睡"来称之，庶几近之——不是在内容的恰当上，而是在"味道"的切近上。当然，这里包含了食与色，或者与食与色皆相关，但因其不是**直接生发**食与色，而是以为食与**色服务**为其特质和内涵，所以不纳入生命文化选择而归为世俗文化选择之中。但正因如此，它与生命文化选择又是紧密相联、彼此渗透的。

世俗文化选择在其物质表现方面，在其制度层面上，在其行为规范、生活规则、仪式设计等民俗事项形态与内涵上，都同生命文化选择关涉，但又不止于此，它还有自己产生之后而生发的"出自己身"的特有的文化选择。

世俗文化选择最直接的内涵有：关于生与死的种种文化选择，种种观念、信仰、制度、仪式；关于爱情、婚姻、家庭、广泛的人伦关系的同样内涵的文化选择；关于衣饰的文化选择，它分等级、分阶层、分文化差异（不同民族）与差别（不同层次）、分年龄、分季节、分民族、分地区、分时代，大同小异，变化万端，还包括装饰与饰物，这里的民俗事项均极多样；关于居住，包括建筑体制、居住原则（各种人如何分配居室）、聚居制度方式，如此等等，民俗事项也极复杂多样，其中也蕴含着等级差别文化差异、信仰观念理想的寄托等。行，在现代生活中是非常复杂多样的，是以前任何历史时代所不可比拟的。其中涉及的观念、信仰、制度、原则、规定等，也是很丰富的。以上诸项，都有巨大复杂的文化含量，都体现着文化选择的向度、性质和特点。

罗伯特·路威说："二百年以前，顶文明顶讲究的西欧人，讲起**吃饭的格式**来还只是一个野蛮人。"[1]然而，这种吃饭格式（吃饭礼节，这是民俗事项，为食服务，而不是直接关涉食，即吃什么等，故为世俗文化选择而非生命文化选择），现在却发展到很高的水平，但并非繁文缛节的增加，而是文化含量的提高，体现为文化选择性的强化。在《文明与野蛮》中还很有趣地提到，直到17世纪，在欧洲时髦的源泉——巴黎首府，还是满街秽物，臭气到处可闻；巴黎人早晨可以随意从窗口往街上倒便壶，人们可以随地小便；鄙野之风，布满城乡。书中写道：

> 一六〇六年八月八日，上谕圣遮猛宫（Saint-Germian）中一切人等不得任意方便。就在当天晚上，皇太子便冲着他卧室墙壁大溺而特溺。十七八世纪比较进步多了，然而王公大臣甚至国君惯会坐在便桶上见客，不把它当一回事。在路易十四年上，凡尔赛离宫可以夸口有了一个"英国式"的厕所，专供皇上和皇后使用。在凡尔赛以外的别的地方，连他们二位也享受不到这种奢侈品。

从那时到现在，变化有多么大！这里综合地反映了一个世俗文化选择指标，人们仅在这一点（便溺）上，就多么讲卫生、讲道德、讲礼节、讲文明。这里也蕴含了大量的文化因素，体现了现代人在这件普通

---

① 罗伯特·路威：《文明与野蛮》，吕叔湘译，生活·读书·新知三联书店，1984，第50页。

事情上的文明程度和文化选择的极大提高。①

在居住和房屋建筑方面，现代人所达到的高度，其文化含量之高和文化选择性能、功效之高，都是以前所不可能有，也不可想象的。居住条件的现代化，室内外布置的现代化、科学化，建筑的高、巧、美、适用、舒适，也都是洞穴、棚屋、土木建筑等所不可比拟的。现代人在这方面的文化选择也是高超的，使人类的生活质量提到空前的高度。

在世俗文化选择方面，现代花花世界，进入享乐的天堂，其种类之繁多、其内容之丰富、其形式之翻新、其架构之复杂、其涵盖面之广，都是惊人的，使人进入了"人间天堂"。这使人的世俗生活变得高雅，变得文化含量很高，变得成为一种日常的文化学习、获得和享受。

当然，这些也都有它们的反面，反面的作用和反面的效应都有。这也有两方面：一方面是这些文化选择的内容本身就有这种负面效应，如消耗人的精力，靡费钱财，引起身体的、精神的、心理的逆反作用，失衡、震颤、变态等。另一方面是人自身的"寻乐得苦"，过度的投入、疯狂的参与，以"反文化"的文化选择来度过时光、过一种荒唐的生活：这是他们的文化选择，但结果却是反文化的。

商业化，这也是现代文化选择模板的重大特征。在世俗文化选择方面，这一点表现得尤为突出。"全世界的文化都在迅速变化着。许多变迁都是直接或间接地由于西方社会占据统治地位和向外扩张而引起的。""西方社会的扩张所带来的最重要的变迁之一就是世界各地对商业交换依赖的加强。"这就使文化选择也不得不通过商业这个杠杆来实现，不得不商业化。这使得世俗文化选择更加世俗化。"世俗文化"和"文化的世俗化"成了现代文化模板中的重要特征。

（三）艺术文化选择

审美观念随着人的生活-劳动-创造观念一同萌生发展，在漫长的历史发展过程中不断变化，成为人的生存-生活的基本领域和基本手段，成为人自我实现的一个不可或缺的方面。审美的文化选择，从人类在童年时代，从工具、从器皿和大自然物体中受到启蒙而萌生以后，经过漫长

---

① 当然，这是就总体上，就人类已经达到的高水平来说的。事实上，在落后地区、在文化程度低下的人群中，随地便溺的情况还是较普遍的。

的历史-实践的发展，到现代社会，已经发展到高峰阶段。在现代文化选择模板中，审美文化选择几乎可以说遍及人的一切生活领域，人无处不在审美，无处没有审美活动，在任何一个活动领域都有审美因素存在。现代美学的发展，对人类的审美世界进行了深入的、细致的、高文化的研究，使审美活动和审美意识提高到哲学-文化的高度，深入到心理的深邃层次。美学的各类分支，反映了人类现代审美活动领域之广阔，活动能力之高超。对世界、对自然、对社会、对人自身，各类审美活动，使人总是按美的原则来创造，按美的原则来生活。同时，也是按美的原则来进行文化选择。在前述的生命文化选择和世俗文化选择的一切领域里，都渗入了审美文化选择的观念、原则、规范和特殊要求。

审美因素在客观世界、客观事物上的泛化和审美意识在人的主观世界的泛化与独立化，是现代人的物质生活和精神生活的一大特征，也是现代社会-现代人的一大进步。这也是社会—人、客体—主体双向作用的结果：一方面是客观世界、客观事物的美在人的内心的**涵化**，另一方面是人的泛化了、强化了的审美意识向客观世界的**泛化**。当然，这是一个主客体的辩证发展的过程。"起点"的客观世界、客观事物，"生活"在现代社会，是现代人用现代手段进行了现代化加工、改造的结果，其泛化的美的因素也是人的活动所赋予的。

这种情况同样也发生在社会领域，审美因素成为社会事物、事项的有机组成部分，审美活动也成为人的社会活动的有机组成部分。这使得人的社会活动的一切领域都丰富了、**美化了**。社会客体和社会主体，彼此既是结果，又是原因。审美活动和审美因素的泛化，使现代人的生活充满了创造性的内涵，也使现代的审美文化选择渗入一切社会领域，成为人类现代文化选择的必备必有的重要内容。这种审美的文化选择，既是人按美的原则来创造一切，又是人用美的眼睛来看待一切；在总体上，则是人的本质力量的自我实现。

"审美文化"这个概念的特点是人对现实的**审美关系**；而现实是既包括物质生活又包括精神生活的，所以，"审美文化选择"就既包含物质生活中的文化选择，又包括精神生活中的文化选择。[①]B. C. 楚克尔

---

① 安德鲁先科：《精神文化与人》，罗长海、陈爱容编译，华东师范大学出版社，1989，第69页。

曼说："审美文化包括物质文化的元素，但它首先是而且主要是属于精神文化。生产美学、装饰实用艺术、工业艺术，就是这类物质文化元素。审美文化向物质文化领域的这种'渗透'，证明了社会物质文化和社会精神文化的统一。"①正是审美文化的这种囊括物质文化和精神文化使两者统一存在和统一"呈现"的特点，造成现代人审美文化选择在物质–精神领域的泛化。

　　自然，艺术文化是审美文化中的主要事项。艺术选择是审美文化选择中的主体。但两者并不相等。有人认为审美文化的普遍化，使艺术文化"失去了在整个文化中的独立确定范围"，这是不准确的。事情并非如此。艺术文化的泛化，是作为一种独立的文化范畴，以其特征进入物质文化–精神文化的非艺术领域的。现代社会中的许多事物，确实有时会难以确定它的艺术品性或非艺术品性，这里有一定的模糊性；但是，艺术品和非艺术品，还是能够用确定的标准来区分的。众多亚艺术形式的产生，也不会冲击这一领域，使之无法划分范围。

（四）科学文化选择

　　科学文化选择，基本上是一种理性的选择。它从诞生之日起，就同人的生活，同人对自然、对社会和对自身的关系紧紧相联，也"忠心耿耿"地为人类生产–生活服务；它不这样也不能存在和发展。它也必须这样才能为人所爱与用。但科学文化选择，只是到了近代，才更加成为人的**自觉**的一种文化选择，或者说得更周全、更科学一些，它只是到了近代，在近代文化选择中才在人的意识中成为**更具有自觉高度的选择**。至于现代，人类就更是在选择的旗帜上大书"科学"而奔向追求幸福、美满、创造的美好天地。现代文化选择模板中，科学居于突出的地位，具有伟大的贡献。可以说，没有科学的辉煌发展，也就没有现代文化选择的模板。现代人的文化选择，是以科学为重要和主要武器、主要装备、主要杠杆来实现的。科学对现代社会的生产工具–生产力的发展、社会关系的改变、社会的巨大变化与发展，以及人性的巨大变化，都具有决定性的作用。

---

① 安德鲁先科：《精神文化与人》，罗长海、陈爱容编译，华东师范大学出版社，1989，第69-70页。

科学在现代文化模板中，居于一种主导的地位，甚至囊括了一切文化现象。自然科学-社会科学-技术科学-思维科学的整体性的发展，使人类对自然、对社会、对人自身，以至对外层空间的了解都越来越宽广、深邃、细致、准确，对于这一切相互之间的关系和它们各自的发展规律、相结合的发展规律等，也掌握得更多更好了。这样，人对自然的改造和利用、对社会发展的推进、对人类自身潜力的开发，都达到了前所未有的高度，都达到了高度的成就。由此，人类对自然的索取就能够更多，人类对自然-社会的文化选择也就更高了。科学手段成为文化选择的万能法宝，使人选择的水平、选择的功能和选择的效果都达到非常高的水平。

科学成为现代社会生产力的主要方面，科学转化为生产力的时间大大缩短，其速度甚快，其频率很高，科学-技术结成一体的趋势很强；一地高技术、新技术向外地转化、传播的速度，也极大地加快了。科学的力量发挥作用的功能大大地加强。这也使人类文化选择的品位大大提高了。

科学文化选择是理性的选择。当欧洲文艺复兴运动兴起时，一个人的觉醒、一个科学的勃兴，都体现了人的理性的觉醒，以至被称为理性时代的到来。正如恩格斯所说，一切都要被提到理性的法庭上来接受审判。科学的、理性的文化选择，使现代人的文化选择更有理性、更具科学性，也更有成效。科学的文化选择是效率很高的选择，给现代人带来幸福、舒适、享乐，带来衣食住行等各个方面的高质量、高水平、高文化的享受。科学成了人类幸福生活的源泉。

格·姆·达夫里扬在《技术·文化·人》一书中说："在科技进步的条件下，人的问题同人在生产力系统中所处的地位的联系比以往任何时候都更紧密了。"人的本质，人在生产力系统中的地位，两者紧密联系起来了。这说明科学-技术的社会作用加强，对人的作用也强化了，而人与生产力的关系、同技术的关系也加强了。他还指出：

> 今天要获得关于人的正确概念，就必须依据生产、社会生活和工业生活范围内所发生的一系列变化研究人在生产-技术领域的状况，特别是在自动化条件下所达到的高度，舍此别无他法。把技术的本质看做是人进一步使用工具，这在今天已经不够了。因为人的

器官的自然界限已经扩张到这种程度，以至于从前关于技术作为人的器官的"补充"的提法已经成了空谈。正是技术发展到今天这种高的新质水平才有助于我们理解技术的"本质"，真正深入地对西方文明做技术上的评估。

人与技术的关系已经不仅仅是它延长了人的手和足，使人的眼成了"千里眼"，耳朵成了"顺风耳"，"以及一个人可以抵若干个人了"。这种技术是人的器官的"补充"的说法已成空谈，因为其概念内涵已不能涵盖技术的本质了。技术的新的水平已经达到这样的高度：它已经改变了自然，创造了第二自然，它已经改变了人的本质。人处在"技术文明"中，现代人已经具有了"技术进步时代的人的内容"。这就是说，技术已经成为人的本质属性了。科学-技术成为人的本质属性，这也可以从另一方面说，人把科学-技术涵化为自身的本质内容了。由此，也可以得出这样的结论：人的文化选择，在现代，已经进入到以科学-技术的本质属性来进行选择的境地了，也可以说是人的文化选择的本领很高很高了。

但现代人的科学文化选择的高明，不仅仅表现在这种"技术水平"上，更重要的是表现在以科学的思想观念、科学思想方法、工作方法，来对世界进行文化选择。这表明人不仅"技术水平"高，而且"思想水平"高，这种文化选择是以前任何历史时代的人所不能做到的。

四、文化选择（狭义）的"八支房"

在"文化选择的层化"一节中，我们已经指出，最大的层化是整体文化选择和狭义文化选择的分层化。前面所述文化选择的"四大板块""四大家族"，都是人类现代整体文化选择的表现。现在，则要讨论层化后的狭义的文化选择的八个方面。因为它是从整体中分层化后相对独立地存在和发展的，所以我们称它们为八个"支房"。

这"八支房"是：

哲学选择—艺术选择—科学选择—技术选择—教育选择—宗教选择—思维选择—情感（类型）选择

在分别讨论这"八支房"的具体内容之前，我们有必要作几点说明。第一，这"八支房"都是同整体文化选择即其"母体"相通相联的，是"母题"中分化出来的，然而又是藕断丝连的，是"一荣俱荣，一损俱损"的；第二，"八支房"中的各支房，总是要从"母体"获取乳汁和营养的，而它们也总是要向"母体"输送津液的；第三，各"支房"之间，也是横向沟通、互相给予营养的；第四，狭义的文化选择是"显学"，是明摆着的文化选择，它们更为人们所直接掌握，更为人们所重视，其文化性也为世人所注目；第五，这里列举出的八个"支房"是"支房族"中的主要者，事实上，狭义文化选择的"支房"决不止这八家。

　　狭义文化选择的"八支房"，在文化选择中占有很重要的地位，它们是现代文化选择模板中的八朵金花、八块金牌。人类在现代生活中进行文化选择，都会在这八个领域中活动，从这八个领域中获得生命的意义、生活的意趣、人生的真谛。

　　这"八支房"自己又有许多分枝分蘖，生长着众多的文化选择的枝杈，开出许许多多美丽的文化选择之花。这些分枝，都是分别在现代物质文化与精神文化的园地里生长的，也都达到了现代水平。

　　现在，我们分别来简要介绍它们的一些状况。

（一）哲学选择

　　这是关于宇宙观、世界观、人生观、价值观、道德观的总体的文化选择。我们在这里并不指哲学家们研究的哲学和他们的哲学派别，当然，他们也在现代的哲学文化选择的"大军"之中，但他们是集中的、理论的表现，是学理、主义、学说的研究和阐述；而我们这里主要则是探讨芸芸众生的哲学文化选择。它是生活中的哲学，是活生生的哲学，是实实在在的人生。许多人不但不研究哲学，而且不阅读哲学著作或一般地接触哲学，甚至不知哲学为何物。但是，他们每个人却都有自己的哲学观念，自己的道德、价值观念体系，自己的人生信条。这些，都是他们从小就从生活中学习得来的，虽然不是自觉达到的，但却是自然形成的。

　　现代人的哲学选择，带有鲜明的现代人的意识特点——它又是现代社会、现代生活、现代人性的反映。现代人更开放、更多元、更敏感、更深邃、更复杂，他们的哲学选择也就更具有多向性、不稳定性。现代人有一颗骚动的灵魂。这有他的生命活力充分表现的一面，但也有令人担忧的一面（这一点我们将在后一章中较详细地谈到）。

现代人的哲学选择，同国家民族的差别、地区的差别、文化背景的差别相联系，也表现出不同。这是文化性格在总体上不同的主要表现。西方人的人生哲学更突出地表现为冒险创业，而中国人则更突出地表现为安家立业。这同西方文化主要表现为一种"开物成务"精神，而中国文化则主要表现为"人文化成"①这样两种不同的文化总体背景有关。

（二）艺术选择

如果说哲学选择是囊括现代人的总体人生态度和文化选择的，那么，艺术选择就是作为同是总体选择的审美选择中的主体部分。现代人的艺术选择遍及生活的各个角落、各个主要部分，艺术的品种、艺术生活的方面也花样繁多。艺术欣赏成为现代人的生活选择中不可少的部分。电影的出现和普及，使现代人的艺术生活极大地扩大了广度，又极大地提高了普及性；而电视的出现和发展，更使艺术欣赏家庭化，深入到每家每户，使一种群体性的活动和参与变成了家庭的。这既是艺术天地的扩大，又是艺术天地的深入化。

同现代科技的结合，是现代艺术选择的主要特征。现代科技成为开辟新的艺术天地和创制新的艺术手段的源泉，使艺术的性质发生了巨大的变化。同技术的结合，使艺术本身不断地"分化"，产生出许多亚艺术形式。

亚艺术形式的产生和发展，还由于人的生活的丰富化、复杂化和现代人的创造能力、审美力的极大提高，许多非艺术事项和活动进入艺术领域。通俗音乐、通俗文艺、艺术体操、健美表演、时装表演、居室装潢、各类广告等，都成为家喻户晓、广为人欣赏的亚艺术形式。

不断地有非艺术事项和活动进入艺术的领域，艺术也不断地浸入非艺术领域，这是现代人艺术选择的重大特点。人类的文化选择-艺术选择因此而大大地扩展了天地，人的生活选择也因此而**艺术化**了。瓦西列夫在《情爱论》一书中论到文学艺术中的爱情主题和描写时，论及近

---

① 参见钱穆：《中国文化丛谈》，三民书局，1984。

代-现代人类艺术生活、艺术创造的发展，他说：

> 继文艺复兴时代所完成的美学革命之后，古典主义时期（十七
> 世纪和十八世纪前半期）、启蒙运动时期和浪漫主义时期（十八世
> 纪到十九世纪）以及现实主义时期（十九世纪到二十世纪），新的
> 艺术创造层出不穷。这是一个连绵不断的历史过程，是对人的本质
> 的观察深度和对这种本质的审美感知的精度相结合的过程。[①]

这里把艺术天地的扩大同人对自身本质的观察深化、同人对自身这
种本质的审美感知的精密化联系起来。这就是说，人的艺术天地的扩大
（创造天地和欣赏天地的扩大），是同人的本质力量的客观展开和主观了
解，以及其审美感知精度的发展分不开的。从选择学的角度来诠释，这
也就是人的本质在文化选择的领域里，**艺术地扩大了**，深化了，提高
了，发展了。

瓦西列夫在前段论述之后，又接着列举了伦勃朗的"心理油画"、
歌雅的"鲜艳绚丽""感情炽烈"的绘画、安格尔的女裸体油画、从马
奈到雷诺阿用"春光一般明媚新鲜的颜色和暖的色调"描绘的裸体女
像、罗丹的"展示了人的裸体的生气勃勃的美"的雕塑、马蒂斯和毕加
索等当代画家塑造的令人叹服的优美女性形象，等等，然后指出：

> 优秀的现代画家和雕塑家不断地丰富着造型艺术：感情表现
> 力、洗练的手法和深刻的"潜台词"为想象力和高尚的联想提供了
> 广阔的天地。

艺术的发展，提高了现代人的情感表现力、想象力和联想能力，这
表现了现代人向自然和社会进行选择时，使用艺术手段的能力的提高和
增强；同时，也表明现代人的艺术选择的广度和深度：这都提高和美化
了现代人的生活。

在谈到近代和现代文学时，瓦西列夫还指出："在十九世纪和二十
世纪，特别是近一百五十年来的文学中，人的感情世界无疑变得日益复
杂、深刻和更合乎人道。同时亲昵关系的文化素养在审美方面也日益完
善和丰富。在完成这一重要的社会职能方面起着或大或小作用的文艺作

---

① 瓦西列夫：《情爱论》，赵永穆、范国恩、陈行慧译，生活·读书·新知三联书店，
　1984，第228，229-230页。

品不胜枚举。"①在文学方面，艺术文化的发展，发展了人的情感世界和文化素养。

以上所述，都说明现代人的艺术选择越来越提高、复杂、丰富、全面、深化，标志着人性的发展和人的艺术选择的扩展和深化，以及在人的最佳生活选择中的重要地位与作用。

（三）科学选择

这一点，我们在前一节文化总体选择中已经大体论及了。不同的是，这里所指是狭义的科学选择，是人在自然科学、技术科学、社会科学等科学领域里的具体选择。

科学既然在现代已经囊括了所有的文化现象，现代人在文化生活和一般生活中，就都不能不涉足和享受科学的恩惠。不过在如此客体面前，人却有一个主观选择的问题。这就出现了矛盾和差异。在科学囊括下的社会生活中，所有的人都不得不和自然享受到科学选择，进行科学选择，在实践过程中和结果上必然是如此；但是，在主观上，却有许多人是"越科学而过"，进行非科学和反科学的选择。他们选择了一种非科学的生活选择。这种生活的矛盾和人的矛盾，反映了现代文化选择模板中的一个问题；但是，却又反映了人间社会和人性的复杂性、多元性，在科学方面是一种损失，但可能在艺术上、宗教上以及实际生活上是一种收获，彼处的负面成为此处的正面，也许在总体和长效上，竟是符合科学的。科学还在发展，人性还在发展，科学选择也还在发展。

（四）技术选择

技术革命是现代社会的一大特征。技术的进步，尤其是近几十年来电子技术的迅猛发展，带来了现代社会的长足发展，而现代社会的发展又推动了技术的发展。马克思主义研究的技术哲学观念，强调技术形成和发展的**社会基础**。在马克思主义学说中，技术不仅被看作人们活动的物质资料的总和，看作实现这种活动的方式的总和，而且被看作在**历史**

---

① 瓦西列夫：《情爱论》，赵永穆、范国恩、陈行慧译，生活·读书·新知三联书店，1984，第266-272页。在这里瓦西列夫列举了雨果、斯丹达尔（司汤达）、福楼拜、莫泊桑、左拉、高尔斯华绥、易卜生、杰克·伦敦和托尔斯泰、契诃夫等世界著名作家及其作品。

的确定的社会生产系统中发展起来的发挥职能作用的社会关系。技术类型、技术利用的性质和技术因此而具有的特征，是与具体的经济结构紧密联系的。现代社会中，技术的地位和作用、技术和人的关系，都由于技术的发展而起了质的变化。技术的"自主性""独立性"，技术的功能，都发生了根本性的变化。人在技术面前，必须慎重地选择。"受社会因素制约的科学技术的进步，日益影响人本身。目前，技术的发展事实上涉及人类存在的一切领域，给人与自然之间的相互影响、人与人之间的相互关系和人的自我意识打下深刻的烙印。这个过程，将给文明揭示新的、有时是未曾预料的、而常常又是引起有理由担忧的前景。"这里有几点值得注意：第一，技术对现代人和人的生活、对社会以及对自然的影响是非常广泛而深刻的，它引起对社会-人的重新认识和估价；第二，它在人的自我意识上打下了深深的烙印；第三，它所引起的结果，有许多是未可预料的；第四，在未可预料或可预料的结果中，有些前景是令人担忧的。这就提出了一个人如何选择技术，即人的技术选择战略和战术如何确定的问题。

一方面是人发明、创造和利用控制技术；另一方面，是人被技术所控制和尝到技术的苦果的问题。这两方面都要求人们慎重从事技术选择。技术涉及的面，不仅有人们日常所理解的工业、农业、交通运输业以及一切运用技术的生产部门的技术，而且包含人的**社会技术**，包含人在生育、家庭、法律、政治、教育、文化等方面的技术；不仅有生产技术、管理技术，而且包含**如何选择和如何做才会更好的技术**。这涉及人的生活的一切领域。事实上，现代人每天生活着，就必然每天进行技术选择。这表明技术选择的广泛性和由此而来的重要性。

现代人的生活，**整体上都有一个技术选择问题**。这是一个广阔的领域，其技术不是一般生产方面技术的范畴。比如，育婴的现代技术、生育的现代技术，这是最显而易见的，而教育、文化生活的技术选择就进一层了，至于关于社会-经济发展战略的技术选择就是更高层次的技术选择，它包含生产技术的选择、战略本身的技术选择、计划编制本身的技术选择，以及许多有关社会问题的技术选择。

现代社会的技术性加强，反映了一切活动的文化含量的增长。这使得每有活动，皆有技术。因此，技术选择普遍存在。现代人要过优厚的生活，要过如意的生活，就要掌握、了解各种技术，而且善于在生活中采纳最佳的技术选择。

（五）教育选择

现代人的教育，是一个"大教育"的概念。其纵向的、时间性的概念和序列可排为：胎教→婴幼教育→中小学教育→大学教育→硕士、博士学位教育→博士后教育→继续教育，等等。从空间概念来说，有家庭教育、社会教育、职业（单位、工厂、机关、公司等）教育、学校教育。从内容来讲，有生活教育、知识教育、技能教育、道德教育、美育，等等。这些，都有一个教育选择的问题。一个是教育对人的选择，可为**教育**选择，即你的家庭经济状况、学习水平能够通过和享受哪一级哪一种教育；另一个是人对教育的选择，可为教育**选择**，即你按个人的条件、才能和愿望，选择哪种教育水准和哪种性质的教育。

这两种选择往往决定人一生的生活：其水平之高低、处于何种社会地位、自我实现的程度，等等。这对人的影响是决定性的。

教育选择的成败，决定人一生的成败。但这里的教育选择，又不仅是指知识教育、技能教育的水准。这一水准对人的一生成败是有影响的，但这方面的失败不等于全面的失败。一个这方面的失败者，可能在其他方面的教育选择上成功（比如经商知识和才能方面的成就）而使得生活中得到良好的结果。

现代人的教育选择是多元的、长时间和长时效的，是需要大量投资的，是高水准、高文化层次的。教育选择还是全社会性的，它对社会的进步和发展起到重要的作用。公民教育选择的水平和战略，决定社会发展的水平和规模。所有现代化国家，都是教育选择战略成功的。正在追求现代化目标的社会和国家，也在把教育选择作为国策来研讨和思考。

（六）宗教选择

这一问题，在前节总体文化选择的"四大板块"中已经述及。这里则指人们在生活中的具体的宗教选择。宗教仍然是现代人生活中不可缺少的，虽然并非每个人都是宗教信徒。宗教作为人的生活中的精神安慰剂、社会的稳定因素，起着重要的作用。人们的宗教选择——具体信奉哪一种宗教，有许多不同的因素和文化背景，包括民族的、地域的、家庭的、文化的、心理的等原因；但是，其宗旨和目的却是一样的，都是为了避祸禳灾祈福。也有众多信徒遵从教义，博爱为宗、慈悲为怀，当好人、做好事。这是就世俗的宗教信仰来说的。

"宗教作为一种意识形态，往往成为文化的高层结构和核心内容，是最高的文化形态之一。"这在现代社会表现得尤为充分、突出。宗教所涉及的人的意识、价值观、文化心态，是深层的，既具世俗意义，又有高文化含义。

现代社会生活中的种种问题，促进了人们宗教心理和宗教信仰的萌生和发展，人们常常以宗教为最后的心灵避难所。

（七）思维选择

人的思维有多种形态：理性、逻辑思维、情感、形象思维、灵感思维、直觉思维、具体思维、抽象思维、聚敛式思维、发散式思维、创造性思维、我性思维，等等。人们的思维选择有两种：一种是总体的思维品格、思维方式的选择；一种是具体的思考和行动过程中，具体运用的思维种类。

思维选择决定于每个人的先天的条件、后天的习性和成人后的各种训练。大致上，有的人偏重于、习惯于、擅长于理性-语言-逻辑思维，有的人则倾向于情感-形象思维。这往往决定了他们的生活的选择：从事科学、管理等类事业，或从事文学艺术创作。但就大多数人来说，则未必如此泾渭分明、差异很大；但大体的思维选择类型还是可以划分开的。不过，许多人的这种类型性并不鲜明突出，有些职业、活动的性质，对思维类型要求并不那么"重视"，因此人们的主体表现也就不那么分明。

在具体选择中，人们则不得不运用不同类型的思维方式，以适应客观的需要。这种类型区分，是"临时的"、短暂的、不稳定的；但它对于选择的良与不良和效应的好与坏，却有重要的作用。常常有人因为思维方式的选择不当，而遭致失败。

思维选择的水平高低和成败概率，取决于思维训练。现代人中有为数不少的人，由于教育和训练，这种思维训练达到了较好的水平；但就大多数人来说，一般都缺乏正规的思维训练。

（八）情感（类型）选择

这里是指情感类型的选择，而不是一般情感选择。情感类型是多种多样的，有日常生活中的分类，有科学上的分类，有心理-情感式的分类，也有生理-本能性的分类。我们在这里且不列举这些分类，而只是就人们的选择性来说一些概略的状况。

人的情感活动是一个"综合指标"，这包含了他的全部生活经历、遗传因素、性格基础、生理本能、教育程度等；但这些都要通过他自己的主体性——对情感类型的选择——来体现。人们选择什么样的情感类型，并非随心所欲的，这与他的社会地位、社会角色、人际关系等都有密切关系。一个统领千军万马的统帅，其情感类型通常总是自信的、威严的、自负的；而一个社会地位卑微的人，其情感类型选择，自然会是唯唯诺诺、俯首听命的。

人的情感选择，决定了他的行为表现，也决定了他的生活选择。后者同情感选择是一致的、相通的。

对于现代人来说，情感发展得细密、敏锐，同时又拓展得开阔、辽远，这给现代人的情感选择开辟了广阔的天地。

第六章 文化选择与自我塑造

文化是人创造的，创造了文化的人又用文化来装备自己、塑造自己。真正意义上的人就是"非自然人"，成为"文化人"。文化人的选择，就是文化选择。人实现文化选择的过程，就是人用文化来塑造自己的过程。因此，文化选择—自我塑造，是同一个过程的两个方面：一个是主体向外投射和摄取的过程；一个则是主体内化和被文化塑造的过程。这是一个双相双向的互相作用的过程。过程的两面（两相）是文化—人；中介、活动、实践则是文化选择。如用图表示，则为：

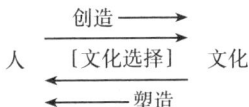

$$人 \quad \overset{\text{创造} \longrightarrow}{\underset{\text{塑造} \longleftarrow}{[\text{文化选择}]}} \quad 文化$$

我们在探讨了文化选择历史的发展、基本内涵、性质、构造和现代文化选择模板的主要状况之后，有必要横向地、动态地、辩证地来探讨文化选择与人的被塑和自塑的问题。这对于我们进一步深入了解文化选择的性质、功能和作用，是很有必要、很有价值的。

一、文化与自我

前面我们已经论述过，人首先处于生态系统与社会系统之间的动力性相互关系中。因此，人的文化选择实际上是在这两个系统交叉融会、互制互促中进行的，是在两者的张力与合力的动力轴线上来运行、来实现和向前发展的。如果我们把人纳入自然生态系统，作为自然的一部分，那么生态系统还包括人的生理和心理系统，包括"自我"（self）[①]；

---

① 这里所说的"自我"（self），具有广泛的社会文化意义；不同于弗洛伊德所说的"自我"（ego）。

而社会系统，又包含文化系统，——社会的内涵是文化，文化必须"寄寓"于社会系统之中。这样，人的自我，就要在除自身之外的"外在的"生态系统和社会系统-文化系统的作用下形成。人的自我不是静止的，而是动态的：一是他在生命周期中发育生长，从幼年到老年到死亡，运行不止；二是他始终在**行动**中，总是在采取一种**行为**。前者是**生命运动**，后者是生活运动。两个运动是结合在一起的，也都是在"生态—社会—文化"系统中行动和实现其生命—生活的律动的。"人的行为常常是**自我体验**与人的**社会角色期望**之间不断冲突的结果；并且，自我是随时间的推移而发生变化的：自我的变化发生在生命周期中，自我要随着个体外部的社会变化而变化。这些变化能给经验着的自我带来新的张力，并要导致行为方式的变化。"这样，在人的发展（生命的发育、实现与社会角色的成长、实现）过程中，就涉及几大项（系统）：自我—社会—文化。

人就在这三个系统中内外结合地发展。马塞勒等在《文化与自我》中指出：

> 思想的文化传统影响着自我怎样去认识自身，继而又影响着这种认识如何与构成人格结构的基本处理机制的操作发生相互作用（不是决定作用）。简而言之，在社会相互作用中对自我进行分析，是一种必要的中介分析，即是介于社会角色相互作用的相关因素和人格结构之间的一种分析。

这里，又引入了另一个相关因素——文化传统，它使"文化-社会"项更具体化和深入化。而且指出了这一因素影响到自我对自身的认识和人格结构处理机制的操作行为，也就是理论和实践两个层面。

文化-社会和自我的关系，到此就全面、系统地列出来了。这个系统，我们可以借用《文化与自我》一书中弗朗西斯·徐的自我结构同心圆图来表示（如图6-1）。

从图6-1中可以看出，自我好似一个核心（胚胎）处在中心地位，然后由一层又一层包围圈包围着他。7~5是属于人的遗传和文化传统方面的；4是自我所明确的自我意识；3属于自我的社会与文化；4，3两项属于意识到的自我，又是直接为社会-文化所包围、所影响、所决定、所塑造的自我；2，1两项是距离较远的社会-文化的影响层面；0

是距离更远的"外层空间"。人是由那个"无意识"自我的核心、胚胎为起点发育、成长的，但却一步一步受到由近及远的社会-文化的影响和塑造。这里，一方面是自我塑造，一方面是接受文化的塑造。自我塑造利用文化，受文化制约；文化塑造要通过自我，为自我所接纳。所以这是一个一而二、二而一的内外统一的过程。自我就在这个过程中接受文化的塑造，也完成自我塑造。

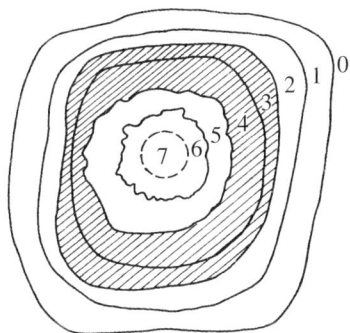

7—无意识；6—前意识；5—不可表意识；4—可表意识；3—个人的社会与文化；2—有用的社会与文化；1—更广泛的社会与文化；0—外部世界

图6-1

《文化与自我》中，介绍了奥尔波特的八个"自我范畴"：（1）认识者的自我；（2）知识客体的自我；（3）本我的自我；（4）支配驱力的自我；（5）心理过程的消极组织的自我；（6）为目的而奋斗的自我；（7）文化的主观结构的自我。①

这种对"自我"的解析，很有启发意义。这里基本上可分为两类：（1）主体的、主观能动的自我，作为认知的主体、本我的主体、支配驱力的主体、心理过程组织者的主体和为目的而奋斗的主体；（2）客体的、为社会-文化所影响塑造的客体，即知识的客体、文化的客体。这两方面内外互通互渗、互相作用，便形成一个文化塑造和自我塑造的完整过程。正如《文化与自我》中引用的莱因斯利（Rinsley）的做法，可分为"过程的自我（作为过程的自我）"和"客体的自我（作为对象的自我）"。不过，二者并不是泾渭分明、"井水不犯河水"，而是"泾渭

---

① A. 马塞勒等：《文化与自我：东西方人的透视》，任鹰等译，浙江人民出版社，1988，第111页。该书所列只有七个自我，而无第八个。此处按该书提供材料罗列，缺一自我。

混杂""井水必'犯'河水"的：过程的自我，即作为自我塑造过程的自我，在自我塑造的过程中，必然要倚重文化、以文化为"素材"和"手段"，而作为对象的、客体的自我，也正是作为社会-文化的对象和被影响的客体而存在的。这样，自我和文化、主体和客体、自塑和被塑，就统一起来了，就成为一个内外、主客结合的统一过程了。人类的行为既受生物机制的影响，同时又受到文化因素的制约。而且，"生物机制"在文化因素的影响和制约下，也"文化化"了，被打上文化的烙印了。因此而成为"生物机制-文化制约"，即文化制约的生物机制和通过生物机制发生作用的文化制约。A. 怀特在《文化科学》中说：

> "人心"的许多要素和属性不能以神经、大脑、腺体、感官等的活动来解释，而应从文化角度来解释，这并不是说人体对外部世界的文化因素的反应不是"心理的"或"精神的"；它们是心理和精神的反应。我们只是说，作为人类，其思维活动中存在着一种非心身的，即超机体的文化决定因素。"人的意识"是人体对外界刺激的反应；意识时时都在活动。但这种反应、这种活动不断变化着。霍屯督人的意识或意识活动与爱斯基摩人或英国人的意识活动不同。"人的意识"——人的意识活动显然是变动不居的。它的变化是随着文化因素而不是随着机体因素的变化而变化的，机体的心身因素可以看成是一个恒量。这样，"人的意识"的整个概念被赋予了新的内容。

这个"人的意识"概念的新内容，就是生物机体，因文化因素的变化而变化。这也就是说，文化因素在塑造人；然而，又不能任意和独自去塑造，而必须通过人的机体、为人的机体所接受，并且加以内化，然后才作为意识外射，对客观世界作出独特的反映和反应。这也就是前述的内外、主客的统一过程，就是文化塑造和自我塑造两个过程的统一。

这种人的生物机体受文化制约，或者说，文化对人的生物机体的制约力和作用力，都因人的文化素养的高低而区分高低。人的文化素养越高，愿意而且能够受到文化制约的程度也越高。这样，他既受文化的塑造程度很高，同时，自己用文化来塑造自己（自我塑造）的程度又很高。在这里，也同样体现了人的自我塑造和文化对人的塑造的一致性。

M. 基辛在《文化·社会·个人》中还说道：

当一个婴儿降生到既存的社会时，周围已经布满他必须学会的规则、风俗、意义等。从这种意义上来说，文化也是外在的，并且是在每个孩子对其进行学习之前即已存在。然而从另外一个意义上来说，文化仅仅是作为某特定时期所有个人心灵对它的理解的总和而存在的。

这是从另一个角度，即从文化的性质和定义上来阐明文化-人的互为内外的关系：文化是人的外在物，原来即已客观存在，人在儿童时期就要学习它，这是一方面；另一方面，文化又是人的内在物，是人的心灵对"文化"的理解的总和，它积存在人的心灵之中。从前一个意义上说，人从儿童时期就学习文化，就受文化的塑造；从后一个意义上说，人在心灵中对文化做出自己的理解，也就是做出自己的阐释、自己的选择。在此意义上，人又是从外界取来外在物（文化），用以塑造自己，因此是自我塑造。

总之，文化与人，就这样外而内、内而外，一而二、二而一地结合在一起。人创造文化，文化塑造人；文化塑造的人，文化创造能力更高。这种文化创造能力更高的人，又能以更高的文化来更好地塑造自己。

二、文化选择与自我塑造

在前一节，我们阐述了文化-人的内外结合、互相创造-塑造的关系。然而，这里还缺少一个环节，一个中介，一个过渡。人究竟是通过什么程序、怎样地用文化来塑造自己？文化又是通过什么程序、怎样地来塑造人的？这需要进一步阐明。

这里，我们可以总括地说一句，**人是通过选择活动，通过文化选择来塑造自己的。**也可以说，文化是通过人的文化选择行动，来实现其对人的塑造的。

现在我们且来详细地探索这个过程和这个"工程"。

人类学者有一种有趣的叫作"罗氏（Rorschach）墨迹测验图案"的测验，就是让接受测试者表述他从墨迹上看出来的是什么东西。同一个墨迹，不同的人却看到了不同的东西。一位新几内亚人，严肃地看着这个测试他的墨迹图案，描述说，他看到了一群飞鸟和蝙蝠，还有当地森林中的神话人物。同村人在接受测试时说，他们也从墨迹中看到了一些打转的动物和精灵。[①]可以想见，如果一个爱斯基摩人接受测试，他将会说，他看到了冰天雪地里的白熊、企鹅和狗等；而一个中国的达斡尔族猎人所见，自然就会是与打猎有关的如马、鹰、猎犬之类了。如果是一个现代中国的儿童当被测试者呢？他也许会说他看到了阿童木、一休、唐老鸭与米老鼠以及外星人吧？所以，这里的实质问题不在"墨迹"像什么，而在被测试者心里有什么，由此他就想象出什么，看见了什么。正如基辛所说："这些新几内亚人对这些图案反应的方式——并非只是说明他们看到了什么，而且也说明他们感知和报道其反应的方式。"新几内亚人的感知和报道感应的方式，决定于什么？决定于他内心里所贮存的文化，即他的文化素养和文化类型。

我们从这里却看到了文化选择。因为，同样的一滴墨水所形成的痕迹，是一个固定的客观外在之物，人们却对它不仅进行了描述，而且进行了选择：它既像这个，又像那个，可以像很多东西；但是，不同的人，却从中选择某几种。这不是一种选择吗？而这种选择，既不是凭空产生的，又不是心灵任意而为的，而是既受到他所用以装备自己的文化的启示，又受其制约的。这就成为一种典型的文化选择行为和文化选择事实。而且，在这种选择和描述中，还加上了被测试者的想象，这想象也是一种内心文化的驰骋，而不会是凭空或任意所为。这会反映在他的报道反应的方式中。比如，如果是一个佛教徒接受测试，而他想象中看到的是鬼怪精灵，他会念一声佛："阿弥陀佛！罪过。"而一个活泼的现代儿童，便会蹦跳欢呼他看到了什么什么。这里，想象和报道方式，都是文化的底蕴的作用，是文化在选择。

这种文化选择的行为，决定一个人在同一的和广大的文化文本面前，面对同一个文化模板，他不是必然地采取与别人完全一样的选择。这决定于他原来的"文化基因"是什么。"文化经验从人类的全部认知技能中，挑选出一些技能来加以强化和发展，而将别的认知能力置于一

---

① R. M. 基辛：《文化·社会·个人》，甘华鸣、陈芳、甘黎明译，辽宁人民出版社，1988，第114页。

旁，让其处于相对不发达的状况。"①这正是一种典型的文化选择描述。他如何选择，决定于他所具有的**文化经验**：符合的，就选，因此而得以强化、丰富、发展；不符合的，就弃置一旁，成为不发达的，甚至是不存在的。

这里，我们愿意再引征一段关于"人为何物"的有趣的描述，这是托马斯·沃尔夫（Thomas wolfe）在《你不可能回家》中的一段话：

人为何物？

首先是稚童。他两腿摇晃，站立不稳，大小便弄脏自己的衣裤；他哭笑无常，看见月亮也会哭，吸着母亲的奶便安静下来；一个贪吃贪睡、大哭大叫的小傻瓜；一个吮自己的脚趾头、稍一碰痛就哇哇大哭的嫩东西；一个爱玩火、爱干蠢事的家伙。

以后是少年。他在同伴面前嗓门响亮，但独个时胆怯害怕，晚上不敢出门；他欺软怕硬，崇拜实力和武力，爱听打仗和谋杀之类的故事，有时还与别人打架；他喜欢凑热闹，讨厌孤单一人；他把战士、水手看成英雄，羡慕拳击手、足球运动员、牛仔、佩枪的歹徒和侦探；他干什么事都比同伴出色，只能赢不能输，他愿意让别人知道自己是多么能干，炫耀他的成绩，但从不承认失败。

然后是青年。他追逐女孩，混在街上闲逛吹牛的男孩中间，对路过的姑娘评头论足，满口秽语，但他自己的脸上长满青春痘；他开始讲究服饰打扮，变成了一个花花公子，头发上抹了油；他抽烟，显出一副郎里郎当的神态。他偷偷摸摸地读小说、写情诗。他把世界看得很简单，他知道爱、憎和妒忌；他胆小愚蠢，不能忍受寂寞；他生活在众人中，人云亦云，与世沉浮，生怕别人说他怪癖。他参加各种俱乐部，生怕别人奚落嘲弄；大部分时间中，他心烦意乱，垂头丧气，百无聊赖。他腹中空空，暮气沉沉。

最后是成年。他忙忙碌碌没完没了地计划，精明冷静，他有工作。他生儿育女，在熙熙攘攘的尘世间，他经常碰壁，也给别人制造麻烦。他会耍些诡计愚弄竞争对手，一经得手，便眉飞色舞。他虚度光阴六十载，余下十年在默默无闻中消耗殆尽，从摇篮到坟

① R. M. 基辛：《文化·社会·个人》，甘华鸣、陈芳、甘黎明译，辽宁人民出版社，1988，第122页。

墓，他一生几乎从不看看太阳、月亮和星星；对永恒的大海和山河毫无兴趣。他谈论未来，而它来临时又把它付之东流。如果幸运的话，他会有些积蓄。而最终那鼓鼓囊囊的钱袋给他买来的一些食客，直到他招架不住为止。他吞食美酒佳肴，结果可怜的胃不堪负担，大倒胃口；疲倦呆痴的目光停留在年轻时曾梦寐向往的异国风光上。接着是缓慢的死亡过程，先由收费昂贵的医生拖延残生，后由毕业实习生送终，洒了香水的尸体，慢吞吞的引殡人伸着左手，疾驰的柩车，最后是一抔黄土。

正如怀特在引用这段话后所说，"沃尔夫的描述根本不是人类，而是文化"。"其实只是人体对某类文化刺激的反应方式。在另一种文化类型中，机体反应就完全不同了。沃尔夫所描述的人肯定不适于祖尼普韦布洛印第安人，也不适于刚果的俾格米人、澳大利亚的土著或墨西哥的村民。……沃尔夫是从文化对人体的影响这一角度来描述一种文化。"①其实，我们还可以补充说，沃尔夫不仅描述了文化，而且描述了文化氛围即文化所存在的社会环境，他还描述了人的文化选择。先是人接受了一种文化，成为某种文化的人，如印第安人或爱斯基摩人或澳大利亚土著；其次，他又受到一种文化刺激；再次，他对这种刺激做出他的文化反应，即一种文化选择，如青年时的追逐女性、在街上闲逛；成年时的追逐事业，从不抬头看看太阳、月亮；老年时的大吃伤胃和向往异国风光；等等。这都是他对世界、对生活的一种文化选择。这种选择也是有文化区别的。像沃尔夫所描述的这种人，就不符合中国的人生。比如，一个中国农民是决不会，也不能如此生活，如此对生活做出选择的。在他老年时，不会大吃伤胃，也不会去向往什么异国风光；他连他那个山沟之外有些什么"异国"都不知道，也不想去；他恋山恋土，不愿外出；他只求上天保佑他，使他儿孙满堂；他愿死后葬埋故土，不使魂灵流落他乡。他的文化选择就是如此。

这样，我们看到文化选择，首先是文化选择人，文化烙印于人的身上，从机体到心灵；然后，是人凭此以选择生活方式、生活目标、行为规范等。正是在这种**文化选择**中，他进行**自我塑造**，也是为文化所塑

---

① 怀特：《文化科学：人和文明的研究》，曹锦清等译，浙江人民出版社，1988，第144-145页。

造。文化选择在这里正是成了一种**行为中介**，使自我进行"自我塑造"，使文化进行"塑造自我"。这就是前节所说的统一过程。

如果只从婴幼时期开始，那么，这就是他同社会-文化建立联系，并接受文化塑造的开始。同时，也就是进行文化选择并进行自我塑造过程的开始。这是我们前几章中说到的育婴阶段的教育（抚育）和婴儿习得过程。"幼婴在新生儿期，通过啼哭的方式与他人建立起一种基本的社会关系；通过他妈妈的反应，学得了他自己行动的意义。"①这里所说的"基本社会关系"和"学得自己行动的意义"，实质上就是一种基本的选择。他按照一种基本社会关系去选择，按照他所理解的一种意义去选择。墨菲·谢里夫（Muzafer Zherif）曾说，婴儿"最初的各种知觉、辨别力和行动，主要见于与生物作用有关的各种对象当中，后来才被'引向'其他对象，直接满足人的需要"。知觉和行为从生物性联系到人性的-文化性的联系，这是一个被"引向"的过程，即教育的过程。在这个过程中，懂得了怎样去选择才是人的需求，或者说，懂得了什么是人的需要，培养了一种人的-文化的需要，然后去进行选择。

这样，我们看到一个人成长的流程：先是在婴幼期的文化习得，即接受文化的塑造，然后形成一种初步的文化的、生活的需求，也形成了一种内心的文化基因结构，我们称它为"文化胚胎"。再后来，这个"胚胎"不断接受文化熏陶、文化塑造，发育成长；而每成长一步，都发生新的脾性、能力、要求，从而接受新的培育，便再有新的成长，新的能力、要求等。如此不断螺旋式地上升、发展。这里，每个环节、每个时期、每个阶段，都接受文化的塑造，但是，个体同时又用这种被塑造的"自我"的形象、要求，去定向性地选择符合自己的一切——合之者则留，不合则弃。这既是一个接受塑造的过程，又是自我**通过文化选择**去摄取文化、摄取生活的乳汁，而进行自我塑造的过程。文化选择在此居于重要的中介地位、过渡阶段，舍此，过程就中断了。

这里还需说明，"胚胎"在接受培育中，形成一种我们称为"文化基因"的东西，可以命名为"相似块"，它选择与自己相近而又稍异的文化元素而吸收之。全异则相斥，而不予接受；全同则"不感兴趣"，

① 克莱德·克鲁克洪等：《文化与个人》，高佳、何红、何维凌译，浙江人民出版社，1986，第112页。

同质同构的重复，不是新的发展，于成长上无新的意义。这就是"相似块"按相似原理的层垒式地积聚、发展的过程。这也体现为一种自我塑造的过程，一种文化选择——自我塑造的过程。

关于相似性增长，我们不妨以图示意（如图6-2）。

1—"文化胚胎"；2—相似块；3，4，5，…—相似"因子"

图6-2

这种层垒式的累积，是文化对自我的"入侵"，但尤其是自我的一种文化选择性的摄取。因为，如果心灵"相似块"拒绝接受，"入侵"也就会以失败告终。这种状况，在异民族之间，文化的冲突、宗教信仰的冲突都曾经发生过。这种民族-文化的冲突如果从选择学的角度诠释，那就是一种文化向另一种文化入侵；另一种文化却不予选择，拒绝入侵，并起而抵抗。这是文化选择的对抗。从个体来说，也会发生这种对抗，而且在同一社会、同一文化中，也会发生这种个体对社会共识文化的有些"文化因子"的拒绝和"怠工"。这是个体选择的"自由"。

这种文化选择和自我塑造过程通过图来示意，可以如此表达：

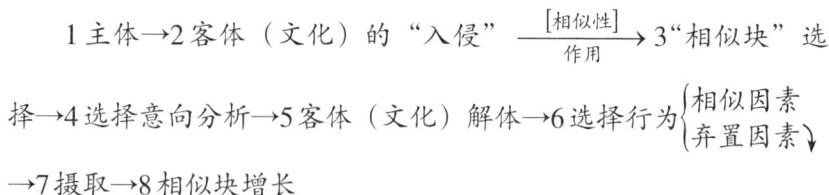

1 主体→2 客体（文化）的"入侵" $\xrightarrow[\text{作用}]{[\text{相似性}]}$ 3"相似块"选择→4 选择意向分析→5 客体（文化）解体→6 选择行为$\begin{cases}\text{相似因素}\\\text{弃置因素}\end{cases}$→7 摄取→8 相似块增长

图6-3

图6-3中的"弃置因素"就是对个体来说"不欲摄取"或"拒绝摄取"的。在这一选择行动中，是最表现人的主体性、能动性的了，也是最表现文化选择的品性的了。正是在这一点上，"文化塑造"自然地转化为人的自我塑造。文化选择的中介作用、过渡作用，也典型地表现在

这一点上。正是由于文化选择的"行动"，才完成了文化选择→自我塑造这一过程。

三、个体变异与文化进步

前面说到了文化选择过程中所发生的个体变异现象，即在文化塑造-自我选择过程中，个体吸收、摄取了一部分，而舍弃、拒绝了一部分，这就不是全部、原样复制，就发生了异变现象。事实上，文化的个体吸收这一行为本身，就不会是单纯的**复制**，而是主体的主动摄取和**反应**，这里所形成的"映像"就有主体（个体）的独异的摄取、诠释和反应（在总体上构成文化选择）。正如前面已经论及过的，眼睛的看物，就不是简单的反映，而是有主体的创造一样；意识的反映会有更多的主观性和创造成分。变异不仅止于此，而且"舍弃"一举，更是动了"外科手术"，割去了客体来侵者的一部分。还有，在这个取与舍的过程中，主体还会有有意识的创造和改变的举动，这就是更具主动性、创造性和个体特性的创造了。C. 恩伯和 M. 恩伯在《文化的变异》中说道："即便每个个体都在对同样一般化的情景做出反应，而且这些反应都符合那种文化的要求，我们所观察到的实际行为之间往往仍然存在着值得注意的个体变异。"A. 马塞勒等在《文化与自我》中指出：

> 如果每个人仅以个性化的个人来行动，那么社会就不成其为社会了。如果每个人的行动与他人完全相同，那么人类与蜂类之间就没有差异。人类的生活方式显然是介乎这两极之间。

的确，如果每个人都一个样地按社会共识去行动，去选择，那么，社会就是一块凝固的铁板，是没有活力的东西，人群就跟蜂群一样了；但是，如果每个人的行动和选择都不一样，千人千面，那么，社会就是一盘散沙，也不成其为社会。人类的生活方式-选择方式，既不是千人一面，也不是千人千面，而是有共识又有个性，有集体——社会的共同文化选择，又有个体——独异的文化选择。这样，社会才不同于蚁群、蜂群，而是人的社会；而且社会-文化也才会进步，不断变迁——前进。不过，这种个体的变异，不是任意的，也不会是无限的。"从理论上讲，在一定的刺激下，个人反应的变异是无限的。但实际上，这些反应却往往局限于较易识别的范围内。""行为的变异总是被控制在为社会所容许的限度之内。"变异总是局限于较易识别的范围之内，也总是在社会所能容许的范围之内。这就是社会（人群）对个体的变异的文化选择。另外，还有社会是否能够认识到的问题。这是一种消极的社会限制，它往往扼杀了一些前进的因素。"发现和发明是一切文化变迁的根本源泉，它们可以在一个社会的内部产生也可以在外部产生。但是，发现和发明却不一定就会导致变迁。"很明显的例证是，中国的指南针、活字印刷术和火药，都发明了很久，但却没有能够推动中国社会生产的大发展和文化的大变迁，而传入欧洲之后，却被西方社会和新兴的阶级加以充分而恰当的运用和发挥，从而推动了生产的发展，推动了生产力的发展，从而引起了社会的大进展，产生了文化的大变迁。纺织机、蒸汽机在西方也早有人发明过，但是，也只是在社会出现了资本主义生产关系，纺织机、蒸汽机的生产效率不仅被重视而且被应用时，才得到长足的发展，引起生产的变革、文化的变迁。

一方面是个人的变异，另一方面是社会的承认、认识和利用。这样两方面，才推动了社会的发展、文化的变异。这就是个体的文化选择，具有推动社会-文化变迁前进的力量；同时，社会的文化选择又抑制或推动个人的文化变迁。没有社会的"批准"，即不为社会的文化选择所摄取，个人的选择变异甚至是发现和发明，也会被搁置、被耽误或被压制以致灭亡。在这里，也同样体现出文化塑造和自我塑造的相区别又相统一的双向选择过程。

C. H. 米德认为，"思想、自我和社会等概念，总是一并产生于个体的生命过程之中和人类的发展历史之中。"[①]"个体的生命过程—人类的发展历史"，就是这样紧密结合在一起的，是同一过程的两个方面。人的文化选择，就是在这个大系统的运行过程中来实现的。社会的文化进步，也就在这种个体的文化选择—社会的文化选择的一致性中实现。

---

① A. 马塞勒等：《文化与自我：东西方人的透视》，任鹰等译，浙江人民出版社，1988，第64-65页。

第七章　救救地球　拯救自我

——当代人类文化困惑与21世纪文化选择

救救地球！拯救自我！

这是在地球上的人类发出的两声呼喊，也是震响全球的两声警钟。怎么了，地球？怎么了？人类！

人类文明已经发展到空前的高度，人类在地球上处于生灵的主宰地位。人类能够从自然获取很多很多，能够利用地球表面、地球上空和地表下面的许多宝藏，并且能够创造地球上所没有的许多东西——许多高级的东西。自从人类第一次投出第一块石头，从而第一次使用工具之后，人类就进入了"非自然选择"而是"文化选择"的时代。从那时到现在，人类使用的工具已经发展到极精密的电脑，具有人工智能的电脑时代，其文化选择已经是非常高超的。那么，有什么问题呢？

问题正发生在这里。

一、两声警钟说明了什么？

1992年6月3日至14日，在巴西里约热内卢举行了联合国环境与发展大会。大会发表了《关于环境与发展的里约宣言》（简称《里约宣言》）。这个宣言可以用一句话来概括其内容：救救地球！

《里约宣言》在《序言》中指出，"联合国环境与发展会议"认识到我们的家乡——地球——的整体性和相互依存性：

兹宣告：

原则1

人类处于普遍受关注的可持续发展问题的中心。他们应享有以与自然相和谐的方式过健康而富有生产成果的生活的权利。

....

原则6

发展中国家，特别是最不发达国家和在环境方面最易受伤害的发展中国家的特殊情况和需要应受到优先考虑。环境与发展领域的国际行动也应当着眼于所有国家的利益和需要。

原则7

各国应本着全球伙伴精神，为保存、保护和恢复地球生态系统的健康和完整进行合作。鉴于导致全球环境退化的各种不同因素，各国负有共同的但是又有差别的责任。发达国家承认，鉴于它们的社会给全球环境带来的压力，以及它们所掌握的技术和财力资源，它们在追求可持续发展的国际努力中负有责任。

....

原则25

和平、发展和保护环境是互相依存和不可分割的。

这个重要的宣言，被称为《地球宪章》，可见世人对它的重要性的评价；同时，也可见救救地球问题之重要。这个《地球宪章》规定的内容，主要可以概括为：救救地球——保护家乡！仅仅从我们在上面摘引的少部分条文中就可以看出，这个宪章内容的重点，主要有：（1）地球环境被污染，在退化。（2）地球生态系统已经被破坏，其健康和完整已经被破坏。（3）地球上各个国家和地区，尤其是发达国家，给全球环境带来了压力。（4）各国的持续发展受到了影响。（5）人类的继续发展，将危及地球的健康和安全，从而也就危及人类的家乡和人类自身。（6）要建立一种全球共识，主要内涵有：①人类要以**与自然相和谐的方式过健康而富有生产成果的生活**；②地球是一个整体，各方面，包括人类和人类社会在内是互相依存的；③各国要在各个关键性阶层和在人民之间开辟新的合作层面，建立一种新的、公平的**全球伙伴关系**；④本着这种全球伙伴关系，为保存、保护和恢复地球的健康和完整而合作；⑤各国都要有制止环境污染和其他环境损害的立法和措施；⑥

为保护环境，各国都要有广泛适用的预防措施；等等。

所有这些都告诉我们，问题出在**我们向地球索取以致压榨得太多了**，不仅超过了地球的承受能力，而且从根本上破坏了它的恢复、健康和进行再生的能力。**人类的文化选择，过强了、过度了、过高了，过于贪婪了。**

人类会不会把自己的家乡——地球——毁灭？人类会不会在家乡被毁之后，自己也被毁灭了？人类会不会不等家乡被毁灭，自己就毁于自身？

目前，并不是多数人注意到并思考这个问题，而是大家在盲目地追求发展速度、追求经济增长，不断地向地球施加压力，不断地向地球施放毒气，不断地向地球"开火"。与此同时，也在不断地、快乐地摧残自己的身体、自己的后代，以及自己的同胞、自己的同类。

此外，人类还在不断地摧残动物和植物，使它们灭绝，使它们遭害、遭灾。

那两声警钟，实在值得人类惊醒，重新安排自己的生活，重新安排地球上的事情。

二、问题出在哪里？

我们远没有、远没有把地球和人类面临的危机作概括的描述，连极小极小程度的描述都未曾做到。我们只是点出了两个方面的问题——当然，是两个主要的方面。

这两个主要的方面，恰好就出在食与色这两个领域。

地球为什么会遭破坏？首先的、直接的原因，就是人类为了吃——为了更多的收获，而采用了文化手段、科学的生产方法。农药、化肥、除虫剂、除草剂等，都给地球以污染，给植物界以污染，转而又污染动物。地球—动物—植物的污染，又都"回归"和"转嫁"到人类身上。这是人类的自作自受。水质——江水、河水、井水、池塘水的污染，以及大海的污染，也是环境污染源，同时又污染植物，污染饮用水，最终污染人。

这只是一种直接的关系。事实上，间接的"为食而破坏地球"者仍很多。比如，旅游垃圾、旅游污染，还有很多人的食物包装和食物残渣的污染。

至于性生活方面危及人类，就是艾滋病的流行了。其次，各种性病的流行，也是危害很大的。它更普遍，染上的人更多。"食色性也"，食和性这两项，正是人类面临地球-人类生存危机的两个主要方面，其安排不当是主要根源。

我们前面说到，食与性，是人类文化选择的两块基石，两个基本领域。现在，正是在这两方面出了问题，正是这两块基石腐蚀严重了。

因此，人类的文化选择面临危机。

三、为什么会产生这种问题
——对文化选择的反思（1）

人是凭着文化的创造和文化选择逐步发展的；人类社会也是凭此来发展的；人与自然的关系，同样是这样地得到发展的。从使用石器到现在使用电脑，工具的发展、科学技术的发展，使人类的文化不断得到发展，也使人类的文化选择不断提高。这在前面的章节中所说到的文化选择的两个层面中都是如此。其中包括食，包括性，还包括狭义文化选择中的种种事项。

但不幸的是，或者说事物的必然结果是：在这种发展的轨道中，同时又有一个逆行的轨道存在，文化选择的手段、文化层次的每一步提高，同时，也有不良的效应和结果，沿着这个"逆行轨道"发展。人类为了种植粮食而耕种土地，并且施肥于土地之中。这样，他们就能收获更多的粮食。"春种一粒粟，秋收万颗子。"在这个过程中，他们还提高了土地的肥力。他们种地，同时养地。但是，即使是在这种良性循环的传统农业生产中，人类对土地——地球——的掠夺性也是存在的。第一，为了种粮而开辟耕地，就要砍伐林木、减少森林，刨去野草、减少草地，自然的植被减少了；自然的、"天生的"生态状貌和生态平衡被打乱以至打破了。第二，即使对耕地施用了肥料，土地肥力仍然会逐年降低。重要的是，这两条都不是"一次性"的，而是不断扩大的。人类的耕地面积不断扩大，地球也就不断被打乱平衡和被破坏。

然而事情并非到此为止。人类在农业上的耕种和经营水平的提高，也就是文化选择水平的提高，亦即向自然索取的水平不断提高，这种打乱和破坏地球生态平衡的"逆行"就不断发展。这就使地球的和谐、完整和健康遭到破坏，也使人与自然的和谐而健康的关系遭到破坏。此外，为了农业产值的提高，人类还兴修水利，这是从古就有的。古代埃及的水利和中国的水利都是世界知名的，而且不仅对农业的增产起了巨大的作用，对相关科学的发展也起了推动作用。但是，水利工程兴修，又更进一步、更大范围（越出农田系统）地改变了自然的结构以至生态。如果说这在古代还不是那么明显、那么巨大、那么深刻，那么，越到后来，随着水利工程的大型化，就越产生更大的不良后果。当然，除了水利之外，还有其他许多农业生产措施、农业技术、农业工程也是同样的情形，一方面增产，另一方面破坏自然。

人类从使用农家肥、自然肥到使用化学肥料、人工合成肥料，使农业大大地增产；农药的使用，从拌种到杀虫，以至增产药剂等的施用，也都大大增加了农业产量。但是，它们对农田的污染、对农作物的污染、对农产品的污染，也越发厉害，后果也十分严重。而且，地力也遭到严重的破坏。

当科学技术尤其是现代科学技术同农业结合之后，对自然的强制，对自然的破坏，又进一步增加。

以上述及的一切，还只是很肤浅的陈述，但这对自然的破坏，对人与自然和谐关系的破坏，也够严重的了。

这里，呈现在我们面前的便是一条令人深感不安和必须认真对待的规律：科学技术的发展，一方面表明人的文化能力的强化、提高，人的文化选择的强化、提高，并由此带来人类在生产上的胜利，收获成果的丰硕；但是，另一方面，也表明人类对自然索取的增加、强化，人类对自然的破坏的增加、强化，人类与自然的和谐关系也遭到破坏。

我们离开"食"这个领域来看现代文化选择对地球的破坏，就更为惊人了。当一个农民用锄头刨地时，他不过是"浮皮潦草地""浅层地"动了一动地球毫毛。但是，即使这种"动动毫毛"的做法，一是积以时日——以千年万年计，一是人数众多、地域广阔，也仍然会破坏生态，造成水土流失、气候变化等问题。然而，当人类使用机器、炸药来开山劈岭、改造山河时，虽然生产效率又大大地提高，但是地球所遭到的破坏就大得多了，恢复也困难得多了。

科学技术在工业、农业以及其他所有的生产-生活部门的运用，对于生产的发展、社会的发展、人类生活水平的提高，起到了极大的作用。现代社会和历史上的一切社会相比，其面貌之改变，简直是不可用笔墨来形容的。但是，科学技术所造成的负面效应，也是历史上任何时代所没有的。

科技的生产应用造成的环境污染、生态失衡、气候变化、地球-大气层的变化，都是人类凭自身的"身体能力"所做不到的，也不会产生的效果。但是，科技力量之大，却做到了意想不到的事情。这，一方面是人类文化选择的成功和效应，使得人类创造了自己从未有过的生活；另一方面，也是文化选择的结果——造成了人类从未有过，也不可能有过的灾害。这是文化选择不可逃避的结果。

科学技术还为人类在生活领域创造了前所未有的种种新事物，给人以从未有过的高文化的享受。这自然是人类现代文化选择的收获。收音机、录音机、电视机、电冰箱、空调，如此等等，各种低、中、高级电器，从公用到家用，不一而足。但是，这同样造成了危害人类的一面。有一则报道说："凶手就在你身边！"

液晶显示的电子闹钟收音机、电视机、电脑、微波炉、报警器，当然还有来自远处、地下或高空的电磁波。

法国梅斯大学生物教授，欧洲生态学研究所所长让-玛丽·佩尔特说："二十多年来，我们一直生活在各种各样的电磁波及辐射之中。它们对人体有什么影响，我们几乎一无所知：这些振荡是否有害？应该郑重地、科学地提出这个问题。"

巴黎一位市民说："十二年来，我一直住在蒙马特尔高地的一套公寓里，饱受来自埃菲尔铁塔的调频电台无线电波的侵袭。我经常莫名其妙地焦躁不安，失眠且患有耳鼻喉疾病。刚搬到这里时，我以为是工作、家务操劳过度而引起的。但我想尽一切办法四处求医依然无济于事。后来，终于有一家控制和安全事务所替我找出了原因：原来我房间内的静电电压大大高于能够承受的限度。"

在地球生物学诞生的美国，人们目前普遍注意到这一点：新时代的人们在乔迁新居或布置房间时都要请地球生物学家检测环境。[1]

----

[1] 《一门新兴学科：地球生物学》，法国《周末之日》周刊1992年4月2日，转引自《参考消息》1992年4月21日。

现在，几乎每个家庭都面对着这个科学的、隐蔽的敌人的侵害，这里只不过是已被认识和发现的问题，其他还有多少呢？人类在用科学技术为自己创造幸福时，同时又用同一种科学技术在戕害自己。这不也是文化选择的现代病症吗？

现代病、城市病、原子病、心理病、不明病因的病等现代人身心的病症，无不同科学技术的生产–生活应用有直接关系。文化选择，在这里同样是既收获龙种，又收获跳蚤。

人类创造了大城市。科学技术越发展，城市越庞大。大城市带来了高效益——高生产效益、高社会效益，还有高生活效益。而且带来了无数的生活享受和人际交往所带来的生活欢乐。然而城市病也由此产生。东京所出现的"热岛"是一个颇富象征意义的现代城市科学–文化病症。科学研究的结论告诉我们，大城市气温的上升和热浪的散发，形成一种波浪形的扩展运动，如果用高温线来显示，就好像是地图上的岛屿，被称为"热岛"。东京"热岛"的形成，是经济活动、城市机能和就业人口过度集中造成的。东京，已经成为世界上屈指可数的"发热器"。"这里的工厂、电站以及汽车的引擎燃烧后变成热能和二氧化碳等废气散发，空调等电器把热气排向室外。东京大手町、新宿等商业区的能源消耗平均每平方米达120瓦，相当于东京冬天平均日射量的2倍。东京地皮价格的猛涨导致高层建筑物急剧增加和建筑密度加大，这不仅影响了空气流通，阻碍了热扩散，而且每座大楼还是一个'性能良好'的大型蓄热器，……人体本身实际上也是一个'放热器'，……在东京地区100平方公里范围内大约集中了3000万人，每天散发的废热和30亿瓦电灯泡相当！"此外还有很多"造热原因"。"'热岛'现象造成的一大公害热污染，不仅引起了自然环境和植物生态发生变化，而且正在威胁着市民的生活和健康。"现在，整个地球上的气温也在不断升高。据统计，过去100年中，地球年平均气温上升0.7℃。地球日益加快地变成"热球"。①

这种东京和地球的"热"现象，好似象征着地球的"发烧"，一种外在的和内在的"发烧"。它的热源就是现代科学、现代技术、现代城市和现代人类。

---

① 《威胁东京的"热岛"现象》，《光明日报》1992年7月20日。

回顾人类的历史，从一个特殊角度说，是文化选择的历史。文化选择使人类一步步生活得更好，但也一步步出现负面的效应；等到现代科技-现代生活方式一出现，这种负面效应就越来越严重，越来越给人类带来麻烦、带来痛苦、带来灾难。

四、问题还不止于此
——对文化选择的反思（2）

我们前面所说，可以说还只是涉及表层的、看得见的、大面上的问题，还有更深层的属于人性、人类心灵深处的问题，更值得注目。

前面所说的"性"问题——艾滋病——便是一个明显的突出的例证。人类曾经有过纯真的性爱阶段。文化的增长和文化选择的从性爱领域发生，使这种纯真性爱不断增加文化含量，不断丰富其人伦内涵。而生活的发展，却使人类在性领域出了毛病，性病发生、流行、蔓延，它好像与人类的文明生活的程度成正比。及至当代，新的性瘟神——艾滋病——出现，更是"文明"（！）化了。好像越是文明的城市、文明的社会，越是流行这种病——虽然它的原发地是穷困的非洲，这也反映了文化选择的悖逆现象：文化选择的水准越高，反文化的效应越大。

"近几十年来，技术进步、技术本质和技术对于社会发展的前景，以及技术进步与文化发展相互影响的问题，日益引起国内外社会的关注。首先，受社会因素制约的科学技术的进步，**日益影响人本身**。目前，技术的发展事实上涉及到人类存在的一切领域，给人与自然之间的相互影响、人与人之间的相互关系和人的自我意识打下深刻的烙印。这个过程，将给文明揭示新的、有时是未曾预料的而常常又是引起有理由担忧的前景。""在整个20世纪的西方哲学中，文化危机的观念急剧加深。这种危机是技术进步引起的，是技术向原先不属于它支配的社会生活领域扩张引起的。"技术的入侵，引起了人类和社会的危机。技术的入侵，改变和扭曲人性与人伦关系以及人文环境。技术化，是文化选择的一个重大的成就，技术水平同收获水平、同享受水平成正比。然而人类却为技术奉献自己的肉体、心灵和整个精神世界。现代社会中，技术装备深入到人类生活的每一个领域。哲学家赫·麦耶尔说，人的全部生活都成了技术的或工艺的综合体。他列举了这个综合体的一些主要组成成分，如"成就工艺""幸运工艺""物质福利获取工艺""待人工艺""爱情关系工艺""获取权威工艺""培训工艺"，等等。人的生活、人的感情、人与人的关系，都这样"工艺化"了，其质量是都大大地提高了的；但是，技术性盖过人文性，客观必然性超越人的主观随机性和随意性。生活、情感、心理、人际关系等，就都"机械化"了。这不是符合人性需要的生活。这是文化的选择，但是是科技文化选择的强制，而不是或缺少人文文化的甜美。前者多的是科学性、技术性，后者多的是人性。

五、"单面社会""单面人"
——对文化选择的反思（3）

马克思主义经典作家对科学技术的力量、能量，对于它对社会发展的伟大推动作用，给予了高度的评价。他们认为，科学技术是"一本打开了的关于人的本质力量的书"[1]。这就把科学技术同人的力量、人的本质联系起来了：科学技术是人为了不断改善自己的生活而发挥自己的认知能力、创造能力创制出来的，它的力量是人所赋予的，是人的本质力量的展开，是人的本质的力量的物质形态的记录（"一本打开的书"）对于科学技术力量的颂歌，就是对于人和人的力量的颂歌。同时，我们可以说，科学技术本身，就是人的文化选择的结果：人为了追求更美好的生活而在文化选择中不断改善、提高科学技术的发展水平。也是在这个能够最终改善、提高人的生活的意义上，马克思主义经典作家肯定科学技术是"历史的有力杠杆"，是"最高意义上的革命力量"[2]。科学技术的这种伟大力量的具体的、历史的表现形式，就是通过不断改善生产工具，提高生产力，从而引发和推动产业革命，引起生产关系以至整个生产方式的革命。所以，马克思称科学技术为"使一般生产方式发生革命的起点"。我们从选择学的角度来理解，也可以说，人在文化选择中，不断"择优"而选，就必然不断推动工具——机器的革命，从而推动产业革命、生产方式的革命。

---

① 马克思、恩格斯：《马克思恩格斯全集》第42卷，人民出版社，1979，第127页。

② 马克思、恩格斯：《马克思恩格斯全集》第19卷，人民出版社，1963，第372页。

但是，马克思主义经典作家也早就指出过科学技术的负面效应。马克思说："机器具有减少人类劳动和使劳动更有成效的神奇力量，然而却引起了饥饿和过度的疲劳。所发现的财富的源泉……变成贫困的根源。技术的胜利，似乎是以道德的败坏为代价换来的。随着人类愈益控制自然，个人却似乎愈益成为别人的奴隶或自身的卑劣行为的奴隶。"[①]这里所说的自然是指资本主义社会的状况。机器的力量成为加强剥削的力量；机器一方面创造财富，另一方面却制造贫困。这就将阶级对立的因素引进了问题圈内。社会因素、社会系统的制约，使人对自然所取得的胜利果实，只为一部分人所享用。对于统治者、剥削者是甜果，对于劳动者却是苦果。人的**文化选择的分裂**，在社会系统中明显地表露出来。

但是，科学技术的负面效应，还不仅仅是在这种阶级分化基础上表现出来，它在**全社会**的层面上也表现出来。现代社会是一个高科技、高效率、高节奏、高速度运转的社会。实用性、效率性、机械性、计划性等，是社会的普遍要求。这些正是现代人所做出的文化选择，这种文化选择，带来了现代社会的高生产力、高劳动效率、高度文明和人的高水平、高质量的幸福生活。但是，这里又发生了几重的、越出阶级分野带来的科技异化的、另外的异化现象。第一，人类做出这种文化选择，就把自己捆绑在一部高速运转和高度"机械化""自动化"的社会大机器之上，这里有的是前面所说的文化选择的佳果，但缺的是随机性、悠闲性、主体性、人文性的生活和**心理状态**；这不能不减少了人生的情趣。不仅劳动人民在其中为生活而疲于奔命，就是阔佬财主也在竞争中、在为财富增长以及为生活享乐而高度紧张。第二，在这里，表现出技术统治、技术专政的强制力量。在社会系统中，一方面是人在客观上受到技术的统治；另一方面是人唯技术是从，竞相获得高技术。高技术就是高效率、高能力，就是高收入、高水平的生活。人只能作这一种选择。第三，社会的一切关系都变成了技术关系。技术对人和社会实行了全面的管理和统治。

科学技术由革命力量、福利源泉，变成了异己力量、苦难之源。

这样，社会成为一个单面社会，人成了单面人。

人必须跳出这种文化选择的怪圈，需要考虑另一种文化选择。不是

---

① 马克思、恩格斯：《马克思恩格斯全集》第12卷，人民出版社，1979，第4页。

全新的，不是抛弃科技的，而是如何更全面、更能抑制负面效应的文化选择。

六、自由太多了吗？
——为何逃避

《逃避自由》是德国著名心理学家埃里希·弗罗姆的一本著作。[①]为什么用这样一个书名？

这本书的扉页题词，引用了《犹太法典》的格言：

> 我不为己，谁来为我？
> 我只为己，我是什么？
> 不是而今，欲待何时？

这三大问题，道出了人的至大的苦闷。然而，现代发达国家，却在极力鼓吹并且依凭这种"我为自己"的信条下发展起来。自由，首先意味着"我为自己"，"我照自己的意志和愿望行事"。个人主义——个人享乐主义，是当今发达国家普遍的人生信条。他们标榜着这种自由。而且，他们因此生活得很好，特别是很自由。问题只在于金钱。他们认为，有钱，就有自由；钱越多，自由度越大。

然而，且慢。问题也就出现在这种自由上。人在这种自由生活中，是高度个性化的，也是追求高度个性化的。为此，他们首先过早地和"比较彻底地"切断了或者是弱化了同父母的联系，然后是同其他亲人的联系，然后是同社会的联系。高度个性化的人很自由，然而很孤独。他切断了同母体的联系。但是，在另一方面，一部被技术统治的高度严密组织的社会大机器，又用它的看得见和看不见的手控制着人们，人们要是脱出它的轨道，就无法生存或生存得不好、不如意。每个人都必须完全采纳全社会形成的文化模式给他所提供的那种个性形式。你可以自由选择，但你又别无选择。这又是一种在社会异己力量面前的悖论和怪圈。人要失去自我，才有自我。这就是说，人牺牲了自我，才能获得自我。然而这个自我，却是麻木不仁、随着社会大机器机械动作的人。

---

① 埃里希·弗罗姆：《逃避自由》，陈学明译，工人出版社，1987。

这就是马尔库塞所说的"物质丰富、精神痛苦","痛苦中的幸福生活"。

这样，人们就想到要逃避自由——逃避这种消极意义上的自由，而获得积极意义上的自由。

这就是马克思所说的人性的复归，人的彻底解放。

这里，实质上，自然是并非自由太多，而是自由少了，消极的自由多了——在人类的彻底解放到来之前，问题就是如此。

当然，在这里我们不能不补充说明，以上所述，基本上是就发达的资本主义国家的社会状况而言的；但是，影响所及——经济的一体化、文化的传播与渗透必然会有这种影响，世界广大的地区也不同程度地感染了这种时代病、现代病。而且，广大发展中国家和地区也在积极地追逐经济发展的目标，也在以科学技术为经济发展的主要杠杆。在这种文化选择中，也就不同程度地，有时甚至会是程度更重地产生和发展前面所说到的西方病、时代病、现代病。因为经济发展的目标太诱人了，也太逼人了。而那隐性的、久远之后才出现的、或出现了人们又以为不严重的严重文化问题，却不为人们所注意。似乎也是别无选择。

但是，只要冷静地想想，是应当和可以做另外一种并不妨碍经济增长、社会现代化，甚至是于此更为有利的、更高的文化选择方案的，也并非无人注意及此。他们也在一定程度上取得了成效。

其实，世界环保会议和世界第九次艾滋病会议，已经再一次敲响警钟了。

世界都在倾听吗!?

七、困惑和希望
——面向21世纪的文化选择

人类，就世界范围来说，已经发现现在的选择出了问题，而且对问题的严重性也是有认识的。尤其是在科学界，在那些有识之士中更是如此。现在是要**选择一种新的文化选择**。

人们已经在探求新的道路上，提出了许多新的思考——文化选择的新方案。而且，也已经开始有许多实际的行动了。

——关于环境保护的政策、法令、呼吁和实际措施，许多国家的投资为数不少，也初步有些效果了；

——关于生态平衡的注意和挽救措施；

——对野生动物的保护；

——对植物的保护；

——对有限能源的节制使用和对再生性能源的寻求；

——对传统的、生态农业的研究和提倡，同时，对化肥、农药使用的限制和禁止；

——对社会科学-人文科学的加强研究；

——对价值观的调整；

——生活方式方面的新探讨，等等。人类表现出焦灼的和期待的心情。

文化选择曾经给人类带来几十万年、几万年和千百年来的巨大发展、巨大繁荣和巨大幸福，但消极苦果一直存在，现在特别严重。然而，这并非证明文化选择不对、不需要，只是说明需要调整。

人们在考虑走出地球，但目前只能在地球上面对 21 世纪，迎接 21 世纪。

人们为此开出了许多药方。很难对此做出什么评价。但他们总算总结了一定的经验，发现了一些问题，有了一些新的思考。药方来自多方，来自多种学科。我们还是引用一些本课题研究范围的、属于本学科的一些总论性意见和见解吧。

著名的法兰克福学派的代表人物马尔库塞把"新技术和新科学"——我们可以把它"转借"为新的文化选择的一个重要部分——寄希望于科学、技术同形而上学（哲学）、艺术等的结合上。这也可以看作把自然科学、技术科学同哲学、人文科学结合起来；把**工具理性同价值理性结合起来**。"马尔库塞认为，科学、技术与形而上学、艺术等最初是相互联系着的，科学最初包含着审美理性、自由游戏、想象和幻想[1]，而技术与艺术具有联姻关系，技术本身原本是和平手段及生活艺术原则，技术理性的功能与艺术功能相一致。……马尔库塞认为，发达工业社会把技术理性或工具理性推向极端，也就使它达到了终点，进一步的发展就将出现裂变，呈现出一种本质上全新的人类现实的可能性。

———————————

① 读者当能记及，本书在第一章文化选择的史的叙述中，述及了这一事实。

在这种条件下，科学技术将失去其工具特征，科学的'谋划'将对超越一切功利目的的'生活艺术'开放，技术现实的成就将不仅超越现实条件，而且超越现实的理论基础。因此，科学、技术与艺术、形而上学等等又将重新结合而成为人的解放手段。"①马尔库塞以至整个法兰克福学派对于解决技术科学的当代问题，基本上是陷入幻想的，是错误的。但是，他们对于在西方社会中科技的种种问题的揭示，是有见地的。这里所提到的科技与形而上学、与审美的结合、与艺术的结合，在思路上，不能不说，很有可取之处。人不能成为机器和"经济动物""科学生物"。他提出通过此种结合来形成一种新的人的解放手段。在思路的总趋向上是可取的。当然，幻想的弱点依旧存在。这是别人可以去补充的工作。**新的人的解放手段，也就是新的人的文化选择。**

今天要获得关于人的正确概念，就必须依据生产、社会生活和工业生活范围内所发生的一系列变化，研究人在生产－技术领域中的状况，特别是在自动化条件下所达到的高度，舍此别无他法。"现代人具有技术进步时代的人的内容。""人是工作者、创造者，是技术文明、技术潜力的**主体**。""人自己赋予世界的规律性，然后作为社会精神问题摆到人的面前，这个问题首先只能服从于**人所设想**的技术的、根本的解决。""我们经常生产不仅作为技术，而且在更大程度上必须作为'社会'和'精神'的科学文明"，"**把技术文明和文化结合起来**"。②这里，主要的是两条：第一，人是技术、科学的主体；第二，把技术文明同科学文明、同整个文化结合起来。这意思同马尔库塞所言是一致的。不过这里从起点——人是主体着眼申说，马尔库塞从结果——人的解放着眼申说。这里强调技术文明同科学文明以至整个文化的结合；当然，其中包含审美文化，包含哲学和艺术。所以其范围更广大。但马尔库塞所言则更具体。

现代化成为现代各国家、民族、地区的共同目标。但其目标体系如何？以何手段达到为好？这是目前世界性的热门课题。自从20世纪60年代在日本箱根召开了关于现代化学术讨论会以来，关于现代化的概念

---

① 陈振明：《评法兰克福学派的科学技术社会学理论》，载《中国社会科学》，1991年第1期：121-136。

② 以上引文均见格·姆·达夫里扬：《技术·文化·人》，薛启亮、易杰雄等译，河北人民出版社，1987，第144-146页。

众说纷纭，指标有许多不同。如何选择？经过多年的讨论，大家取得了一点共识：现代化要**保证**两个系统的一致发展——经济增长与社会进步。后者的内涵很丰富，主要包括社会的基础设施、福利设施的增加，社会成员普遍智能的增加，还有"个人对其环境的世俗性和日益科学性的选择"，等等。①这里突出了一个选择问题。实际上，整个现代化目标体系问题，首先就是一个选择问题。第一是对目标内涵的选择；第二是对如何实现目标体系的策略选择问题。也许我们可以总体来说，关于现代化的问题，就是人类文化选择的战略和策略问题。现在，除了"社会进步"这一大系统之外，更增加了"环境保护"一项。这就是在战略上要保持经济增长、社会发展同自然的**和谐的、健康的关系**。不能为了前两者而损害自然，损害环境，祸害社会。还可以进一步说，经济增长、社会进步、环境保护这三大系统要互相协调、互相促进、共同发展。这是一个人类当代文化选择的大问题。它建立在这样一种认识上：人—自然—社会—经济，应该和可以共处于一种和谐的关系之中，而不必和不能用彼此损伤的办法和策略来发展其中的某一项。然而，此前的历史时期内，无论是第一批实现现代化的国家，还是正在追求现代化目标的发展中国家，却都是用一种既妨碍社会全面进步，又破坏自然环境和生态平衡，更伤害人自身的"三牺牲""三损害"的策略和战略来保证经济增长这一项。这在资本主义国家，同其利润原则第一，同其私有制是分不开的。而在发展中国家，除了制度方面有待完善或改造之外，还有一个认识自然、认识社会和人的统一关系的问题。

从以上正反两方面的状况看，也许人类从所吃的苦头中了解到一个可供考虑的文化选择原则，这就是求得经济增长-社会进步和环境保护的全面、协调、和谐的发展。当然，这还只是一个一般性的战略原则，如何来实现这个原则，仍然有一个选择问题，而且还有许许多多具体的文化选择问题。如果处理不当，仍然会出现问题。

现在人们普遍认识到，人类由于文化选择的**手段高强、水平超等**，而能从自然、社会获得很多很多，这在一方面提高了人的生活享乐水平和生活的文化质量；但是因此（由于同样的原因）破坏了人类的自然家园——地球，破坏了人类的社会家园——社会，也破坏了人类自身的心

---

① 钱乘旦、陈意新：《走向现代国家之路》，四川人民出版社，1987，第4页。

灵家园——心理。这样，很自然地就产生了一个问题："**现代性**是否出了问题？"有少数人，走出城市、进入森林荒野之地，过一种不要一切现代设备的"原始朴素生活"，企图脱离现代生活，返璞归真。这是一种文化选择。但这种倒退的战略，显然不可能在世界范围行得通；即使行得通，也是不足取的——人类难道应当放弃一切已经取得的文化成就吗？人类难道能再回到"混沌"，把已开的"七窍"都堵死吗？显然不能这样。

不过，有的学者以补充提问的方式提出一个答案，就是："我们对传统是不是破坏得太多了？"这是向解决问题的目标前进了一步。它提醒人们思考并着手检验，在追求现代化的过程中和建设成了的现代化事实中，有些什么、在哪些地方，"现代化过了头""把传统文化破坏得太多"？比如说，人们是否把家庭关系破坏得太多了之类。

也是在这个文化背景下，西方不少学者把眼光转向东方文化，转向中国文化和印度文化。因为这种东方文化模式，向来重视天人合一，即人与自然的和谐关系；重视"仁"，即人与人之间的关系；还重视人与自身的关系，即心理的自我平衡；等等。这似可补西方重视物质文化、重视"开物成务"、重视向自然大量索取的文化选择模板之偏颇。当然，东方文化在现代化浪潮中，也发现了自己的弱点，如科技文化之落后、经济之不发达、公民素质之普遍低下、不重视效率、缺乏现代观念，等等。他们又把眼光转向西方。

东西方文化的渗透互补，也许可以包括在当代以至21世纪人类文化选择战略考虑的内涵之中。

"在我们的时代里，我们面临着新的'文化文本'。"[①]杰姆逊认为，"文化工业"的出现，是一个重大特征。他说："电影集中体现了'文化工业'的特征，因此电影其实也是一种'文化文本'。"杰姆逊认为，"在继'资本主义上升阶段''帝国主义阶段'而后的晚期资本主义社会，'商品化'不仅表现于一切物质产品，而且渗透到各个精神领域，甚至'理论'本身也成为一种商品。人们生活在无边无际的由'商品化'了的广告、电视、录像、电影所构成的形象的汪洋大海中，**生活在很大程**

①　弗雷德里克·杰姆逊：《后现代主义与文化理论：弗·杰姆逊教授讲演录》，唐小兵译，陕西师范大学出版社，1987，第3页。

度上也成了这些形象的模仿和复制。在这样的社会，上层建筑起着前所未有的甚至是决定性的重大作用。多民族、无中心、反权威、叙述化、零散化、无深度等概念则是这一时期文化的主要特征，'后现代主义'正是对于这些特征的概括。"虽然对"后现代主义"这个术语及其概念内涵至今还有很大争论，但是，杰姆逊所提出的那些文化现象却是实际存在的。在某种意义上，他对文化所作的概括，适用于他所说的"文化"的第三种含义，即指日常生活中的吟诗、绘画、看戏、看电影之类，也即我们前面所说的狭义的文化选择。在这个范围内，人类的现代文化选择模板，确实存在杰姆逊所说的问题。它的**世俗化、金钱化、商品化、"工业化"、低文化品位化**，已经发展到负面效应大于正面效应的地步。这种文化选择，自然也是当代文化选择中的问题重点之一。

　　所有这些，都促使和引导我们去考虑"问题在哪儿""出路何在"。从问题中，我们似可推测以至猜测到，当然，还可以科学地预计到解决的战略和策略。

　　这里且引用《文化的变异》在最后写到的：

　　　　我们已经讲过，文化人类学过去主要集中研究的是非商业化社会的文化，既然这些文化要么已经消失要么发生了根本性的变化，人类学家们正把我们的注意力转向处于技术、经济发展主流中的社会上。这种社会（欧亚国家或第三世界的发展中国家）先前已被诸如经济学和政治学等学科所研究过了。现在，人类学家开始运用在研究简单文化的过程中发展起来的技术对更为复杂的社会（包括我们自己的社会）进行研究。

　　　　除了城市和复杂社会这一新焦点之外，文化人类学家已开始对民族志学家从前忽视了的某些文化方面产生了兴趣。比如说，许多人类学家开始研究无意识文化模式——一个文化的成员所共同享有但却出现在有意识的认识水平之下的所有生理和心理习性。人们在各种场合采取什么姿势，怎么坐，怎么放手脚，讲话时是避免眼光接触还是寻求眼光接触——这些都是这个方兴未艾的领域所研究的方面。对无意识文化模式的新的兴趣还包括对人们感知、调整和描述自己周围世界的不同方式的兴趣（这是认知人类学和象征人类学的主要兴趣所在）。①

　　这是从文化人类学的角度来说的，它涉及未来人类文化选择的两个方面：广度和深度。广度，广及现代复杂社会的焦点问题和其他诸多问题，当然，包括前述的科学技术文明中的问题。深度，深到人的心灵深处，人的无意识文化模式。然而，却又是以它的浮在水面上的行为（如坐姿等）为研究对象的。

　　这是在广度和深度上来探索人类未来的文化选择的模式。

　　也许，我们可以说，拯救自己，救救地球，面向21世纪，以至走出地球，这是人类转型中的未来的文化选择模板上提出的主要课题，主要探索方向。

　　让我们祝福人类，祝福我们自己吧！

　　我们将会创造新的文明、新的人类。我们将会有新的生活、新的文化选择。

　　人类前途是光明的！

1992年7月25日完稿

8月1日定稿

---

① C. 恩伯、M. 恩伯：《文化的变异：现代文化人类学通论》，杜杉杉译，辽宁人民出版社，1988，第595-596页。